全国交通行业职业技能鉴定培训教材

Gonglu Shoufei ji Jiankongyuan

公路收费及监控员

（初 级）

交通专业人员资格评价中心
（交通部职业技能鉴定指导中心） 组织编写

人民交通出版社

内 容 提 要

本书为交通专业人员资格评价中心(交通部职业技能鉴定指导中心)组织编写的全国交通行业职业技能鉴定培训教材之一。内容包括基础知识、公路收费、公路监控和交通量调查相关的基本理论和操作方法,共四个单元。

本书主要用作公路收费及监控员(初级)技能鉴定的辅导用书,也可作为交通类职业院校相关专业的教学参考书,还可供公路收费及监控从业人员继续教育和自学使用。

图书在版编目(CIP)数据

公路收费及监控员. 初级/交通专业人员资格评价中心(交通部职业技能鉴定指导中心)编. —北京:人民交通出版社,2008.6

ISBN 978-7-114-06998-7

Ⅰ.公… Ⅱ.交… Ⅲ.公路费用-征收-中国-技术培训-教材 Ⅳ.F542.5

中国版本图书馆 CIP 数据核字(2008)第 017169 号

书　　名:公路收费及监控员(初级)
著 作 者:交通专业人员资格评价中心(交通部职业技能鉴定指导中心)
责任编辑:吴有铭　尤晓暐
出版发行:人民交通出版社
地　　址:(100011) 北京市朝阳区安定门外外馆斜街 3 号
网　　址:http://www.ccpress.com.cn
销售电话:(010) 59757973
总 经 销:人民交通出版社发行部
经　　销:各地新华书店
印　　刷:北京鑫正大印刷有限公司
开　　本:787×1092　1/16
印　　张:12.75
字　　数:305 千
版　　次:2008 年 6 月第 1 版
印　　次:2018 年 1 月第 12 次印刷
书　　号:ISBN 978-7-114-06998-7
定　　价:32.00 元

序 Xu

当前和今后一个时期，是我国改革发展的关键时期，也是推进交通科学发展，加快发展现代交通业的重要战略机遇期。加快建立一支与交通行业发展相适应的高技能人才队伍，提高交通行业广大从业人员服务交通、服务社会的能力和水平，迫切需要我们加快建立和实施职业资格制度，不断加强交通行业高技能人才评价工作。

交通专业人员资格评价中心自成立以来，特别是以2007年全国交通行业职业资格工作会议召开为标志，全面开展了交通行业职业资格工作，初步建立了交通行业关键专业技术岗位职业资格制度，交通行业职业技能鉴定工作也取得了实质性进展：形成了以国家职业标准、培训教材、试题库为主体的交通行业国家职业技能鉴定技术要素体系，为交通行业高技能人才建设打下了良好的基础，为开展交通行业职业技能鉴定工作提供了重要保障。

加强交通行业职业技能鉴定基础工作是做好技能人才评价工作的关键，交通行业职业技能鉴定教材的开发是这项基础工作的重要组成部分。交通专业人员资格评价中心在充分调研的基础上，根据国家职业标准，紧紧围绕交通行业发展实际需要，在部有关业务主管部门的指导下，充分发挥职业院校和有关企事业单位的专家作用，以职业活动为导向，以职业能力为核心，按照教材开发的科学性、先进性、适用性和实践性原则，组织编写了全国交通行业职业技能鉴定培训教材。衷心希望大家继续努力，加强协作，确保质量，在培训教材建设方面多出成果，多出精品，为做好交通行业职业技能培训和鉴定工作创造条件。我相信本套培训教材的出版将对交通行业广大从业人员和职业院校相关专业学生职业能力与技能水平的提高有所帮助，为推进交通运输事业又好又快发展发挥积极的作用。

交通运输部副部长：

全国交通行业职业技能鉴定培训教材
编审委员会

主　任： 何　捷

副主任： 申少君　李祖平　杨利华　翁　垒

委　员： 张　萍　沈冬柏　杨华雄　刘大鹏　王福恒　尹俊涛
金守福　刘　鹏　李　娟　丛英莉

公路收费及监控员（初级）编审人员

主　审： 谢家全

主　编： 周以德

副主编： 邓德恩　康　斌

参　编： 杨宪华　刘珍妹　郭腊凤　陈苏依　周远航　丁　顺
林　欣　孙林枫　陈云辉　王祖康　曹小峰　何　鹏
董敏娥　沈振宇　张春荣　郭永涛

前　言 Qianyan

为做好交通行业特有职业技能培训及鉴定工作，在公路收费及监控员从业人员中推行国家职业资格证书制度，我们组织交通行业的有关专家编写了《全国交通行业职业技能鉴定培训教材——公路收费及监控员》。

本教材根据《国家职业标准——公路收费及监控员》（以下简称《标准》），以职业活动为导向，以职业能力为核心，突出职业特色。针对公路收费及监控员职业活动的领域，按照模块化的方式，分初级、中级、高级和技师 4 个级别进行编写，各等级内容分别对应于《标准》中 4 个等级的“工作要求”。

本教材初级分册分 4 个单元，即基础知识、公路收费、公路监控和交通量调查。基础知识单元介绍了职业道德与文明服务，计算机、电工、电子知识，法律法规等知识；公路收费单元介绍了领取票卡、发放通行卡、收缴通行费、结交票款、维护与保养设备等知识与技能；公路监控单元介绍了监控收费、监控道路通行状况、采集与发布信息、维护保养设备等知识与技能；交通量调查单元介绍了采集数据、交通量数据整理、维护保养设备等知识与技能。

本教材主要用作公路收费及监控员（初级）技能鉴定的辅导用书，也可作为交通类职业院校相关专业的教学参考书，还可供公路收费及监控员从业人员继续教育和自学使用。

本教材在编写过程中，得到了交通运输部公路司、科教司等部门的指导，以及江苏省交通技师学院的大力支持，同时也得到江苏宁沪高速公路股份有限公司和江苏京沪高速公路有限公司等单位的协助，在此一并致以衷心感谢。

由于编写时间紧，内容多，加之编者水平有限，书中不足之处在所难免，恳请各位读者不吝指正。

交通专业人员资格评价中心
（交通部职业技能鉴定指导中心）

二〇〇八年四月二十一日

目 录 Mulu

单元一 基础知识

学习目标

通过本单元的学习，能够认识公路收费岗位的性质，基本掌握公路收费、监控岗位职业道德和文明服务的基本要求，了解计算机、电工、电子基础知识，熟悉公路收费相关法律法规的规定。

知识要求

1. 职业道德与文明服务；
2. 计算机、电工、电子基础知识；
3. 公路法与收费公路管理条例。

技能要求

1. 掌握公路收费、监控岗位职业道德和文明服务的基本要求；
2. 了解计算机、电工、电子基础知识；
3. 熟悉公路收费相关法律法规。

课题一 职业道德与文明服务

模块一 职业道德

1. 职业道德的概念

职业道德，是指所有从业人员在职业活动中应遵循的行为准则，涵盖了从业人员与服务对象、职业与职工、职业与职业之间的关系。不同的职业有不同的职业道德，如教师的师德等。每种职业的职业道德都反映出本职业的职业心理、职业习惯、职业传统和职业理想。职业道德体系主要包括职业道德原则、职业道德规范、职业道德观念、职业道德评价及职业道德养成等。

2. 公路车辆通行费征收人员职业道德的内容

公路车辆通行费征收岗位是交通行业精神文明建设的窗口单位，其职业道德内容可以概括为：爱岗敬业，尽职尽责；遵章守纪，廉洁奉公；文明服务，优质高效；团结协作，争先创优；见义勇为，奉献社会。

(1)爱岗敬业，尽职尽责

爱岗敬业，尽职尽责，是爱祖国、爱社会主义的具体表现，这是一个人做好工作的前提和基础。古今中外，各行各业职业道德都包含着一个核心，那就是敬业。在社会生活中，每个人都有自己的位置，从业人员要诚挚、专心地对待自己的工作，在自己既定的岗位上兢兢业业、恪尽职守、精益求精、乐于奉献，为社会提供良好的产品和服务，这应是敬业守职的主旨。爱岗就是要求职业劳动者热爱自己所从事的职业，以恭敬、虔诚的态度对待自己的工作岗位。敬业是一种基于挚爱基础上对工作、对事业的全身心忘我投入。在具体工作中，能够自觉地承担起本职业对社会、对他人的职业和义务，有高度的责任感和使命感。

爱岗敬业，尽职尽责对征收人员的基本要求主要有：

1）树立正确的职业观念，培养职业的荣誉感、自豪感

从社会分工的角度看，每一种职业对于社会的存在和发展都有其特殊的意义，它们本身并没有高低贵贱之分。征收人员辛勤地为交通的发展积极积聚资金。一条条畅通的公路、一座座宏伟的大桥都凝聚着自己的汗水，这是一项极具社会意义的工作。每个征收人员都应充分认识到自己所从事职业的重要作用和地位，对自己的职业产生炽热的职业情感，明确自己应履行的责任和义务，并在工作实践中，真正做到爱岗敬业，尽职尽责。

2）钻研业务，精益求精

爱岗敬业，尽职尽责不仅要求对本职岗位真心热爱，而且应将这种热爱之情转变为勤业、精业。钻研业务、精通业务，是衡量职业工作者是否具有社会主义职业道德的重要标准。无论做什么工作，身在何种岗位，都要精通业务，有较高的业务能力，它是完成本职工作任务、实现为社会服务宗旨的基本手段。作为一名合格的征收人员，必须熟练掌握车辆分类标准，正确填写收费报表，并掌握计算机操作、点钞、识别伪币等相关的业务知识。因此，征收人员必须刻苦钻研业务，做到“干一行、专一行”，为争做业务能手和行业标兵而努力。

（2）遵章守纪，廉洁奉公

遵章守纪，就是遵守各项规章和纪律。规章和纪律作为职业行为规范，是维护职业活动的正常秩序，调节职业之间的关系，进行正常职业活动的保证。廉洁奉公，就是清正廉洁，克己奉公。廉洁奉公的内涵是以国家、集体和人民的利益为一切职业行为的出发点和归宿，在处理个人与职业、职业与社会和他人利益关系问题上，做到公私分明，不收取不义之财，不以收费工作之便去谋取个人和小团体的私利等。征收人员的工作性质，决定了工作中必须公正无私，廉洁自爱。作为征收人员对违章犯规既不能不闻不问，放弃原则；也不能网开一面，顾及私情；更不能将钱款据为已有。每一个征收人员都必须提高自身的防腐能力和拒贿的自觉性，时刻保持高度的警惕性，做到知法、懂法、护法、守法，严格按章办事，不徇私情。

（3）文明服务，优质高效

文明服务，优质高效，是征收人员对社会和人民应承担的职责和道德义务。全心全意为人民服务是社会主义道德的核心，它体现在职业生活中，对于征收人员来说，就是全心全意为所服务的对象提供优质服务。收费站作为高速公路的门户，肩负着回收国家投资的重任，也是社会主义精神文明建设的重要窗口，员工的服务态度、服务质量直接体现高速公路的形象、中国交通的形象。因此，征收人员要努力推行服务规范，讲究服务艺术，端正服务态度，提高服务质量，以优质和信誉赢得服务对象的信任。

（4）团结协作，争先创优

团结，是指为了集中力量实现共同理想或完成共同任务而联合或结合。协作，是指若干人或单位互相配合、协调完成某项工作。社会职业的分工是社会经济发展的结果，任何职业的分工都不是绝对的，分工与合作是对立的统一。有分工就要有协作，分工协作是社会化大生产的客观要求，两者互为前提，互相依存。要完成好通行费的征收工作，需要征收部门各岗位之间的密切配合，征收人员要从国家和人民的整体利益出发，从公路的全局着想，严格按照集体主义来规范自己的思想和行动。

争先创优，是要通过深入开展“三学一创”活动，造就一大批具有鲜明时代精神的先进人物，推动交通“四有”职工队伍建设；造就一批又一批艰苦创业、爱国奉献的先进典型，推动基

层全面建设;造就一批深化改革,加强管理,苦练内功,“三个文明”协调发展的先进单位。同时,要使征收岗位的从业人员牢固树立爱岗敬业、以站为家、好学、积极向上、开拓进取、争创一流的精神,并以此精神来推动和激励各项工作,加大行业职业道德建设力度,促进各项工作开展。

(5)见义勇为,奉献社会

见义勇为是指对损害人民利益的行为,能够挺身而出,敢于同坏人坏事作斗争,直到牺牲自己的生命。古往今来,人们对那些见义勇为的人,总是致以崇高的敬意和赞美。但是,现实生活中,也有一些人奉行“各人自扫门前雪、休管他人瓦上霜”的处世哲学,见义不为,退避三舍,明哲保身,结果助长了坏人的气焰,使人民的生命和财产遭到不应有的危害和损失。作为征收人员来说,见义勇为,就是要能立足处理好本职工作范围内的一些特殊事情,如车辆冲岗、交通肇事、收费站发生抢劫事件、协助公安机关堵截罪犯等等。一旦发生上述事件,要求征收人员能挺身而出,临危不惧,决不袖手旁观,淡然处之。

奉献社会,是为国家、为人民的利益甘愿牺牲自己的利益,把困难留给自己,把方便让给别人,不斤斤计较个人得失,吃苦在先,享受在后,全心全意为人民服务,将个人聪明才智无私奉献给国家和人民。

模块二 文明服务

1. 文明服务基本要求

文明服务工作开展的好坏,反映的是收费站整体文明服务水平。文明服务作为一项系统工程,不但包括对司乘人员良好的服务态度和质量,而且还包括征收人员在日常工作中为方便客人所提供的一些特色服务和服务承诺。通过收费人员的语言、动作、姿态、表情、仪表仪容、行为举止所体现出的对客人的尊重、欢迎、关注及友好帮助,所体现出的征收人员本身严格认真的服务精神、司乘人员至上的服务意识;通过灵活的服务技巧、丰富的服务知识、快捷的服务效率、一流的服务质量来树立中国交通的良好形象。

(1)文明用语是保证

文明服务首先体现在文明用语上。一方面,要根据收费站的实际情况,规范统一使用文明用语,给客人以亲切温暖的感觉,在节假日配以问候语,以达到文明服务的目的;另一方面,要通过监听、监视、现场检查与暗访、严格考核、教育和帮助收费人员养成讲文明用语的良好习惯。

(2)礼节礼貌是形象

征收人员的言谈举止、仪表风纪代表的是整体形象,因此,要求我们征收人员不仅外表上要端庄、大方,行动表情上更要文明、亲切,要克服呆板僵硬、懒散无所谓的态度。

(3)服务态度是关键

服务态度的好坏主要表现在:认真负责地为客人解决实际困难,热情耐心地对待客人,特殊情况处理时迅速、周到,接待投诉时要耐心解答和冷静处理,要避免故意刁难或扣证、使用服务忌语情况的发生。

(4)便民服务是手段

收费站便民服务的措施也是搞好文明服务的一项重要工作。便民服务的措施可以通过设立一些小药箱、小地图、意见箱等项目来完成,真正体现急人所需、方便群众的目的。

2. 文明服务的目标与要求

(1)总体目标

员工文明服务要始终如一,做到白天与晚上一个样,领导在与不在一个样,检查与不检查一个样,大车与小车一个样,对待收费车与免费车一个样。

(2)具体要求

1)文明用语。语句要规范,声音要适中,态度要热情,表情要自然,吐字要清晰,目光要注视车主。

2)礼节礼貌。第一,外表上要衣冠整洁,注意服饰发型,给人以庄重、大方、美观和谐的感受,显得清爽利落,精神焕发。第二,行动上要举止文明,坐、立、行都要有正确的姿势,注意克服易引起司乘人员反感的无意识小动作。第三,表情上,一要面带微笑、和颜悦色,给人以亲切感,不要面孔冷漠、表情呆板,给人以不受欢迎感;二要聚精会神、注意倾听,给人以尊重感,不要没精打采、漫不经心,给人以冷落感;三要坦诚待客、不卑不亢,给人以真诚感,不要诚惶诚恐、唯唯喏喏给人以虚伪感;四要沉着稳重,给人以镇定感,不要手慌脚乱,给人以毛躁感;五要神色坦然、轻松自信,给人以宽慰感,不要愁眉紧锁、满面倦容,给人以负重感:第六,不要带有厌烦、僵硬、愤怒的表情,也不要扭捏作态,做鬼脸,吐舌,眨眼,给司乘人员以不受敬重感。

(3)服务态度

1)认真负责。要急司乘人员之所需,想司乘人员之所求,认认真真地对待每一位司乘人员。对司乘人员提出的要求,无论事情大小,均要给司乘人员一个满意的结果或答复,即使提出的服务要求不属于自己岗位的服务,也要主动与有关部门联系,切实解决司乘人员的疑难问题。一时满足不了的,要向司乘人员讲清原因,并表示歉意。不要简单回答"不知道"或"没办法",也不要不懂装懂、模棱两可或搪塞应付。

2)热情耐心。自己心情欠佳时不把情绪发泄到司乘人员身上,要待司乘人员如亲人。不管服务工作多繁忙、压力多大,都要保持不急躁、不厌烦,镇静自如地对待司乘人员。司乘人员有意见要虚心听取,司乘人员有情绪要冷静对待。即使司乘人员有错也决不能与其争吵或者采取故意刁难、扣证、使用服务忌语、随意加收通行费等报复性措施。发生矛盾要严于律己,处理问题既要态度明确,又要语气婉转、灵活,做到有理、有德、有情、有节,不失礼于人。

3. 职业守则

1)遵纪守法,照章办事;

2)服从领导,听从指挥;

3)坚守岗位,尽职尽责;

4)钻研业务,提高技能;

5)公平公正,清正廉洁;

6)着装整齐,文明礼貌。

4. 文明用语

(1)收费作业

1)您好(欢迎光临!)。

2)请出示通行卡。

3)请付×××元。

4)收您×××元,找您×××元(您的电子支付卡余额为×××元)。

5)请拿好票据。

6）再见。

（2）发卡作业

1）您好（欢迎光临！）。

2）请拿好通行卡，再见。

（3）特殊情况处理时的文明用语

1）请您将车往前靠（或往后倒）。

2）请系好安全带。

3）对不起，您的车不能上路，请退回。

4）您的卡内牌号与实际不符，请稍等。

（4）收费岗位禁忌语

1）嘿！喂！

2）交钱，快点！

3）不知道！

（5）收费岗位禁忌行为

1）摇晃桌椅。

2）趴在桌面上。

3）伸懒腰。

5. 行风廉政建设

通行费的征收及管理是一项政策性很强的工作，为了认真贯彻中共中央关于反对腐败、加强行风廉政建设的文件精神，切实加强车辆通行费征收管理的行风廉政建设，严肃收费政策和纪律，遏制各种违法乱纪行为，深入持久地开展文明行业创建活动，全体通行费征收人员必须明确通行费行风廉政建设的具体规定及国家加强收费公路管理的主要内容。

（1）车辆通行费全体征收人员必须坚决贯彻执行国家及各省（自治区、直辖市）有关车辆通行费行政收管理的各项法规、政策，自觉遵守各项管理制度，牢固树立依法收费、为车主服务的思想，提高征收质量，努力完成年度计划及各项任务。

（2）未经省级有关部门批准，收费站不得擅自变更收费标准和范围，以及任意减免通行费。

（3）严禁乱检查、乱扣车、乱罚款和乱收费，严禁利用工作之便，为个人和小团体谋取私利，做到"四不"：不吃，不拿，不要，不刁难。

（4）坚持公开收费批准机关、收费用途、收费标准、收费单位、举报监督电话，主动接受社会监督。征收人员必须着装整齐，佩戴"工号"，挂牌上岗。做到"四要"：接待要热情，讲话要和气，处理问题要冷静，汇报要及时。

（5）车辆通行费全体征收人员执行公务必须坚持原则，大公无私。严禁出售回笼票和已使用的废票证以及收费故意不给票等贪赃枉法、吞侵票款的违法行为。严格弃票款登记制度，收费员不登记弃票款，不得处理下一辆车的收费，不立即登记的，视为侵吞、贪污票款行为。

（6）切实做好人民来信来访的登记、交办、催办、督办工作，建立健全信访工作制度，严禁对举报人打击报复。收费及管理中发生重大问题必须及时请示汇报。

（7）收费站人员的调配，必须按规定集体研究，以保证收费人员的素质。需着装人员必须逐级审核，经上级部门批准后核发。对调离收费行业的人员应及时清理收回有关证件和工号牌，并停发一切着装。

(8)要大力表扬、表彰反腐倡廉的先进个人和先进集体。先进个人和先进班组可给予适当的经济奖励。

(9)坚持使用文明用语,准确判断车型种类确定应收费额,做到唱收唱付。疏导人员要在岗在位,查处车辆时先敬礼后说话,不刁难,不要态度,不乱扣滥罚。对确需处罚的问题,按规定履行严格的手续。严禁酒后上岗和携带私款私物上岗,岗上不准吃零食、抽烟,不准嬉笑打闹,不做与工作无关的任何事情。

(10)各收费站必须开足车道,保证交费车辆和特勤车辆安全畅通。

(11)各级部门要加强对收费站的领导,要把通行费征管工作状况列入管理目标,对征收管理工作中违法乱纪行为要及时查清事实,分别性质,严肃处理。

6. 半军事化管理

针对高标准的现代化高速公路的特点,对高速公路工作人员和运行工作全面推行半军事化管理,全面倡导军人风纪风貌,其目的在于进一步加强对高速公路管理工作的组织和领导,保证各项政策、制度和规定执行的统一性,规范征收行为,提高工作效率,锻炼职工队伍,提高服务意识,以良好的精神面貌,树立交通的“窗口”形象。

半军事化管理是一种科学的、严格的正规化管理,它是依据部队的管理内容及一整套的管理方法来管理征收队伍,规范人们的工作程序和生活秩序,端正征收人员的行为规范,提高文明服务水平。实行半军事化管理是规范行为的需要,是交通行业窗口建设的需要,是强化职工队伍建设的需要,是加强“三个文明”建设的需要。

半军事化管理主要应从纪律、内务管理、队列三方面入手抓起,统一做法标准,规范行政管理,突出令行禁止,一切行动听指挥,建立和维护正规的征收工作和生活秩序,以确保高速公路管理向规范化、现代化方向发展。

(1)纪律

纪律是建立在职工自觉遵守基础上的严格的规章制度。要求执行中达到整齐划一、令行禁止,它既体现管理水平,反映战斗力,也是团结同志完成一切工作任务的保证。全体人员必须思想一致,行动一致,坚持铁的纪律。具体包括:

1)政治纪律。坚持执行党的路线、方针、政策,遵守国家的宪法、法律、法规。

2)组织纪律。坚决执行上级的规定和指示,做到下级服从上级,个人服从组织。认真落实国家规定的各项收费政策。

3)工作纪律。服从命令听指挥,遵纪守法,上标准班,交标准岗,积极完成各项工作任务。遵守职业道德和社会公德,自觉维护社会利益及群众利益。

征收人员纪律的基本要求:一切行动听指挥,做到令行禁止;严守岗位,履行职责;按章操作,不谋私利;文明服务,树立形象;相互尊重,维护团结;仪容严整,举止端正。爱护财物,遵守公德。

(2)内务管理

1)相互关系

①职工相互关系

a. 职工不论职务高低和何种编制性质(定编、借用、合同制及临时工)相互之间都是同志关系。

b. 由于行政职务,构成上级和下级以及同级的关系,上级要关心下级,领导要爱护职工,下级要尊重上级,服从领导管理,支持领导工作,达到相互尊重、相互关心、同心协力完成工作任务。

c. 由于分工形成不同的岗位，行政后勤人员、收费、监控、养排、疏导、路政等人员分别受不同层次、部门、班(队)的领导，按“一级对一级负责、一级管一级”的原则，下级必须服从上级，并按上级指示行事。上级对下级下达指示、布置任务后，应及时检查下属执行情况。下级在接受上级下达的指示、布置的任务执行完毕后，均应迅速报告完成情况。

②部门与班(队)关系

无论行政机构，还是业务班组，无论是同级关系，还是有隶属关系，都必须紧紧围绕目标，执行部门指示，接受部门指导，努力开展各项工作。

2)礼节

礼节是精神文明建设的重要内容，既是单位内部管理水平与职工素质的体现，也是职工讲文明、有礼貌、互相尊重和团结友爱的象征。

①职工着装参加集会或重大活动，当奏国歌、升国旗时应当立正，行注目礼，带队人员行举手礼。

②在站区范围内组织开展集体活动，当上级到来时，集体活动的组织者应当向职务最高的领导敬礼和报告。报告词应简明扼要，其内容通常包括：单位全称，参加人数，正在进行的工作或活动内容，报告人和职务及姓名等。

③收费站区遇有重大警卫任务，当首长或领导车队通过时，由在场职务最高者或先见者发出“立正”口令，并由在场职务最高(一般应站队列前列)向首长或领导敬礼，其余人员立正行注目礼；如遇首长或领导下车接见，应当敬礼并报告。

3)风纪风貌

①着装规定

a. 规定着装的工作人员上班时，必须穿着统一配发的服装，并佩戴规定饰物和胸章(暂未配发服装的人员也必须保持仪容整洁、朴素大方)。

b. 着装必须讲究配套、整洁，不准衣帽混装，敞袖卷裤，不准穿拖鞋大赤脚，戴草帽或其他便帽。

c. 夏季在室内、收费亭内不准赤背或穿背心、短裤。

d. 着装人员必须自觉接受群众和纠察人员的风纪风貌检查和纠正。

e. 全体着装人员必须严格执行“上岗着装、下岗脱装”纪律。

②仪容规定

a. 着装人员在上岗或行路时，不准挽手，勾肩搭背，嬉笑打闹，严禁吸烟或吃零食。

b. 仪容大方，男不准留长发、大披头、大鬓角；女不准戴耳环、项链。

c. 在公共场合或参加重要活动时，不准与群众争坐、抢购物品，外出时不准背、抱孩子，要举止文雅，语言文明，坐立端正。

③仪容检查

全体着装人员必须自觉养成良好的风纪风貌的习惯，并自觉接受风纪风貌检查。征收人员上岗前应统一列队，并由班(队)长列队整容，发现问题立即纠正。着装人员无论何时何地，如违反着装规定时，要接受纠察，立即纠正。对不按规定着装，又不接受纠察，不改正的人员应予以必要教育直至行政处分。

4)日常管理

①请销假制度

根据通行费征收工作实行定编定员、一人一岗、岗位之间需要密切协调工作的特点，为使工作人员养成严谨的工作态度，严格的组织纪律，保证收费工作有序、顺利进行，必须严肃请销假制度。收费站职工，有事不能上班，必须按级履行请假手续，未经批准同意，必须到岗工作。无特殊事由不得请假，确需请假应办妥有关手续方能休假。请销假的审批程序为：一般由本人申请，逐级上报，按权限审批。严格控制请假人数，收费站当班人员出勤率应保持在98%以上。

②交接制度

收费员上下岗交接时必须做到：全体队员提前20分钟在站部列队集中。班（队）长负责整理队形，布置当班人员有关工作，检查全体上岗人员的风纪风貌和上岗必带证件等，做到整齐划一。上岗的工作箱及必需工作用品要齐全，右手提工作箱，一切与收费工作无关的物品一律不准带上岗。

交接班时必须做到：上下岗班长交接时，下岗班长要携带交接登记簿，陪同上岗班长检查道口设施、收费亭、通信工具，作现场检查移交，对重大情况的处置应在登记簿上作详细记载，对需要继续处理的要当面交代清楚，方可签字交接。每班下岗前必须做到：班长按交接要求检查落实完毕后，站立于边道口，全体队员到齐后，由班（队）长负责列队整队，清点人数并带下岗，进行工作情况讲评，完毕后将全体人员带进收费员做账室，清点票款，并做好账后解缴款工作。

工作人员在调动、离退（休）时，必须做到：将自己配发的公用物品和与工作有关的证件文件、资料等进行移交，移交一般由站部指定接管人，对照原领用（配发）清单，由交接双方当场清点交接，并在移交表册上签字，同时注明交接日期，以保证公物不致漏失。

③会议集体活动规定

召开会议必须提前发出通知，将会议的日期、地点、时间、参加对象及要求告知参加者。主席台、椅子放置整齐，必要时应布置会标，编制排好座位顺序，为班、队、部门安排固定位置。整好队伍依次入座，各队清点人数，向主持人报告应到人数和未到者原因。为活跃气氛可组织唱歌。参加会议等集体活动时，一律着规定服装，应注意遵守纪律，有礼节礼貌，自觉维护自身和单位形象。就座时两脚自然并拢，小腿垂直，上体正直，前胸距离桌面约10cm。

④值班

为有效保障收费秩序，保持组织机构高效运转，收费站必须建立严格的值班制度。值班应统一编排值班人员花名册，一般应由站领导实施总值班负责制，指定值班长担任带班人，并严格履行交接手续，使用规范的值班情况记录簿。首页应注明火警、盗警、救护及事故报警、上级值班室及单位领导等常用电话号码，配发通信工具，值班人员还应了解本站应急方案、熟悉警报位置，并能正确使用。

值班长一般应由管理岗位人员轮流担任，所有担任值班的人员在值班期间均须严守岗位履行职责。凡因事离开值班岗位，要经同意并有人代替。

课题二　计算机、电工与电子知识

模块一　计算机基础知识

1. 计算机发展概述

1946年，世界上第一台电子计算机诞生于美国宾夕法尼亚大学，取名为“电子数字积分计算机(Electronic Numerical Integrator and Computer)",简称 ENIAC。这台计算机的研制历时 3 年,是美国军方为适应第二次世界大战对新式火炮的需求,为解决在导弹试验中复杂弹道计算而研制的。

在 ENIAC 问世后的 60 年中,1981 年是个分界线,将计算机发展史划分为两个不同的阶段,在那一年,IBM 公司推出了它的第一台台式计算机,简称 PC 机,使人类社会大步跨入了个人电脑新时代,如今全世界正在使用的 PC 机超过 2 亿台。随着科学技术的不断发展,计算机技术也得到了飞速发展。人们依据计算机所采用的物理器件,将计算机的发展划分为以下几个阶段:

(1)第一代——电子管计算机(1946 - 1957 年);

(2)第二代——晶体管计算机(1958 - 1964 年);

(3)第三代——集成电路计算机(1965 - 1970 年);

(4)第四代——大规模、超大规模集成电路计算机(1970 年至今)。

目前新一代计算机正处在研制和发展阶段。新一代计算机把信息采集、存储处理、通信的人工智能结合在一起的计算机系统。

2. 计算机应用

计算机的应用已渗透到社会的各个领域,正在改变着人们的工作、学习和生活的方式,推动着社会的发展。归纳起来可分为以下几个方面:

(1)科学计算(数值计算);

(2)数据处理(信息处理);

(3)自动控制;

(4)计算机辅助设计(CAD)和计算机辅助教学(CAI);

(5)人工智能方面的研究和应用;

(6)多媒体技术应用。

随着网络技术的发展,计算机的应用进一步深入到社会的各行各业,计算机的应用将推动信息社会更快地向前发展。

计算机系统(Computer System)的完整构建包括两大部分:硬件系统(Hardware)和软件系统(Software)。硬件是指计算机系统中可见的各种物理上的实体部件。软件是基于计算机硬件的程序及相关数据。硬件是计算机系统构建的物质基础,软件则是其灵魂。

3. 硬件系统的构建

硬件系统的典型结构是冯·诺伊曼式结构。1946 年,美籍匈牙利数学家冯·诺伊曼在参加第一台计算机的研制过程中,提出了以下 3 个重要的计算机思想:

①计算机硬件由运算器、控制器、存储器、输入设备与输出设备等组成,如图 1-1 所示;

②采用二进制;

③存储程序控制,程序和数据一并放在存储器中。

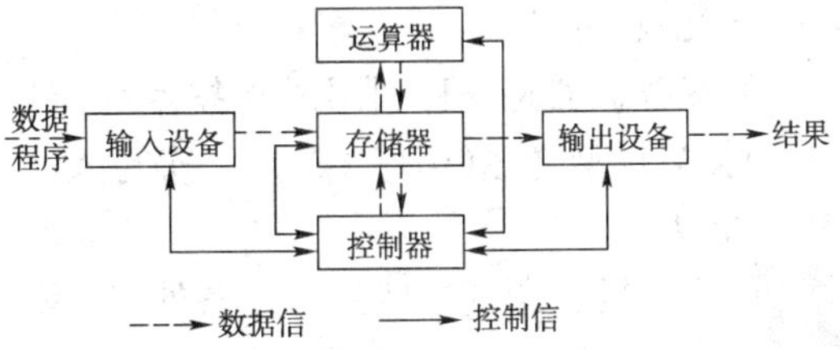

图 1-1　计算机的基本组成

直到现在,计算机系统虽然发展很快,但冯·诺伊曼式结构这一基本框架没有变,其"存储程序控制"和"指令驱动"方式已成为计算机的基本工作原理。

(1)中央处理器(CPU)

微型计算机的中央处理器(CPU)习惯上称为微处理器,由运算器和控制器两部分组成。运算器(也称执行单元)是微机的运算部件,控制器是微机的指挥控制中心。

CPU 是微型计算机的核心,由它完成算术和逻辑等基本运算,并控制计算机各部件协调工作。因此,CPU 性能基本决定了计算机的整体性能。

CPU 的发展历程,几乎是由 Intel 公司推动的。Intel 公司分别陆续推出了 80286、80386、80486 和奔腾(Pentium)CPU,使微型计算机性能不断提升。

(2)存储器(Memory)

存储器是计算机中具有记忆能力的部件,用来存放程序或数据。

计算机的存储器可分为内存储器和外存储器。内存又称主存,与 CPU 一起合称为主机。

1) 内存储器

微型计算机的内存也分为只读存储器(ROM)和随机存储器(RAM)。

ROM 是安装在主板上的一块存储芯片,称为 BIOS 芯片,芯片中的程序是由主板生产厂商在生产过程中固化写入的,其中包括微机开机时的启动、自检程序、基本中断调用程序等。

微型计算机中的 RAM 就是我们通常所说的内存条。在主板上,通常会提供 2 个或更多的内存条插槽,由用户根据需要选择安装内存。

在微型计算机中,通常我们所说的内存容量是指其 RAM 的容量。

当执行某个程序时,计算机将存放在外存储器(硬盘、软盘、光盘或其他外存储器)上的该程序及相关数据通过外存储器接口电路读入 RAM 中,CPU 读取 RAM 中的指令和数据以执行程序,同时 CPU 将程序执行过程中产生的中间结果存放在 RAM 中;程序执行结束时,CPU 指令释放该程序所占据的内存空间。

目前,微型计算机通常配备的内存(RAM)容量为 128MB、256MB,甚至达到 1GB。

2)外存储器

①软磁盘存储器(软盘)

软盘(Floppy Disk)是一种涂有磁性物质的聚酯塑料薄膜圆盘,早期计算机使用 5.25 英寸软盘,目前常用的是 3.5 英寸软盘。

②硬磁盘存储器

硬磁盘存储器(Hard Disk)简称硬盘,是由涂有磁性材料的合金圆盘组成,是微机系统的主要外存储器,安装在计算机中的系统软件、应用软件及用户文档通常都保存在硬盘中。

硬盘是一种高精度电子机械装置,它密闭在一个无尘的金属盒内,以保证其读写精度。相比软盘而言,硬盘有较高的读写速度和存储容量,目前常见硬盘的存储容量在 40GB 以上,甚至达数百 GB。

③光盘存储器

光盘存储器是一种利用激光技术存储信息的装置。目前用于计算机系统的光盘种类很多,包括只读型光盘(CD-ROM)、一次写入型光盘(CDR)、可抹型(可擦写型)光盘(CDRW)及 DVD 光盘等。

除了上面介绍的这些外存设备外,计算机还能对 U 盘(包括 MP3 播放器)及各种存储卡(一般用于数码照相机)等存储介质进行存取。

存储器的容量指存储器中包含的字节数,容量单位通常为 KB、MB、GB 和 TB。

1KB = 1024B(字节),1MB = 1024KB,1GB = 1024MB,1TB = 1024GB

(3)输入设备(Input Device)

输入设备是外界用来向计算机输入程序和数据的部件。典型的输入设备主要有键盘、鼠标、光笔及图像扫描仪等。

1)键盘

键盘是用户与计算机进行交流的主要工具,是计算机最重要的输入设备,也是微型计算机必不可少的外部设备。通常键盘由打字键区、编辑控制键区、副键盘区和功能键区4个部分组成,如图1-2所示。

打字键区即通常的英文打字机用键,其中字母键F、J为导盲键。

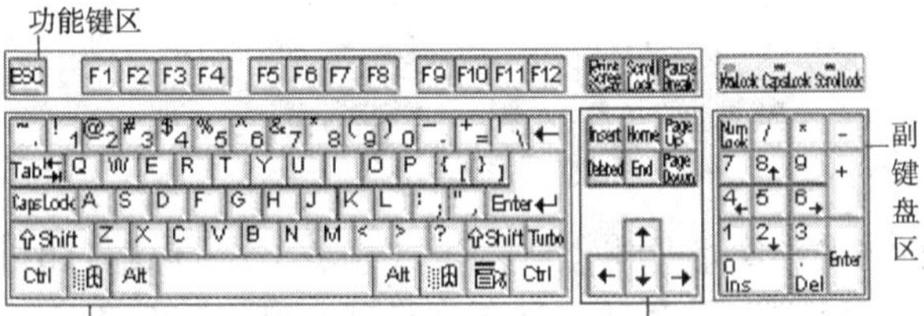

图1-2　键盘

副键盘区即数字键组,位于键盘右侧,与计算器类似,该片键盘的功能受NumLock键控制。

编辑控制键区位于主键盘与小键盘区中间,实现对光标移动的控制。

功能键区位置键盘上部,标示F1~F12,各键的功能由使用的软件自行定义。

2)鼠标

鼠标(Mouse)是微机上的一种常用的输入设备,是控制显示屏上光标移动位置的一种指点式设备。在软件支持下,通过鼠标器上的按钮,向计算机发出输入命令,或完成某种特殊的操作。目前常用的鼠标器有机械式和光电式两类。

(4)输出设备(Output device)

输出设备是计算机用来输出结果的部件,将数据信息等传送到外界,并转化成人们所需要的表示形式。典型的输出设备有显示器、打印机、绘图仪等。

1)显示器

显示器(Monitor)是微型计算机不可缺少的输出设备。用户可以通过显示器方便地观察输入和输出的信息。如图1-3所示。

常用显示器的分辨率有640×480、800×600、1024×768、1280×1024等,前一个数字表示每行包含多少像素,后一个数字表示屏幕包含多少行像素。

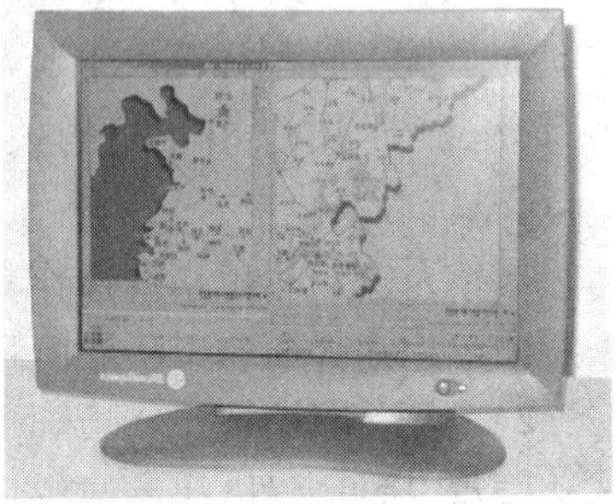

图1-3　显示器

显示器按输出色彩可分为单色显示器和彩色显示器两大类;按其显示器件可分为阴极射线管(CRT)显示器和液晶(LCD)显示器;按其显示器屏幕的对角线尺寸可分为14英寸、15英寸、17英寸和21英寸等几种。目前微型机上使用彩色CRT显示器,便携机上使用LCD显示器。

2)打印机

打印机可以将计算机中的信息打印到纸张或其他材质的页面上。

打印机的种类很多,按工作原理可粗分为击打式打印机和非击打式打印机。目前微机系统中常用的针式打印机(又称点阵打印机)属于击打式打印机;喷墨打印机和激光打印机属于非击打式打印机。三种打印机如图 1-4 所示。

a)

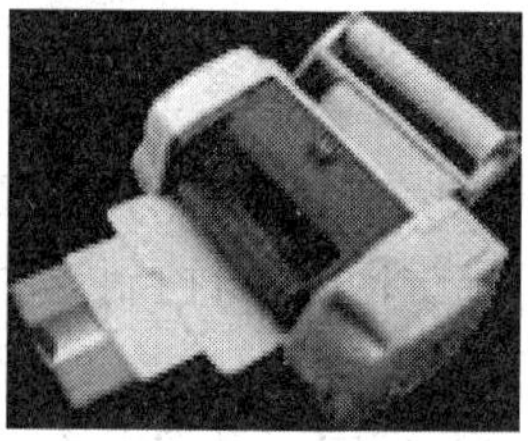

b)

c)

图 1-4　三种类型的打印机

a)针式打印机;b)喷墨打印机;c)激光打印机

①针式打印机

针式打印机打印的字符和图形是以点阵的形式构成的。针式打印机的主要特点是价格便宜,使用方便,特别是其可以实现多层复写打印,但打印速度较慢,噪声大。

②喷墨打印机

喷墨打印机直接将墨水喷射到纸上实现打印。喷墨打印机价格低廉,打印效果较好,特别受家庭用户及小型桌面办公用户的欢迎。但喷墨打印机使用的纸张要求较高,墨盒消耗较快,耗材价格高。

③激光打印机

激光打印机是激光技术和电子照相技术的复合产物,其技术来源于复印机,能输出分辨率很高的图形,正是其速度快、分辨率高、噪声低等优势成为办公用主要打印设备。

4. 软件系统的构建

计算机软件是计算机系统中与硬件相互储存的另一部分,是计算机全部程序、数据和相关文档资料的集合。

软件是一种逻辑实体,而非具体的物理实体,软件存在着版权问题。

软件根据用途可分为系统软件和应用软件两大类。

(1)系统软件(System Software)

系统软件是指管理、监控、维护计算机资源(硬件和软件)正常工作和供用户操作使用计算机而配置的软件。系统软件又分为操作系统和实用工具两类。

1)操作系统(Operating System)是配置在计算机硬件上的第一层软件,是对硬件系统的首次扩充。统一管理计算机中各种软件、硬件资源,合理组织计算机工作流程,协调计算机系统各部分、系统、用户相互间的关系,同时为上层软件提供支持。如 Windows 系统操作系统、Linux 系统等。

操作系统是从单用户操作系统逐渐发展到多用户操作系统。操作系统与用户间的接口,使用图形用户界面(GUI)是趋势所在。

2)实用工具(Utility Software)包括程序设计及利用计算机提供方便。实用工具可提供格式化硬盘、拷贝文件、压缩或解压缩数据、处理网络通信等操作。如压缩软件 WinZip、看图软件 ACDSee 等。

(2)应用软件(Application Software)

应用软件是指为实现某特定领域中的某种具体应用而设计的。供用户使用的软件。如电子表格、数据库系统、桌面出版系统、程序开发软件及游戏等。办公软件 Microsoft Office、SQL

Server 数据库、图形图像 Adobe Photoshop 等均是应用软件。

由于硬件系统的典型结构是冯·诺伊曼式结构,很长时间以来,软件系统也是以这种结构为基础而发展的。

5. 计算机的基本操作

初学计算机时,首先要掌握一些最基本的操作方法与技巧。这里介绍计算机开关机操作。

计算机不同于普通家用电器,它由硬件和软件结合形成的整体,保持一个良好的开关机习惯,对计算机的稳定使用有益。

开机的一般原则:先打开显示器、打印机等外设电源开关,再打开主机电源开关。

关机的一般原则:先关闭主机电源开关,后关闭外部设备电源开关。

若系统安装的是 DOS 操作系统,在确保没有运行程序状态下,按下电源开关关闭主机电源。

若系统安装的是 Windows 系列操作系统,点击"开始"→"关闭系统",通过命令方式关闭主机电源。

模块二 电工与电子知识

1. 常用电子器件介绍

(1)电容器

在各种电子设备中,调谐、耦合、滤波、去耦、隔断直流电、旁路交流电等,都需要用到电容器。电容器通常称为电容。电容的种类很多,按结构形式来分,有固定电容、半可变电容、可变电容。在电路中,电容的符号用 C 表示。

常用电容按介质区分有纸介电容、油浸纸介电容、金属化纸介电容、云母电容、薄膜电容、陶瓷电容、电解电容等。

(2)电阻器

在电子电路中,为了控制电压和电流,需要用到电阻器。电阻器通常称为电阻。电阻器的种类很多,从结构形式来分,有固定电阻、可变电阻和电位器三种。在电路中,电阻器的符号如图 1-5 所示。

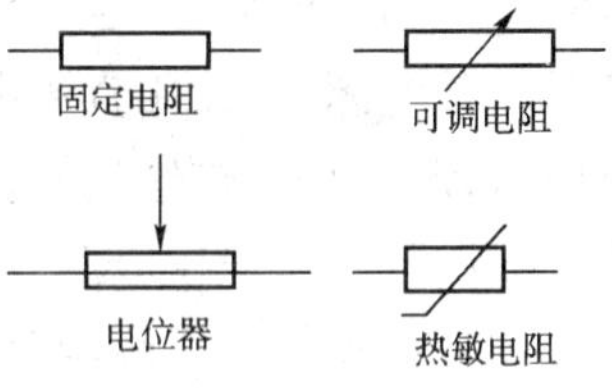

图 1-5 电阻器的符号

①常用电阻的结构和特点

常用电阻有碳膜电阻、碳质电阻、金属膜电阻、线绕电阻和电位器等。

为了区别不同种类的电阻,常用几个拉丁字母表示电阻类别。第一个字母 R 表示电阻,第二个字母表示导体材料,第三个字母表示形状性能在电路图中电阻器和电位器的单位标注规则。阻值在兆欧以上,标注单位 M。比如 1 兆欧,标注 1M;2.7 兆欧,标注 2.7M。见表 1-1 所列。

阻值在 1 千欧到 100 千欧之间,标注单位 k。比如 5.1 千欧,标注 5.1k;68 千欧,标注 68k。

阻值在 100 千欧到 1 兆欧之间,可以标注单位 k,也可以标注单位 M。比如 360 千欧,可以标注 360k,也可以标注 0.36M。

阻值在 1 千欧以下,可以标注单位 Ω,也可以不标注。比如 5.1 欧,可以标注 5.1Ω 或者 5.1;680 欧,可以标注 680Ω 或者 680。

电阻的类别和符号 表1-1

顺　序	类　别	名　称	简　称	符　号
第一个字母	主称	电阻器 电位器	阻 位	R W
第二个字母	导体材料	碳膜 金属膜 金属氧化膜 线绕	碳 金 氧 线	T J Y X
第三个字母	形状性能等	大小 精密 测量 高功率	小 精 量 高	X J L G

②电阻的使用常识

要根据电路的要求选用电阻的种类和误差。在一般的电路中,采用误差10%,甚至20%的碳膜电阻就可以了。

电阻的额定功率要选用等于实际承受功率1.5～2倍的,才能保证电阻耐用可靠。

电阻在装入电路之前,要用万用表欧姆档核实它的阻值。安装的时候,要使电阻的类别、阻值等符号容易看到,以便核实。

2. 常用电子仪器使用知识

(1)直流稳压电源

直流稳压电源主要为电路提供能源。

稳压电源的使用主要有:

①调整直流稳压电源,使输出电压12V

打开电源开关,用直流电压表(或万用表的"DCV"档)测量稳压电源正、负两极间的输出电压值,调节粗调与细调旋钮,使电压表读数为+12V。

②调整直流稳压电源,使输出电压±12V

调整直流稳压电源两路输出12V,然后把第一路输出的负极与第二路输出的正极用导线连接,设定该点为两路输出的公共地线,则第一路的正极为+12V,第二路的负极为-12V。

(2)信号发生器

信号发生器主要为电路提供各种频率和幅度的正弦波,不同脉宽的方波等输入信号,供电路放大、变换等。

信号发生器的使用如下:

①输出信号波形选择

扭动信号发生器左下角【波形选择】旋钮,旋转到需要的波形,如正弦波。

②信号发生器频率的调节方法

拨动面板旋钮左下方【频率范围】波段开关,选择我们需要的信号频率的所在范围,然后调节频率旋钮的【粗调】、【中调】、【细调】旋钮。根据【频率范围】指示的波段和【频率调节】旋钮指示的刻度,就可以调出我们需要的信号频率,从信号发生器上部的数码管上可以直接读出频率的数值。

③信号输出幅度的调节方法

信号发生器的面板左下方有【幅度调节】旋钮，用来调节输出电压幅度，信号从右侧的【输出端】输出。一般调节该旋钮就可以改变实际输出信号的幅值。可以用交流毫伏表测量输出信号的电压变化。

(3)示波器

示波器用来观察电路中各点的波形，以监视电路的工作状态，同时也可以用于测量波形的周期、幅度、相位差及观察电路的特性曲线等。

①用示波器测量交流信号的幅值

使信号发生器输出信号的频率固定在1kHz，输出幅值应满足有关要求。调整扫描周期旋钮【t/div】置于“0.2ms”位置，适当调节【V/div】开关位置使显示屏上出现完整的正弦波，则此时屏上纵坐标表示显示信号的电压值。读出波形高度所占的格数，与【V/div】旋钮指示的档位相乘，便可得出电压的数值。

②用示波器测量交流信号的频率

将示波器扫描周期【微调】旋钮置于校准位置，此时显示屏上横坐标表示显示信号的扫描时间。读出波形的一个周期所占的格数，乘以扫描周期【t/div】旋钮指示的档位，即得到一个周期的时间，时间的倒数就是信号的频率。

(4)直流电压表

直流电压表主要用于测量电路中的静态工作点、直流电源电压和直流信号的值。

(5)交流毫伏表

交流毫伏表主要用以定量测定电路中的输入、输出信号的交流有效值。

①打开交流毫伏表的电源开关，将连接在毫伏表输入端的两根输入线(信号线和地线)短路，观察毫伏表的指针是否指示在“0”位置，否则调节毫伏表的【调零】旋钮，使其指示到“0”。

②将信号发生器的输出频率调至“1000Hz”，将交流毫伏表的输入端和信号发生器的输出端连接，注意芯线(信号线)和芯线相连，地线连接地线。选择毫伏表的量程，调节信号发生器的【幅度调节】旋钮，从交流毫伏表读出信号的电压有效值。

注意：为了使毫伏表不至于过载，测量时应先将毫伏表置于最大量程档，测量时根据电压值的大小再逐次减小量程，切勿在小量程时用手接触测量端。为了读数精确，选择量程时一般要求表头指示在满刻度的三分之一以上。

3. 常用电工测量仪器使用知识

电工常用测量仪表主要有摇表、万用表和钳形电流表，这些仪表在测量时若不注意正确的使用方法或稍有疏忽，不是将表烧坏，就是使被测元件损坏，甚至还危及人身安全，因此，掌握常用电工测量仪表的正确使用方法是非常重要的。

(1)摇表

摇表又称兆欧表，其用途是测试线路或电气设备的绝缘状况。使用方法及注意事项如下：

①首先选用与被测元件电压等级相适应的摇表。对于500V及以下的线路或电气设备，应使用500V或1000V的摇表；对于500V以上的线路或电气设备，应使用1000V或2500V的摇表。

②用摇表测试高压设备的绝缘时，应由两人进行。

③测量前必须将被测线路或电气设备的电源全部断开，即不允许带电测绝缘电阻。并且要查明线路或电气设备上无人工作后方可进行。

④摇表使用的表线必须是绝缘线，且不宜采用双股绞合绝缘线，其表线的端部应有绝缘护套；摇表的线路端子“L”应接设备的被测相，接地端子“E”应接设备外壳及设备的非被测相，屏蔽端子“G”应接到保护环或电缆绝缘护层上，以减小绝缘表面泄漏电流对测量造成的误差。

⑤测量前应对摇表进行开路校检。摇表“L”端与“E”端空载时摇动摇表，其指针应指向“∞”；摇表“L”端与“E”端短接时，摇动摇表其指针应指向“0”。说明摇表功能良好，可以使用。

⑥测试前必须将被试线路或电气设备接地放电。测试线路时，必须取得对方允许后方可进行。

⑦测量时，摇动摇表手柄的速度要均匀120r/min为宜；保持稳定转速1min后，取读数，以便躲开吸收电流的影响。

⑧测试过程中两手不得同时接触两根线。

⑨测试完毕应先拆线，后停止摇动摇表。以防止电气设备向摇表反充电导致摇表损坏。

⑩雷电时，严禁测试线路绝缘。

(2)万用表

万用表是综合性仪表，可测量交流或直流的电压、电流，还可以测量元件的电阻以及晶体管的一般参数和放大器的增益等。因此，万用表转换开关的接线较为复杂，必须要掌握其使用方法。

①使用万用表前要校准机械零位和电气零位，若要测量电流或电压，则应先调表指针的机械零位；若要测量电阻，则应先调表指针的电气零位，以防表内电池电压下降而产生测量误差。

②测量前一定要选好档位，即电压档、电流档或电阻档，同时还要选对量程。初选时应从大到小，以免打坏指针。禁止带电切换量程。量程的选择原则是“U、I在上半部分、R在中间较准”，即测量电压、电流时指针在刻度盘的1/2以上处，测量电阻时指针指在刻度盘的中间处才准确。

③测量直流时要注意表笔的极性。测量高压时，应把红、黑表笔插入“2500V”和“－”插孔内，把万用表放在绝缘支架上，然后用绝缘工具将表笔触及被测导体。

④测量晶体管或集成件时，不得使用R×1和R×10k量程档。

⑤带电测量过程中应注意防止发生短路和触电事故。

⑥不用时，切换开关不要停在欧姆档，以防止表笔短接时将电池放电。

(3)钳形电流表

钳形电流表分为高压、低压两种，用于在不拆断线路的情况下直接测量线路中的电流。其使用方法如下：

①使用高压钳形表时应注意钳形电流表的电压等级，严禁用低压钳形表测量高电压回路的电流。用高压钳形表测量时，应由两人操作，非值班人员测量还应填写第二种工作票，测量时应戴绝缘手套，站在绝缘垫上，不得触及其他设备，以防止短路或接地。

②观测表计时，要特别注意保持头部与带电部分的安全距离，人体任何部分与带电体的距离不得小于钳形表的整个长度。

③在高压回路上测量时，禁止用导线从钳形电流表另接表计测量。测量高压电缆各相电流时，电缆头线间距离应在300mm以上，且绝缘良好，待认为测量方便时，方能进行。

④测量低压可熔保险器或水平排列低压母线电流时，应在测量前将各相可熔保险或母线用绝缘材料加以保护隔离，以免引起相间短路。

⑤当电缆有一相接地时，严禁测量。防止出现因电缆头的绝缘水平低发生对地击穿爆炸而危及人身安全。

课题三　法律法规

模块一　法律体系

1．法的概念与特征

(1)法的概念

“法”是指一种判断平、正、直的标准，“律”则重在强调人人必须遵守的东西，“法律”就是一种包含公、正、直的人人应当遵守的规范。法是指由国家制定或认可并由国家强制力保证实施的，反映特定物质生活条件所决定的统治阶级的意志，通过规定人们在相互关系中的权利和义务，来规范一定社会关系和社会秩序的、具有普遍约束力的规范体系。

(2)法的特征

法的特征是法在与相近的社会现象相比较的过程中显示出来的特殊征象和标志。在此意义上，法的外在特征概括为可以如下6个方面：

①法具有国家意志性，是统治阶级意志的表现，是由国家制定或认可的。

法的这一特征，使它区别于其他社会规范，如伦理道德、宗教、风俗习惯等，这些社会规范尽管都具有一定的规范性，但由于不是国家制定和认可的，因此不具有国家意志的属性。

②法具有规范性，是调整人们的行为或社会关系的规范。

从其存在形态看，法首先是一种规范。但法又不是一般的规范，而是一种社会规范。社会规范不同于其他规范，其特点在于它所调整的是人们之间的相互关系或交互行为。

③法具有国家强制性，是由国家强制力作保障的规范体系。

法不同于其他社会规范，它具有特殊的强制性，即国家强制性。它是以国家强制力为后盾，由国家强制力保证实施的。国家强制力是指国家的军队、警察、监狱、法庭等有组织的国家暴力。

④法以权利、义务为主要内容，是规定人们法律权利和法律义务的社会规范。

规定人们法律上的权利和义务是法律规范的主要使命和内容。通过规定，明确人们什么可以做、什么不可以做。其他一些社会规范也规定权利和义务，但在内容、范围和保证实施的方式等方面与法律权利和法律义务有很大不同，如道德规范大多仅规定了义务而无权利。

⑤法具有普遍约束力，在国家主权范围内普遍有效。

任何社会规范都是有约束力的。法与其他社会规范相比较，其约束力具有普遍性。法的约束力的范围是国家权力管辖范围内的一切成员，不分阶级、民族、性别、社会地位等方面的差别而要求一律适用。而其他社会规范只对部分人有效。

⑥法具有程序性，是有严格程序规定的规范。

从形式化的意义上看，法与其他社会规范区别在于：法的制定和执行都必须依照规定的程序进行。而其他社会规范的形成和执行一般不是这样，如道德规范是人们在长期的共同生活中逐步形成的，它的实现也无程序可谈。程序是社会制度化的最重要的基石。

2．法律体系

(1)法律体系与法律部门的涵义

法律体系是指以法律规范为基础，由按照一定的标准和原则划分为不同的法律部门而组成的内部和谐一致、有机联系的统一整体。其机构大体有三个层次：第一层次是法律规范；第二层次是法律部门；第三层次是法的体系。法律体系是一国现行法构成的体系，反映一国法律的现实状况，它不包括已经废止不再有效的法律，也不包括尚待制定或已制定但还没有生效的法律。

法律部门也称为部门法，是根据一定标准和原则所划定的调整同一类社会关系或者同一种调整方法的法律规范的总称。

（2）当代中国法律体系

当代中国的法律体系通常包括下列法律：宪法，民法，商法，行政法，刑法，经济法，诉讼法。

①宪法。宪法作为一个法律部门，是整个法律体系的基础。它不但反映了当代中国法的本质和基本原则，也确定了其他法律部门的指导原则。宪法规定了我国的各种基本制度、原则、方针、政策、公民的基本权利和义务，各主要国家机关的地位、职权和职责等。

宪法作为一个部门法，其法律规范主要反映在《中华人民共和国宪法》这部规范性文件中。宪法是我国的根本法，具有最高的法律效力，其他任何法律、法规或规章都不能违反宪法、与宪法相抵触。

②民法。民法是调整平等主体的公民之间、法人之间、公民与法人之间的财产关系和人身关系的法律规范的总和。

我国目前还没有一部完整的民法典，民法的基本规范集中反映在《中华人民共和国民法通则》这一规范性文件中，其余大量的民法规范则散见于如《中华人民共和国合同法》、《中华人民共和国担保法》、《中华人民共和国婚姻法》、《中华人民共和国继承法》等单行民事法律中。

③商法。商法是调整商事关系的法律规范的总称。商法作为民事特别法，是对市场经济中基于持续营利为目的而现成的特定社会关系进行调整的法律文件。包括《中华人民共和国公司法》、《中华人民共和国票据法》、《中华人民共和国保险法》、《中华人民共和国破产法》等。

④行政法。行政法是调整国家行政管理活动中形成的社会关系的法律规范的总和。它主要调整国家机关相互之间和国家机关与企事业单位、社会组织以及公民之间的行政管理关系，包括国家行政管理体制、行政管理活动基本原则、行政主体的职权范围以及活动方式、方法等。行政法是宪法中关于国家管理原则的延伸和具体化，涉及到国家社会生活的方方面面，范围极其广泛、内容非常复杂，是一个很重要的部门法。也正是由于上述原因，制定一部完整的行政法典是不现实的。

⑤刑法。刑法是规定什么行为是犯罪和对犯罪行为如何适用刑罚的法律规范的总称。刑法是国家的重要法律部门之一，是国家对严重破坏法律关系和法律秩序的犯罪行为进行定罪量刑的根据。刑法规范主要规定在《中华人民共和国刑法》中，其余还散见于一些特别刑法，如全国人大所作的有关犯罪和量刑的决定，以及大量的行政、经济法规中关于追究刑事责任的规定中。

⑥经济法。经济法是调整国家机关、社会组织和其他经济实体在经济管理过程和经济协作活动中所发生的经济关系的法律规范的总称。一般认为，经济法具有国家干预社会经济生活的性质，是国家对自由市场经济生活中通过民法无力解决而需要国家干预的情况下的产物。经济法的调整对象非常广泛，经济法规范众多，但目前还没有一部法典型的规范性文件，其规

范散见于大量的单行经济法规之中。如《中华人民共和国反不正当竞争法》等。

⑦诉讼法。诉讼法是关于诉讼程序的法律规范的总称。诉讼法是程序法,是保证各种实体法实现的必要条件。诉讼法主要是关于司法机关以及其他诉讼参与人进行诉讼活动的原则、程序、方式和方法的规定。

诉讼法由刑事诉讼法、民事诉讼法和行政诉讼法三类诉讼法组成,它们各自有一部法典,对各自的主要诉讼规范作了规定。

模块二 公路法

1. 概述

本书主要介绍《中华人民共和国公路法》(下简称《公路法》)和《中华人民共和国公路管理条例实施细则》的相关知识,对省级及以下政府颁布的法律法规由各地培训时组织介绍。

公路法的概念有狭义和广义之分。狭义的公路法,是指一个国家特定的立法机关依照法定的权限和程序制定的公路法典。如 1997 年 7 月 3 日,八届全国人民代表大会常务委员会第 26 次会议通过的,自 1998 年 1 月 1 日施行的《中华人民共和国公路法》。广义的公路法,在我国是指以《公路法》为总章程,调整在公路规划、建设、养护、使用、经营和管理过程中产生的各种社会关系的法律规范的总称,包括《公路法》,《收费公路管理条例》,地方人大及其常委会、政府和交通部依法制定的公路法规、规章等。例如,《江苏省公路条例》是根据江苏省当时的实际情况,对《公路法》进行了重要补充和细化,就有关该省公路的规划、建设、养护、经营、使用和管理等 6 个方面的内容都作了一些比较科学合理的新规定,具有较强的针对性和可操作性。本书所介绍的公路法主要是狭义的公路法。

2. 收费公路

(1)设立收费公路的条件

公路作为国民经济的重要基础设施,属于资金密集型的设施,需要投入大量的建设资金。为了提高对公路建设的资金投入,扩大资金来源,《公路法》明确规定:“国家允许依法设立收费公路”,同时要求对收费公路的数量进行控制。

根据《公路法》的规定,可以收取车辆通行费的收费公路必须具备以下两个条件。

①必须符合国务院交通主管部门规定的技术等级和规模。

②必须是符合法律规定情形的公路。收费公路除了必须符合国务院交通主管部门规定的技术等级和规模外,还必须是属于下列情形之一的公路:第一,由县级以上地方人民政府交通主管部门利用贷款或者向企业、个人集资建成的公路;第二,由国内外经济组织依法有偿受让交通主管部门利用贷款或者得集资修建公路收费权的公路。

符合上述两项规定的收取车辆通行费条件的公路,并不等于自然而然地取得了在公路上设置收费站进行收费的权利,收取车辆通行费的行为必须“依法”进行。

(2)关于收费公路的其他规定

为了多渠道广泛筹集公路建设资金,国家允许国内外经济组织以购买收费公路的收费权或者直接投资建设公路的方式,投资公路事业,取得公路的收费经营权。《公路法》对这两种形式的公路(以下简称收费经营公路)进行了规范,根据该法规定,收费经营公路的经营者除应遵守有关收费公路的条件、收费站设置及收费标准等规定外,还应遵守以下规定:

①关于公路经营企业。受让收费权和投资建设公路的国内外经济组织应当依法成立开发、经营公路的企业(简称公路经营企业)。在我国境内成立公路经营企业,应当依据我国有

关的企业法律设立。国外经济组织在我国投资公路事业的,依照我国现行的外商投资企业法律规定,可以设立中外合资经营企业、中外合作经营企业或外资企业。

②关于收费经营期限。公路是供社会使用的重要基础设施,与国家利益和社会公共利益关系密切,不宜长期作为以营利为目的经营性企业的经营资产。为此,《公路法》对收费经营权规定了限定期限的原则。

3. 公路的监督检查

行政监督检查是行政执法行为的一种,指法定主体为实现行政管理职能,按照法定职权和程序,对行政相对人是否遵守法律法规所进行的督促和检查。

公路的监督检查是行政监督检查的一种,是指交通主管部门、公路管理机构,为维护公路投资者、经营者、管理者和使用者的合法权益,保障和促进公路事业健康有序地发展,依法对公路规划、公路建设、公路经营、公路养护、公路使用和管理等活动是否合法,对有关公路的法律、法规执行情况进行的监督检查。

(1)公路监督检查的主体

①各级交通主管部门、公路管理机构是公路监督检查的主体

根据《公路法》的规定,在我国实施公路监督检查的主体只能是交通主管部门和公路管理机构,其他行政机关、企事业单位或者个人可以对违反公路法的行为进行检举、揭发、控告,但不享有检查权和处罚权。也就是说,公路监督检查是特定主体的法定行为。

《公路法》第六十九条规定:交通主管部门、公路管理机构依法对有关公路的法律、法规执行情况进行监督检查。《公路法》第八条规定:国务院交通主管部门主管全国公路工作;县级以上地方人民政府交通主管部门主管本行政区域内的公路工作,但是,县级以上地方人民政府交通主管部门对国道、省道的管理、监督职权,由省级人民政府确定。

②公路监督检查人员

我国实施公路监督检查的主体是交通主管部门和公路管理机构,其监督检查行为具体由公路执法人员来实施。根据规定,我们目前的公路执法人员分成三大类:一是公路养路费征稽人员,根据国家的法律、法规、规章向有车单位和个人征收公路养路费,依法检查车辆缴纳养路费的缴讫情况;二是路政管理人员,履行《公路法》规定的路政管理职责;三是还贷性收费公路稽查人员,江苏目前有部分执法人员对通过收费站车辆是否按照规定缴纳通行费进行监督检查。

根据《公路法》的规定,公路监督检查人执行公务时,应当佩带标志,持证上岗,用于公路监督检查的专用车辆,应当设置统一的标志和示警灯等装置。

(2)监督检查的内容

对公路规划、建设、养护、经营、使用和管理活动中的合法性进行监督检查包括养路费监督检查、公路路政管理监督检查等。

根据《公路法》的规定,交通主管部门、公路管理机构、公路监督检查人员,有权依法在公路、建筑控制区、车辆停放场所、车辆所属单位等进行公路行政执法的监督检查;有权检查、制止和查处各种侵占、损失公路、公路用地、公路附属设置及其他违反公路法规定的行为。情节严重,构成犯罪的行为,交有关部门追究刑事责任。

模块三 收费公路管理条例

1. 概述

《收费公路管理条例》(以下简称《条例》)2004 年 8 月 18 日经国务院第 61 次常务会讨论

通过,2004 年 9 月 13 日国务院令 417 号公布,自 2004 年 11 月 1 日起施行。《条例》共分总则、收费公路建设和收费站的设置、收费公路权益的转让、收费公路的经营管理、法律责任、附则共 6 章 60 条。

《条例》第二条规定:“本条例所称收费公路,是指符合公路法和本条例规定,经批准依法收取车辆通行费的公路(含桥梁和隧道)。”

公路要成为收费公路,一般来说,必须同时具备以下几个条件:

(1)建设收费公路条件的规定

1)收费公路建设必须符合公路发展规划

公路发展规划是指特定的主体根据根据国民经济、社会发展对公路发展的需求,通过对公路客货运输流量的分析预测,结合当地经济条件、资源条件及其他客观实际,制订的在确定的期限内所要求达到的公路交通结构和规模的目标。公路规划一经法定机关批准即具有法律效力。任何公路包括收费公路的建设都必须符合公路规划。

《条例》第九条规定:“建设收费公路,应当符合国家和省、自治区、直辖市公路发展规划,符合本条例规定的收费公路的技术等级和规模。”

2)建设收费公路必须符合本《条例》规定的收费公路的技术等级和规模

公路就技术等级而言,按可分为高速公路、一级公路、二级公路、三级公路和四级公路。《条例》第十八条规定:建设收费公路,应当符合下列技术等级和规模:①高速公路连续里程 30km 以上,但是城市市区至本地机场的高速公路除外;②一级公路连续里程 50km 以上;③二车道的独立桥梁、隧道,长度 800m 以上;四车道的独立桥梁、隧道,长度 500m 以上。技术等级为二级以下(含二级)的公路不得收费。但是,在国家确定的中西部省、自治区、直辖市建设的二级公路,其连续里程 60km 以上的,经依法批准,可以收取车辆通行费。

3)符合公路工程建设的基本程序

《条例》第二十五条规定:收费公路建成后,应当按照国家有关规定进行验收;验收合格后,方可收取车辆通行费。收费公路不得边建设边收费。根据规定,已完成交工验收并暂定为合格以上等级的收费公路,应安排养护管理和试运营,并可按规定收取通行费。未进行交工验收或交工验收不合格的,不得试运营,更不得收取通行费。

收费公路不得边建设边收费。其主要目的是保护社会公众利益,防止乱收费。但值得注意的是,这一款所规定的边建设边收费情形,并不包括对已经通车运行的收费公路所进行的局部改造和养护维修作业。

(2)必须依法经批准的公路方可收取车辆通行费

《条例》第十条规定:县级以上地方人民政府交通主管部门利用贷款或者向企业、个人有偿集资建设的公路(以下简称政府还贷公路),国内外经济组织投资建设或者依照公路法的规定受让政府还贷公路收费权的公路(以下简称经营性公路),经依法批准后,方可收取车辆通行费。

(3)全部由政府投资或者社会组织、个人捐资建设的公路,不得收取车辆通行费

这里需要提醒注意的是,本条规定使用了“全部”一词,即只有全部由政府投资或者全部由社会组织、个人捐资建设的公路,才“不得收取车辆通行费”。如果是部分由政府投资或者部分由社会组织、个人捐资建设的公路,是可以收取车辆通行费的。

2. 收费站的管理规定

(1)收费公路收费站的设置规定

1）设置收费公路收费站必须符合《条例》规定的条件

①高速公路以及其他封闭式的收费公路，除两端出入口外，不得在主线上设置收费站。但是，省、自治区、直辖市之间确需设置收费站的除外。

如果按几十公里一个收费站的设置要求来规定，那么高速公路高速通行的功能将受到严重影响，而且在封闭式收费的情况下，也大幅增加管理成本。此外，《条例》第十三条也赋予了高速公路联网收费的技术手段，在技术和操作等方面确保了在主线上一般不设主线站的可行性。

本条特别规定“省、自治区、直辖市之间确需设置收费站的除外”。随着我国公路建设的快速发展，全国高速公路网络已基本形成，长距离的国道主干线也逐步全线贯通并连续通行。这些国道主干线一般都是跨越多个省份，长达几千公里。如要求跨经多省、长达几千公里的高速公路主线一律不设站，尤其是省际间也不设站，这是不切实际的。

②非封闭式的收费公路的同一主线上，相邻收费站的间距不得少于50km。

2）设置收费公路收费站必须符合本条例规定的审批权限

国内外经济组织可以投资建设收费公路，并在收费期限内享有收费权；交通主管部门利用贷款、集资建成的公路也可以收取车辆通行费。但这并不表示收费公路经营管理者可以任意设置收费站进行收费。收费公路设置车辆通行费的收费站，应当报经省、自治区、直辖市人民政府审查批准。

（2）封闭式收费公路实行联网收费的规定

1）高速公路以及其他封闭式的收费公路，应当实行计算机联网收费

由于收费公路投资主体的多元化，很多收费公路都是一路一公司，甚至出现了一路几个不同收费主体并存的状况。如果每个不同收费的收费主体都单独设置收费站进行收费，必然会降低通行效率，不利于公路畅通。因此在技术可行的今天，有必要对封闭式的收费公路，实行计算机联网收费。“封闭式的收费公路”是指高速公路以及其他封闭式的收费公路。封闭式的收费公路因技术等级高、行车速度快而能够较好地适应和满足人民群众的出行需要，并能提供良好、便捷的行车环境和通行条件。所谓“联网收费”，就是指在一定范围内的高速公路或者其他封闭式收费公路采用兼容电子不停车收费和人工半自动收费的组合式收费技术，实现用户持公路专用缴费卡在该区域范围内缴付通行费，以及在一定区域范围内的高速公路或者其他封闭式收费公路实行“统一收费、系统拆账、按比例分成”的收费管理方式。

2）联网收费的具体办法由国务院交通主管部门会同国务院有关部门制订

高速公路以及其他封闭式的收费公路联网收费是一项具有较强的技术性、专业性，且涉及其他有关方面，需要制订相应的具体办法，包括有关行政规章和技术规范，本条明确授权国务院交通主管部门会同国务院有关部门制订联网收费的具体办法。

（3）关于确定收费公路收费期限的规定

如何确定收费期限，一方面直接关系到收费公路投资者的利益问题，另一方面又直接关系到公路使用者的利益和社会承受能力问题。在收费标准不变的情况下，如果收费期限过长，对收费公路的投资者而言，会有较高的收费效益，而对收费公路使用者而言则会增加负担。反之，如果收费期限过短，对收费公路使用者来讲，一定程度上是减轻了负担，但对收费公路经营管理者而言，则会出现得不到应有的回报甚至亏本的风险。所以，确定收费公路收费期限的问题，既是一个关系到如何促进公路建设发展的问题，同时又是一个关系到如何确定社会合理负担、促进城乡经济交流的问题。

1）政府还贷公路的收费期限

①政府还贷公路的收费期限，按照用收费偿还贷款、偿还有偿集资款的原则确定。在还清贷款、集资款后立即停止收费，不以营利为目的。

②政府还贷公路的收费期限，最长不得超过15年。国家确定的中西部省、自治区、直辖市的政府还贷公路收费期限，最长不得超过20年。

2）经营性公路的收费期限

①经营性公路的收费期限，按照收回投资并有合理回报的原则确定。

②经营性公路的收费期限，最长不得超过25年。国家确定的中西部省、自治区、直辖市的经营性公路收费期限，最长不得超过30年。

由于收费期限的长短涉及到社会负担问题，所以收费期限的确定必须由层次较高的机关来确定，而不能由收费单位自行确定。《条例》规定，收费公路的收费期限，与收费站设置、收费标准等，均由省、自治区、直辖市人民政府批准。

（4）关于收费标准

1）车辆通行费的收费标准的审批程序和权限的规定

《条例》第十五条规定："车辆通行费的收费标准，应当依照价格法律、行政法规的规定进行听证，并按照下列程序审查批准：政府还贷公路的收费标准，由省、自治区、直辖市人民政府交通主管部门会同同级价格主管部门、财政部门审核后，报本级人民政府审查批准。经营性公路的收费标准，由省、自治区、直辖市人民政府交通主管部门会同同级价格主管部门审核后，报本级人民政府审查批准。"

收费公路车辆通行费收费标准的高低，既关系到收费公路经营管理者的利益，也涉及到收费公路使用者的利益和社会的承受能力。收费标准定得过高，对政府还贷公路而言，当然有利于县级以上交通主管部门或者管理者尽快还清贷款和集资款。对经营性公路而言，有利于收费公路经营者尽快收回投资并获得较高的回限，但这势必加重过往车辆和社会的负担。反之，如果收费标准定得过低，公路投资者的利益又会受到影响，投资不能及时收回并取得合理回报，不利于鼓励、吸引国内外经济组织投资公路建设，不刊于公路事业的发展。为加强政府部门对收费公路车辆通行费的收费标准的监管力度，确保收费公路各方利益，《条例》对收费公路车辆通行费的收费标准的确定程序和权限作了明确的规定。

①车辆通行费的收费标准应当按照法定程序审查批准

收费公路车辆通行费的收费标准的确定程序如下：

a. 收费公路经营管理者提出车辆通行费的收费标准的初步方案。

b. 属于政府还贷公路的，收费公路管理者将车辆通行费的收费标准方案报送省、自治区、直辖市人民政府交通主管部门，同时抄报省、自治区、直辖市人民政府价格主管部门和省级财政主管部门；属于经营性公路的，收费公路经营者将车辆通行费的收费标准方案报送省、自治区、直辖市人民政府交通主管部门，同时抄报省、自治区、直辖市人民政府价格主管部门。

c. 省、自治区、直辖市人民政府交通主管部门在收到收费公路经营管理者报送的车辆通行费的收费标准方案后，要尽快按照国家有关规定进行审核，并提出审核意见。属政府还贷公路的，由省、自治区、直辖市人民政府交通主管部门会同同级价格主管部门和财政主管部门进行审核：属经营性公路的，由省、自治区、直辖市人民政府交通主管部门会同同级价格主管部门进行审核。

d. 经审核后，省、自治区、直辖市人民政府交通主管部门要会同有关部门将收费公路经营管理者提交的车辆通行费的收费标准方案以及审核意见一并报送省、自治区、直辖市人民政府。

e. 省、自治区、直辖市人民政府根据上报材料和有关部门的审核意见及时予以审查，并以省、自治区、直辖市人民政府文件的形式批复；同时按第十六条的规定报国务院有关主管部门备案。

《条例》还明确规定："车辆通行费的收费标准，应当依照价格法律、行政法规的规定进行听证。"听证是指国家机关作出决定之前，给利害关系人提供发表意见提出证据的机会，对特定事项进行质证、辩驳的程序，其实质是听取利害关系人的意见。根据本条规定，听证是确定或调整车辆通行费收费标准的法定程序，并且是省、自治区、直辖市交通主管部门会同有关部门对车辆通行费的收费标准作出审核决定前的必经程序。不经过这一程序，将构成行政程序违法。

②车辆通行费收费标准必须按照《条例》规定的审批权限进行审批

《条例》规定："收费公路的收费期限，与收费站设置、收费标准等一起，均由省、自治区、直辖市人民政府批准。"这一设定也充分体现通过省级人民政府的公正性，来调节收费公路使用者与投资者之间的利益和权益关系，从而提高透明度和公平性。

2）车辆通行费的收费标准的确定因素和调整程序的规定

《条例》第十六条规定："车辆通行费的收费标准，应当根据公路的技术等级、投资总额、当地物价指数、偿还贷款或者有偿集资款的期限和收回投资的期限以及交通量等因素计算确定。对在国家规定的绿色通道上运输鲜活农产品的车辆，可以适当降低车辆通行费的标准或者免交车辆通行费。修建与收费公路经营管理无关的设施、超标准修建的收费公路经营管理设施和服务设施，其费用不得作为确定收费标准的因素。车辆通行费的收费标准需要调整的，应当依照本《条例》第十五条规定的程序办理。"

①车辆通行费的收费标准，应当根据《条例》规定的因素计算确定。

确定收费公路收费标准的影响因素有：公路的技术等级、投资总额、当地物价指数、偿还贷款或者有偿集资款的期限和收回投资的期限以及交通量等。

②修建与收费公路经营管理无关的设施、超标准修建的收费公路经营管理设施和服务设施，其费用不得作为确定收费标准的因素。与收费公路经营管理无关的设施主要是指借修路之机，修建政府主管部门或者其他管理部门的办公楼等；收费公路经营管理设施和服务设施，主要是指收费公路管理机构的办公设施如高档宾馆等这一规定。主要是为了控制收费公路合理的建设投资额；降低车辆通行费的收费标准，防止收费单位借机修建与收费公路经营管理无关的设施，或者超标准修建的收费公路经营管理设施和服务设施等，并将通过确定收费标准时，转嫁到收费公路使用者的身上，从而增加社会负担。

③对在国家规定的绿色通道上运输鲜活农产品的车辆，可以适当降低车辆通行费的标准或者免交车辆通行费。

④调整车辆通行费的收费标准，应当依照《条例》规定的有关程序办理。

车辆通行费的收费标准需要调整的，应当依照本《条例》第十五条规定的程序办理，即车辆通行费的收费标准，应当依照价格法律、行政法规的规定进行听证，并按照下列程序审查批准：政府还贷公路的收费标准，由省、自治区、直辖市人民政府交通主管部门会同同级价格主管部门、财政部门审核后，报本级人民政府审查批准；经营性公路的收费标准，由省、自治区、直辖市人民政府交通主管部门会同同级价格主管部门审核后，报本级人民政府审查批准。

由于车辆通行费的收费标准的调整实质上意味着车辆通行费的收费标准的重新确定，所以车辆通行费的收费标准调整程序与车辆通行费的收费标准确定程序相同，因此也必须按照《条例》第十五条规定的程序办理审查批准手续。

3）收费公路审批备案制度的有关规定

《条例》第十七条规定："依照本条例规定的程序审查批准的收费公路收费站、收费期限、车辆通行费收费标准或者收费标准的调整方案，审批机关应当自审查批准之日起10日内将有关文件向国务院交通主管部门和国务院价格主管部门备案；其中属于政府还贷公路的还应当自审查批准之日起10日内向国务院财政部门备案。"

3. 收费公路的经营管理

（1）经营管理者的权利

《条例》第二十条规定："收费公路的权益，包括收费权、广告经营权、服务设施经营权。"

1）公路收费权

公路收费权是指收费公路经营管理者经省级人民政府批准，在公路上收取车辆通行费的权利。公路收费权有如下含义：

①它是一种特许权利，须经过省级人民政府或国务院交通主管部门批准方能有效。

②收费权的客体是已建成并经验收的收费公路，在建或未建成通车的公路不能成为收费权的客体。

③收费权是有一定期限的，具体由收费权审批机关确定。政府还贷公路的收费期限最长不得超过15年；国家确定的中西部省、自治区、直辖市最长不得超过20年。经营性公路的收费期限最长不得超过25年；国家确定的中西部省、自治区、直辖市最长不得超过30年。

2）公路广告经营权

收费公路广告经营权是指经省级人民政府或其有关主管部门批准，在公路用地范围内经营广告的权利。收费公路广告经营权，应当注意以下几方面：一是收费公路从事广告必须遵循《中华人民共和国广告法》的有关规定；二是在公路用地范围内或者附属设置上设置广告设施，必须符合《公路法》的有关要求，并经批准设置。所设置的广告设施必须满足公路的技术要求，确保不影响车辆安全行驶。

3）公路服务设施经营权

公路服务设施经营权是指经省级人民政府或其有关主管部门批准，在公路沿线规定区域内经营服务设施的权利。包括经营餐饮、旅馆、商店、加油、车辆修理、娱乐等服务设施。

公路收费权转让是收费公路权益转让的主体，也是核心内容。人们通常理解的收费公路权益转让也主要是指收费权的转让。

（2）收费公路经营管理者收费权

1）收费公路经营管理者有依法收取车辆通行费的权利

收费公路的经营管理者包括政府还贷公路管理者和经营性公路经营者，依照《公路法》和《条例》的规定，有权向通行收费公路的车辆（指机动车，即以动力装置驱动或者牵引，在公路上行驶的车辆，包括客车、货车、专用汽车、摩托车等）收取车辆通行费。

通行收费公路的车辆（除法定免交车辆外）都必须主动缴纳车辆通行费。

2）4种车辆免交车辆通行费

①军队和武警部队车辆

"军队车辆"是指中国人民解放军直接用于军事目的，在编的机动车；"武警部队车辆"是指中国人民武装警察部队直接用于武装警察目的，在编的机动车。中国人民解放军和中国人民武装警察部队是国家的武装力量,他们执行任务具有迅速、保密等特殊性,这些军队车辆和武警部队车辆免收车辆通行费,目的是为了便于军队和武警部队执行军事任务和武装警察任务。

②公安机关的部分制式警车

主要是指公安机关在辖区内收费公路上处理交通事故、执行正常巡逻任务和处置突发事件,并按照规定喷涂专用标志图案、安装警报器、标志灯具的机动车。这里需要注意三点:一是这类警车必须是公安机关在编的警车。二是这类警车是在辖区内收费公路上处理交通事故、执行正常巡逻任务和处置突发事件的警车,公安机关用于执行其他公安任务的警车,或者不在其辖区内收费公路上处理交通事故、执行正常巡逻任务和处置突发事件的警车,不属于规定的免交车辆通行费的范围。三是这类警车必须是统一标志的制式警车,即按照规定喷涂专用标志图案、安装警报器、标志灯具。非制式警车也不属于规定的免交车辆通行费的范围。

③抢险救灾车辆

主要是指在发生水灾、火灾、雪灾、雹灾、地震、山体滑坡等重大自然灾害和重大突发事件时,根据国务院交通主管部门和省级以上人民政府的命令实施紧急救援工作的车辆。"抢险救灾"具有突发性、紧迫性、救援性,这类车辆免交通行费,体现了抢险救灾的特点,否则,可能贻误时机,酿成更严重的后果。从一定意义上说,免交通行费也是收费公路经营管理者对受灾者的实施救援的一种方式。

④跨区作业的联合收割机和运输联合收割机(包括插秧机)的车辆

3)对拒交、逃交、少交车辆通行费车辆的处理权利的规定

①收费公路经营管理者对依法应当交纳而拒交、逃交、少交车辆通行费的车辆,有权拒绝其通行,并要求其补交应交纳的车辆通行费。

这一规定赋予了收费公路经营管理者两项权利:一是拒绝通行,利用合法理方法限制拒交通行费的车辆使用收费公路;二是补交应交纳的通行费。

②任何人不得为拒交、逃交、少交车辆通行费而故意堵塞收费道口、强行冲卡、殴打收费公路管理人员、破坏收费设施或者从事其他扰乱收费公路经营管理秩序的活动。

③发生规定的扰乱收费公路经营管理秩序行为时,收费公路经营管理者应当及时报告公安机关,由公安机关依法予以处理。公安机关接到报案后,应当及时出警,依法给予查处,保证收费公路的正常通行秩序。

(3)经营管理者的义务

1)养护义务

《条例》明确规定:"收费公路经营管理者应当按照国家规定的标准和规范,对收费公路及沿线设施进行日常检查、维护,保证收费公路处于良好的技术状态,为通行车辆及人员提供优质服务。"这一规定体现了权利义务平衡的原则,收费公路经营管理者在享有向过往车辆收取通行费的权利的同时,必须依法履行收费公路的养护义务,为公路使用者提供优质服务。根据这一规定,收费公路经营管理者必须在其通行费收入中安排一定的费用用于公路养护,绝不能只收费不养护。

2)公告义务

收费公路的设置和管理关系到广大群众的切身利益,社会公众理应享有知情权、监督权,收费公路经营管理者必须向社会公开收费站的有关信息,自觉接受社会监督。这也是约束和制约收费公路经营管理者行为的一个重要方面。

①公告牌的设置位置

本条规定收费公路经营管理者应当在收费站的显著位置设立公告牌。这是公开收费公路有关信息的重要方式。公告牌一般设在收费广场的右侧路边醒目位置,形状为长方形。设置的原则是要保证公示效果,达到广为告知的目的。

②公告牌应当按照《条例》规定载明有关内容

根据本条规定,收费公路经营管理者通过公告牌必须公告的事项有6项,包括收费站名称、审批机关、收费单位、收费标准、收费起止年限和监督电话等内容。根据这些内容,社会公众可以对收费公路的合法性作出判断。

3)收费公路经营管理者设置交通标志与标线义务

4)收费公路经营管理者按照规定设置收费道口的义务

①收费道口的设置,应当符合车辆行驶安全的要求。

收费道口的设置,首先应当是符合公共利益的需要,满足车辆行驶安全的要求,而不是收费公路经营管理者的经济利益。这方面的要求,主要包括以下两个方面:

a.道口自身的构造要保证行车安全。收费公路经营管理者必须首先确保收费道口各种设施的正常运行,消除由于设施故障而引发的安全引患。实际工作中就曾经出现拦道器失灵,突然落下砸坏车辆的事故。如果出现这种情况,收费公路经营管理者应当承担赔偿责任。

b.加强巡查,随时掌握收费道口处车辆的通行情况,出现异常情况,立即采取措施,防止出现安全事故。

②收费道口的数量,应当符合车辆快速通过的需要。

近年来,一些公路收费站,特别是一些交通流量大的高速公路收费站,驾驶人员反映交费等候时间过长、行车不畅的情况明显增多。造成这种现象的原因通常有两类:一类是收费站建设时预设的收费道口数量不足,无法满足交通需求;另一类是收费公路经营管理者片面考虑运营成本,随意关闭部分收费车道,导致行车不畅。如果是前一种原因造成堵塞的,收费公路经营管理者则应当尽快研究提出改造措施,按规定程序报经有关部门批准后,增建收费道口,以满足交通需求;若收费公路经营管理者未全部开启收费道口造成交通堵塞的,收费公路使用者可以通过公布的监督电话举报,有关部门接到举报后,应当立即查处,维持公路畅通。本条的规定用法律形式对收费道口的设置和管理进行了原则性规范,必将有利于提高收费公路服务水平,为收费公路行车畅通提供保障。

5)收费公路经营管理者配备收费人员的义务

《条例》第三十条规定:"收费站工作人员的配备,应当与收费道口的数量、车流量相适应,不得随意增加人员。收费公路经营管理者应当加强对收费站工作人员的业务培训和职业道德教育,收费人员应当做到文明礼貌,规范服务。"

收费站是公路行业的对外窗口,也是公路使用者与公路经营管理者进行联系、沟通的平台。既担负着为政府或其他收费公路投资者收回投资的重任,一定程度上又代表着政府和投资者的形象。其重要性不言而喻。

①收费站工作人员的配备,应当与收费道口的数量、车流量相适应。

收费公路经营管理者在配备收费站工作人员时,必须充分考虑收费道口的数量和车流量,不能片面考虑节约成本,压缩收费人员数量,导致车辆在收费道口堵滞时间过长,影响公路畅通。还贷公路管理者,要有成本意识,不能随意增加收费站人员,从而加大收费成本,降低收费效益,影响还贷效果。

②收费公路经营管理者应当加强对收费站工作人员的业务培训和职业道德教育。

收费公路经营管理者必须承担收费工作人员培训的义务。培训是一个组织培养开发人才资源、保持持续发展、实现全面进步的重要工作。在现代社会中，培训已经成为完成工作任务的途径之一。培训一方面可以提高员工工作技能，提高工作效率和质量；另一方面还可以增强团队精神，激发职工的工作热情。另外，公路的公益属性也要求收费站工作人员必须不断改进工作作风、提高服务质量，因此收费公路经营管理者必须要承担起对工作人员进行培训的义务，不断提高服务水平，为公路使用者提供优质高效的服务。

③收费人员应当做到文明礼貌，规范服务。

收费人员直接面对服务对象——公路使用者，良好的精神风貌、文明的行为举止、热情周到的服务不仅有利于收费工作的正常完成，还有利于树立良好的公路行业形象，进而推动全社会的精神文明建设。每一位收费人员都应当充分认识到这一岗位的特殊意义，牢固树立爱岗敬业、乐于奉献的服务观，在仪容仪表、精神状态、语音语调、服务态度等诸多方面狠下功夫，真正做到文明收费、热情服务。另外，收费人员的着装应当规范，经营性收费公路的收费人员不应穿着交通执法装，而应当穿着经营企业的工作服装。

6）收费公路经营管理者异常情况的处理义务

保障公路完好、畅通已经成为收费公路经营管理者必须履行的法定义务。公路设施的正常运行既有赖于设施自身的完好，还受天气、环境、使用者等多种因素的制约。一场暴雪、一次事故、一辆故障车都有可能对公路安全畅通带来影响。因此，收费公路经营管理者应当及时掌握所管辖收费公路的设施状态和运行情况，一旦出现异常情况，必须采取有效措施，保障行车安全。

①在现场设置安全防护设施。这里的现场主要是指交通事故发生现场、养护作业施工现场和公路损毁现场等。现场应当设置的安全防护设施的类别主要有交通渠化设施、隔离设施、交通诱导设施、夜间照明设施等。常用设施主要有锥形路标、安全带、路栏、隔离墩、防撞桶等。现场布置应以合理引导车流安全通过现场为原则。

②在出入口进行限速、警示提示。收费公路经营管理者应当在封闭式收费公路的出入口设置必要的标志，提示驾驶人员在驶入收费公路后注意公路状况，谨慎驾驶。常用标志主要有限速标志、“注意危险”、“易滑”、“前方施工”等。

③在公路沿线予以公告。收费公路经营管理者应当在收费公路沿线，特别是接近现场的一定距离内，通过可变信息板或设置临时标志，向驾驶人员给予必要的提示，使驾驶人员有足够的时间采取减速、变换车道等措施，安全通过现场区域。

④如果发生交通堵塞，收费公路经营管理者应当及时报告公安交通管理机关，并协助公安交通管理人员采取措施疏导交通，尽力缩短交通堵塞时间，减少交通延误造成的社会损失。

⑤积极配合公安机关及时将有关交通管制的信息向通行车辆进行提示。

7）收费公路经营管理者使用收费票据的义务

收费票据是收费公路经营管理者向交纳通行费的公路用户出具的收费凭证。它的作用主要有三个：一是单位财务收支的法定凭证和会计核算的原始凭证；二是国家财政、审计等部门进行检查监督的重要依据；三是公路用户报销的依据。

①收费公路经营管理者收取车辆通行费，必须开具收费票据。

②收费公路经营管理者必须使用合法的收费票据。

政府还贷公路和经营性公路应分别使用省级财政部门和税务部门印制或监制的收费票

据。根据国家有关规定,政府还贷公路收费属于行政事业性收费,是政府行为;而经营性公路收费属于经营性收费,是企业行为。两者的不同性质决定了管理方式的不同。

8)发现车辆超载时,收费公路经营管理者应当及时报告公安机关依法处理的义务

9)收费公路经营管理者的禁止性的行为义务

向过往车辆收取通行费是法律授予收费公路经营管理者的一项权利。但必须符合法律、行政法规的有关规定,不得实施本条例规定的违法行为。否则,通行车辆有权拒绝交纳通行费。收费公路经营管理者不得实施的行为主要有:

①擅自提高车辆通行费收费标准。

车辆通行费的收费标准,既涉及收费公路通行者的权益,也关系到正常收费秩序的保护。而且,收费标准的确定是一项十分复杂的工作,既有严格的技术要求,也有严格的法律规定和法定的程序。收费标准一旦确定,不经法定程序,任何单位和个人都必须严格遵守,不但收费公路经营管理者必须严格按照收费标准收取车辆通行费,通行车辆也必须严格按标准交纳车辆通行费。如果在收费经营的过程中情况发生变化,确需调整收费标准的,必须根据法定程序重新报批,获得批准后,方可执行调整后的收费标准。

②在车辆通行费收费标准之外加收或者代收任何其他费用。

在车辆通行费收费标准之外加收或者代收任何其他费用,属于典型的"乱收费"行为,是国家明令禁止的违法行为,必须给予严厉打击。这种乱收费,不仅严重干扰了社会正常的生产秩序,加重了社会负担,还助长了不正之风,损害了党和政府同人民群众的关系。因此,无论是政府还贷公路的管理者还是经营性公路的经营者,坚决杜绝出现"乱收费"现象。规定禁止加收或者代收的费用,不仅包括以商业服务为目的的经营性收费,如车辆保险、维修等,也包括各级政府或政府部门批准的行政事业性收费,如城市建设费、城市增容费、环保费、政府基金、教育基金等。

③强行收取或者以其他不正当手段按车辆收取某一期间的车辆通行费。

收费公路经营管理者应当按照车辆通行收费公路的次数向车辆收取通行费。不能依靠强制力或其他非法手段向车辆一次性预先征收一段时期内的通行费。

④不开具收费票据,开具未经省、自治区、直辖市人民政府财政、税务部门统一印(监)制的收费票据或者开具已经过期失效的收费票据。

10)政府还贷公路车辆通行费收入的管理义务

《条例》第三十六条规定:"政府还贷公路的管理者收取的车辆通行费收入,应当全部存入财政专户,严格实行收支两条线管理。政府还贷公路的车辆通行费,除必要的管理、养护费用从财政部门批准的车辆通行费预算中列支外,必须全部用于偿还贷款和有偿集资款,不得挪作他用。"

①政府还贷公路的车辆通行费收入,应当全部存入财政专户,严格实行收支两条线管理。

财政专户是指各级政府财政部门在银行设立的管理预算外资金的专用存款账户。收支两条线是指收入要按照规定分别缴入国库或预算外资金财政专户,支出按照财政部门批准的预算或计划安排使用,不得挪作他用。根据我国现行有关财务规定,所有政府行政事业业收费以及政府性基金等财政性资金都应当实现收支两条线。资金征收和使用部门要建立健全有关财务管理和会计核算制度,按照规定向同级财政部门报送年度收支计划预算和决算。

②政府还贷公路的车辆通行费收入,必须全专款专用。

政府还贷公路收费收入只能用于以下两个方面:一是维持收费公路正常运行所需要的养

护和管理费用，包括养护工程费、管理事业经费、收费站工作人员工资、收费站设施维护费、国家规定必须缴纳的各项费收等；二是偿还收费公路建设的贷款和有偿集资款，包括贷款或集资款的本金和利息。

除以上用途外，任何单位和个人不得将还贷公路的收费收入挪作他用。而且还贷公路管理单位在安排以上支出时，必须严格按照收支两条线管理的要求，按规定编制还贷公路收费支出计划预算，并报财政部门的审批。对于收费公路管理单位提出的合理支出，财政部门应当及时审批，不得拖延、推诿；无正当理由不能不予批准。

11）收费公路终止收费的义务

《条例》第三十七条规定："收费公路的收费期限届满，必须终止收费。政府还贷公路在批准的收费期限届满前已经还清贷款、还清有偿集资款的，必须终止收费。依照本条前两款的规定，收费公路终止收费的，有关省、自治区、直辖市人民政府应当向社会公告，明确规定终止收费的日期，接受社会监督。"国家设立收费公路的目的是拓展公路建设资金渠道，弥补政府财政投资的不足。在实现上述政府目标的同时，必须充分考虑公路设施的公益性特征，努力减轻社会负担，及时停止收费。

12）收费公路经营管理者提供有关统计资料和情况的义务

《条例》第四十一条规定："收费公路经营管理者应当按照国务院交通主管部门和省、自治区、直辖市人民政府交通主管部门的要求，及时提供统计资料和有关情况。"

收费公路经营管理者必须按规定向交通主管部门报送所要求的有关资料和信息，参加技术交流活动，并且不得以任何理由拒绝、推诿或瞒报、漏报。

目前政府交通主管部门实施公路行业管理所需的信息资料主要有设施统计数据、路况质量资料、收费数据、交通量、车型类别等。为了减轻收费公路经营管理者的工作负担，避免出现过多的政府部门干扰收费公路经营管理单位的正常工作，本条还规定了只有国务院交通主管部门和省级人民政府交通主管部门才能决定收费公路经营管理者需要提供或报送的信息资料。

13）其他义务（略）

思考题

1. 简述爱岗敬业、尽职尽责、文明服务的基本要求。
2. 简述公路收费岗位职业守则。
3. 计算机的硬件组成包括哪几个部分？
4. 简述计算机开关机的操作步骤。
5. 万用表的使用有哪些注意事项？
6. 试述公路的概念与分类。
7. 简述收费公路的概念与条件。
8. 简述收费站的设置规定。
9. 简述收费公路的收费期限与收费标准。
10. 试述收费公路经营管理者的权利与义务规定。

单元二　公路收费

学习目标

通过本单元的学习,使公路收费人员了解票卡的基本知识和使用规定,掌握收费和发卡作业的基本技能,能够完成票据、通行卡核销和通行费解缴的单据填写,能做好简单的设备维护。

知识要求

1. 票卡的领用及使用规定;
2. 车型、类别基础知识及发卡操作;
3. 收缴通行费及单据填写;
4. 票据、通行卡、通行费的核销;
5. 设备维护保养。

技能要求

1. 能领用、核对票卡数量,填写记录;
2. 在规定时间内完成发卡作业并控制差错率;
3. 能完成收费作业过程和单据填写;
4. 能做好票据、通行卡、通行费结算;
5. 能做好简单的设备保养和维护。

课题一　领取票卡

模块一　通行券(卡)

封闭式收费系统是根据车辆类型和车辆在收费公路上的行驶里程(或时间)来收取通行费的,因此,需要一个记录车辆进出口地址和时间等信息的凭证,该凭证称为通行券(卡)。通行券(卡)应具有写入或(和)读取数据的功能,也可有确认持卡人身份的ID(身份)功能和代替现金付账的结算功能。通行券种类较多,一般按数据记录介质分类,可分为印刷通行券、条码通行券、磁卡通行卡、磁票通行券、IC卡通行卡、非接触IC卡通行卡和车载电子标签等,它们都有各自的优缺点和适应范围。下面将简单介绍各种通行券(卡)的构成、读写方式和使用方式。

1. 印刷通行券

印刷通行券为一次性使用的纸质通行券,常用于高速公路开通初期及人工收费方式。根据用途,券面上印有高速公路名称、入口收费站与站的编号、车型类别(可用英文字母*A*、*B*、*C*、*D*、*E*或通行券颜色或形状来表示)和通行券编号等必须信息,入口发放时,由人工在印刷通行券上盖上当班收费员号码、当班时间,以防止作弊。为给驾驶员提供充裕的时间准备应付通行费零钱,减少出口收费员找零钱时间,可在通行券上印上该站到沿途各站的价格表、高速公路地址示意图,也可印有广告或交通宣传等附加信息。

车辆进入高速公路时,驾驶员在入口站领印刷通行券,车辆驶离高速公路时,在出口站驾驶员交回通行券,收费员根据通行券的信息套用收费标准或将通行券的信息输入计算机里进行自动计价,并收取通行费。

2. 打印通行券

打印通行券是一次性通行券,是指在收费入口将一些随机信息(例如日期、时间、收费员号码、车型、入口站号、入口车道编码)打印在事先印刷好固定信息的通行券上。为防止驾驶员在行驶途中换券进行通行费作弊,可将车辆牌照最后两位数打印在通行券上,同时这些信息存入收费员终端和收费站计算机里。在出口车道,收费员只要把通行券上的主要信息通过键盘输入收费员终端,终端会自动计价并显示费额,同时也将这些处理信息存入收费员终端和收费站计算机内。

3. 条形码通行券

条形码是由条形码符号及其相应的字符组成的标记,是一种光电扫描识读设备自动识读并实现信息自动输入计算机的图形标识符。条形码在早期的收费公路中使用,现已停用。

4. 磁卡通行卡

在塑料等卡基上涂布或粘贴条状磁面存储媒体用以记录数字数据的卡片称为磁卡。通过专用终端设备与计算机相连,可将磁卡上的数据向计算机输入,磁卡也可记录由计算机输出的数据,因而磁卡在国内外常用作收费系统的通行卡,可重复使用。

5. 磁票通行券

磁票是一条一层薄薄的由排列定向的铁磁性微粒组成的材料,用树脂黏合剂严密地黏合在一起(磁条)并黏合在名片大小的特制纸质上的卡片。通过专用读卡机与计算机或计算机网络相联,可将磁票上的数据向计算机输入,磁票也可记录由计算机输出的数据。它为人们提供了一种对数据快速准确地进行存取的介质,它是国内外目前广泛使用的一种通行券。

6. IC 通行卡

IC 卡就是集成电路卡,采用了当今最先进的半导体技术和信息安全技术,IC 卡相对于其他各类的卡具有以下 4 大优点:

①存储容量大;

②体积小、质量小,抗干扰能力强,便于携带,易于使用;

③安全性高;

④对网络要求不高。

7. 非接触式 IC 卡

非接触 IC 卡又称射频卡,是最近几年发展起来的一项新技术,它成功地将射频 RF 识别技术和 IC 卡技术结合起来,解决了无线传输能量(卡中无电池)与无线读写(卡与读写器免接触)这一难题,是电子器件领域的一大突破。

非接触 IC 卡与磁卡及 IC 卡相比较,非接触式 IC 卡具有以下优点:

①可靠性高,维护成本低;

②全天候工作;

③操作方便、快捷;

④防冲突;

⑤实用、耐用；

⑥加密性能好。

8. 电子标签

电子标签是一种安装在车辆上的无线通信设备，可允许车辆在高速行驶状态下电子标签与路旁的读写设备进行双向通信，其结构、工作原理和功能与非接触式 IC 卡颇为相似，主要差别在于通信距离。

模块二　票卡款的管理

1. 通行费票据管理

通行费票据是通行费征收单位核发缴纳通行费的单位和个人的，可作为通行凭证和报销凭证的一种有价票证。

通行费票据的管理，是指通行费征收部门各种通行费票据的领入、发放、使用、稽核、保管、核销及归档全过程的管理活动。

通行费票据的种类。按用途划分可分为三大类：一是收据类，有车单位或个人缴纳通行费时使用；二是缴费凭证，核发给有车单位或个人，在有效期内通行公路使用；三是特种通行证（即免费证），核发给经批准同意免征通行费的车辆使用。按通行费征收单位的性质划分，可分两大类：收据类和发票类。收据类的是政府交通部门利用贷款或者向企业、个人集资建成公路收取的车辆通行费，属行政事业性收费，其收入纳入财政专户管理，并使用省级以上财政部门统一监制的行政事业性收费票据；发票类是指国内外经济组织收取的车辆通行费，属于经营性收费，应使用税务部门监制的票据。按形成方式划分可分两大类：定额票据和打印票据。定额票据是根据不同的征费标准，印制不同金额的票面的收费凭据；票面主要标明金额，收费时间和收费单位等要素。打印票据是是指根据车辆缴纳的实际金额，打印出相应票面的收费凭据。打印票据主要标明车型、标准重量、收费站、实际重量、打印号、超限率、日期和金额等要素。

（1）打印票据的领用

为确保票据安全和正常流转，收费员单次领用通行费票据量应严格控制。一般情况下，单次领取通行费票据不得超过三天的实际使用量。为便于票据领用的登记和核算，收费员领用通行费票据应按照实际使用量采取整数领取。收费员领用票据应注意对票据的名称、数量、序号、金额逐项进行核对，核对无误后进行领用手续。

1）打印票据的计算

收费员单次领用通行费票据量的计算方法，根据所在收费站的日交通流量以及班次交通流量，核定单次领用通行费票据量。

单次领用通行费票据 =（站日均流量/运转班次）×3

【例 2-1】　××收费站车道日均流量 1680 辆，该站每日实行 3 班运转，该站收费员票据领用量为：(1680/3) ×3 = 1680 张，则收费员单次领用通行票 2000 张。

打印票据的计算方法：领用数 =（通行费票据止号 − 通行费票据起号）+1

【例 2-2】　××收费员，上期积存通行费票据 185 张，本期领取一叠通行费票据，起号为 78990001，止号为 7892000，则领用数 =（7892000 − 7890001）+1 =2000 张。

2）填制《通行费票据领用单》

以【例 2-2】为例，填制领用单见表 2-1 所列。

×× 公路通行费票据领用单

领用单位：　　　　　　　　　　　　＿＿＿年＿＿＿月＿＿＿日　　　　　　　　　　　表 2-1

序号	票据名称		单位	请领时结存数	请领数	核发数			
						起号	止号	数量	金额(定额发票)(元)
1	定额发票	1 元	本						
		3 元							
		5 元							
		10 元							
		15 元							
		20 元							
		25 元							
		30 元							
		40 元							
		50 元							
		80 元							
		100 元							
		特种 30 元							
		加收 5 元							
		加收 10 元							
		加收 50 元							
2	打印发票		份	185	2000	7890001	7892000	2185	
3	月票(　　月)		本						
	月票(　　月)								
	月票(　　月)								

发放人(签字)：　　　　　　　　　　　　　　　　　　　　　　　　　领用人(签字)：

3)制单说明

本单据一式三联，第一联为发放人备存栏，由发放人保管，作为票据领用的原始依据。第二联为发放方记录，由发放人回收，用于制作票据凭证。第三联为领用记账留存，由领用人回收，作为领用人记账的依据。

①领用单位：指收费员所在的收费站工作部门，如薛家收费站。

②领用日期：按照领用实际日期进行填写，如 2007 年 7 月 1 日。

③请领时结存数：在该次领用发生前，上期领用票据使用后的积存票据数量。

④请领数：指本次领用数量。

⑤起号：是指本次领用票据的起号，一般为票据最小序号。

⑥止号：是指本次领用票据的止号。一般为票据最大序号。

⑦数量：是指上期积存票据和本次领用票据后的票据数量。

⑧金额：特指定额票据的金额。

⑨领用人：是本次票据的领用人。

⑩发放人：是本次票据的发放人。

(2)定额票据领用

定额票据可作为正常的收费凭证,也可作为打印票据的辅助票据。作为辅助票据仅在收费系统运行出现故障或收费员误操作造成打印票据无法正常运作时,在监控室确认的情况下,使用定额票据。

作为正常收费凭证的收费站,定额票据由收费员领用,领用量一般不超过 3 天的使用量。作为辅助票据的收费站,由收费班长领用,领用量根据实际情况合理控制。收费班长在领用票据应注意对票据的名称、数量、序号、金额逐项进行核对,核对无误后履行领用手续。

1)定额票据的计算

定额票据领用量为各类不同面值的定额票据量的总和。

单次领用定额票据数量 = 5 元定额票据数量 + 10 元定额票据数量 + N 元定额票据数量

【例 2-3】 ××收费班长领用 5 元定额票据 100 张(起号为 405201,止号为 405300),10 元定额票据 200 张(起号为 405301,止号为 405500),20 元定额票据 200 张(起号为 403201,止号为 403400),50 元定额票据 100 张(起号为 401001,止号为 401100),则该次领用定额票据量为 600 张。

2)填制《通行票据领用单》

以【例 2-3】为例,填制领用单见表 2-2 所列。

××公路通行费票据领用单

领用单位:　　　　______年______月______日　　　　表 2-2

序号	票据名称		单位	请领时结存数	请领数	核发数			
						起号	止号	数量	金额(定额发票)(元)
1	定额发票	1 元	张						
		3 元							
		5 元				405201	405300	100	500.00
		10 元				405301	405500	200	2000.00
		15 元							
		20 元				403201	403400	200	4000.00
		25 元							
		30 元							
		40 元							
		50 元				401001	401100	100	5000.00
		80 元							
		100 元							
		特种 30 元							
		加收 5 元							
		加收 10 元							
		加收 50 元							
2	打印发票		份						
3	月票(　　月)		本						
	月票(　　月)								
	月票(　　月)								

发放人(签字):　　　　　　　　　　领用人(签字):

2. 通行卡的管理

通行卡是指通行费征收单位发放给缴纳通行费单位和个人的,可作为允许通行和费额计算的凭证。

通行卡的管理是指通行费征收部门各种通行卡的领入、发放、使用、稽核、保管全过程的管理活动。

我国的情况比较复杂，使用过和正在使用的通行卡(券)种类较多，包括一次性使用的纸质打印卡、磁性卡、一维条码券和二维条码券,以及重复性使用的纸质穿孔卡、塑料基磁性卡,接触式 IC 卡和非接触式 IC 卡等。按照记录信息的方式可分为纸质通行卡和电子通行卡。纸质通行卡是卡面印有固定的收费站名、代号和车辆车型等相关信息的纸质卡片。电子通行卡是通过通行卡内储存芯片,记录站名、车辆车型信息的电子卡片。

(1)通行卡的领用

为确保通行卡的安全和正常流转,通行卡的领用应当合理控制。纸质通行卡领用量一般不超过 3 天的发放数,电子通行卡一般满足当日发放量。

(2)领用卡的计算

收费员单次领用纸质通行卡的计算方法,根据收费站各类车型的流量分布情况进行科学预算。一般情况下,满足发放卡数的 3 天的数量,纸质通行卡单次领用,延续使用,当日核销,当日结清。

单次领用纸质通行卡数量 =1 类车通行卡数量 +2 类车通行卡数量 + N 类车通行卡数量

【例 2-4】 ××收费站日均入口流量为 1620 辆,其中 1 类车 820 辆,2 类车 350 辆,3 类车 330 辆,4 类车 90 辆,5 类车 20 辆,6 类车 10 辆。按照整领整用的原则,该站收费员一次领用纸质通行卡的数量是:1 类车 900 张(起号为 501001,止号为 501900),2 类车 400 张(起号为 502001,止号为 501600),3 类车 400 张(起号为 503001,止号为 503400),4 类车 100 张(起号为 504001,止号为 504100),5 类车 100 张(起号为 505001,止号为 505100),6 类车 100 张(起号为 506001,止号为 506100)。单次领用通行卡则为 2000 张。同时,收费员可根据本站流量的情况,适当增加 1 类、2 类、3 类、4 类车的通行卡领用量,但总量不得超过 3 天用量。

单个类型通行卡计算方法,与通行费票据领用计算方法一致。

(3)填制《通行卡领用单》

以【例 2-4】为例,填制领用单见表 2-3 所列。

××公路通行卡领用单

领用单位: ______年______月______日 No. 0000000 表 2-3

类别		单位	请领时结存数	请领数	核发数			
					起号	止号	数量	备注
通行卡	1 类车	张		900	501001	501900	900	
	2 类车			400	502001	502400	400	
	3 类车			400	503001	503400	400	
	4 类车			100	505001	505100	100	
	5 类车			100	506001	506100	100	
	6 类车							

发放人(签字): 领用人(签字):

(4)制单说明

本单据一式三联,第一联为留存联,由票据员留存,作为领用通行卡的原始依据;第二联为票据员记账联,由票据员回收,用作通行卡记账凭证的附件;第三联为领用人备存,由领用人留存,作为领用通行卡的依据。

①领用单位:指收费员所在的收费站工作部门,如××收费站。

②领用日期:按照领用实际日期进行填写,如2007年7月1日。

③请领时结存数:在该次领用发生前,上期领用通行卡使用后的积存通行卡数量。

④请领数:指本次领用数量。

⑤起号:是指本次领用通行卡的起号,一般为票据最小序号。

⑥止号:是指本次领用通行卡的止号。一般为票据最大序号。

⑦数量:是指上期积存通行卡和本次领用通行卡后的通行卡数量。

⑧领用人:是本次通行卡的领用人。

⑨发放人:是本次通行卡的发放人。

(5)电子通行卡的领用

电子通行卡的领用按照当日领用、当日发入、当日核销的原则进行,一般情况下,领用量略多于日均流量。

【例2-5】 ××收费站日均入口流量为16760辆,其中早班流量940辆,中班503辆,夜班317辆。则收费员早班领用数1000张,中班领用数为600张,夜班领用数为400张。

以【例2-5】为例,填写《通行卡领用单》,见表2-4所列。

××公路IC通行卡领用单

年　　月　　日　　№ 0000000　　　　表2-4

领到IC卡＿＿壹仟＿＿张(大写)

票据员:　　　　　　　　　　　　领用人:

3. 备用金的管理

备用金是指收费人员在收取通行费时,用于收费找零的现金。各收费站根据日均通行费征收总额,科学合理地核定收费车道的备用金,是保障收费作业正常运行的一项基础保障。

备用金的管理是指备用金的领用、交接和保管,备用金的管理纳入通行费日常管理范围。

(1)备用金的领用

收费人员根据收费工作所需要,按照核定的备用金总额到会计部门领取相应的小额面值的零钞。备用金领用必须当面点清,填写《备用金领用单》,领用人和会计员签字交接后,因未清点造成的备用金错误,由领用人负责。

【例2-6】××站通行费日均征收为156 500.00元,核定每车道备用金为3 000.00元。

以【例2-6】为例,收费员填写《备用金领用单》,见表2-5所列。

××高速公路备用金领用单

年　　月　　日　　№ 0000000　　　　表2-5

领到备用金＿＿叁仟＿＿元(大写)

会计员:　　　　　　　　　　　　领用人:

(2)备用金的交接

备用金的交接是收费员交接班的一项重要内容,是指各班次收费员按照核定的金额交接备用金的过程。备用金的交接双方应当面点清,填写《收费员交接班记录》中“备用金”栏填写备用金金额,接班人与交班人共同签字后,因未清点核实造成交接错误,由接班人负责。

以【例 2-6】为例,收费员填写《收费员交接班记录》中“备用金”栏,见表 2-6 所列。

收费员交接班记录

班次:早班　中班　夜班　　　　班组:一班 二班 三班 四班　　　　表 2-6

工号:　　　　　　　　　　　　日期:　　年　　月　　日

交接班情况	1. 备用金:收到　　叁仟　　元(金额大写)。
	2. 设备运行:①正常;②异常(原因)
	3. 移交事项
	4. 亭内卫生:①良好;②未打扫干净(原因)

交班人:　　　　　　　　　　　　　　　　　　　　接班人:

(3)备用金的保管

备用的保管是指备用金使用人按照收费站现金管理的要求,做好备用金的使用、流通、更换等工作,备用金的管理纳入到通行费日常管理工作。

4. 废票、弃票与坏卡的管理

废票是指领用票据过程中,出现票面不清、印章模糊和断号、重号等影响正常流通的票据,或在收费过程中因打印机卡纸、色带老花或其他原因造成打印票据无法流通的票据。

弃票是指收费员收费过程中,驾乘人员丢弃在收费亭或车道内的通行费票据。

坏卡是指因各种原因造成收费员发卡时无法正常发放的通行卡,或因驾乘人员保管不当、人为损坏影响正常收费识别功能的通行卡。

(1)废票的处理

废票的处理应根据废票形成原因采取相应的处理流程。

收费员领用票据过程中出现的废票,必须立即停止使用,逐级退回,原发放单位应冲减原领用票据。

正常的收费工作形成的废票,按照工作程序收费员应报值机室,上报废票票号、形成废票车辆的车号、废票金额等情况,填写《废票登记表》,根据废票形成的实际情况处理。因卡纸和打印模糊的废票,应发放定额票据,冲减打印票据相应的金额。其他未打印所形成的废票,应妥善保管,冲减领用票。在废票反面,应由收费员、当班班长、值机员和值班站长签字确认。

废票应填写《废票登记表》,用于核销票据和通行费核算。

【例 2-7】 某收费员在操作过程中因打印机卡纸,出现一张票号为 50960012 的废票,打印金额为 55 元。

以【例 2-7】为例,填制废票登记单,见表 2-7 所列。

________收费站废票登记单

____年____月____日____班次____收费员____工号____ 表 2-7

序号	票号	金额	废 票 原 因
1	50960012	50.00	打印机卡纸，补发车号××定额发票 50 元。
2			
3			
4			
5			
废票粘贴处：			

会计审核________班长________

(2)弃票的处理

弃票的处理应根据弃票形成的原因采取相应的处理流程。

收费员在从事收费现场管理工作过程中，发现收费现场的弃票，无法确认该弃票的来源，应报值机室确认后，现场撕毁，不得私藏。

收费员在收费作业过程中，驾驶员在拒领通行费票据或在收费亭外丢弃的票据，能够确认弃票来源的，报值机室确认后，妥善保管，填写《弃票登记表》，以备核查。

弃票填写《弃票登记表》，是规范票据管理，以便形成弃票证据。

【例 2-8】 2007 年×月×日，在收费员操作过程中，一辆车号为苏 BB××××的车辆驾驶员，未拿发票直接驶离收费道口，票号为 50960023，金额为 65 元。

以【例 2-8】为例，填制弃票登记表，见表 2-8 所列。

________收费站弃票登记单

____年____月____日____班次____收费员____工号____ 表 2-8

序号	弃票号码	入口站名	车型	金额	弃票时间	车牌号码
1	50960023	××	一类车	65.00	2007.×.×	苏 BB××××
2						
3						
4						
5						
废票粘贴处：						

班长________

(3)坏卡的处理

坏卡的处理应根据坏卡形成的原因采取相应的处理流程。

收费员在通行卡发放过程中出现的坏卡，立即停止使用，上报值机室，应作为自然损坏通行卡上交票据员，冲减领用卡数。

驾驶员保管不当或人为损坏的通行卡，影响正常收费识别功能的，收费员上报值机室，上报车号、卡号和坏卡原因等相关要素，按照相关通行费征收政策执行。上交坏卡时应在《通行卡核销单》“坏卡”栏填写坏卡数量。

【例2-9】 某收费员在当日回收用通行卡2 050张，其中坏卡2张。

以【例2-9】为例，填制通行卡回收单，见表2-9所列。

××公路通行卡回收单

年　月　日　　　　表2-9

上交通行卡 2 050 张（大写） 其中坏卡 2 张（大写）

票据员：　　　　　　上交人：

5. 票、卡、款使用规定

①加强通行费票据、通行卡、通行费的管理是是通行费征管单位重要的基础工作之一，也是对通行费征收业务进行管理和监督的重要环节。

②收费人员必须严格按照票据和纸质通行卡的使用范围使用，不得相互代替使用。

③通行卡应按照专人领用，专人使用的原则进行，收费人员不得相互借用和擅自代替他人领用票据和通行卡。

④票据、纸质通行卡领用和使用应按照序号顺号领用、顺号使用，不得跳号使用。

⑤各类票据、纸质通行卡在领用前应认真清点、核对，发现空号、跳号、重号或号码错乱时，必须立即停止整箱领用，逐级退回。

⑥为保证账款相符、票款相符，必须加强对现金的管理，防止现金发生差错、丢失或被贪污、挪用等事情的发生，对现金进行逐日清查，做到日清月结，账款、票款相符。

⑦经常对票、卡、款的运行情况进行检查，检查票据、通行卡的领发、保管、使用、核销等手续是否齐全，有无发生丢失票据、通行卡现象。票据、通行卡相关记录填写是否齐全、准确、有无涂改，退款手续是否完备。

模块三　收费员岗位职责和服务规范

1. 收费员岗位职责

①负责当班期间的收费工作，严格执行收费政策和有关规定，公正执法，准确收费。

②工作认真，正确核定车型（吨位、座位），准确收费，无差错。做到应征不漏，应免不征，收费手续完备。

③工作中做到热情礼貌，使用文明用语，服务周到、耐心解答驾驶人员提出的问题，不要态度，不刁难他人，树立良好窗口形象。

④自觉遵守各项规章制度和工作纪律，服从管理，尊重领导，团结协作。

⑤领票、卡和缴款时，要与票据员结清票、卡、款账目。如因自己工作失误和保管不当造成的经济损失由收费员个人负责。

⑥积极参加上级组织的教育与学习活动，努力钻研业务，提高工作效率，爱护公物，自觉维护收费站良好的工作生活秩序。

⑦完成领导交办的其他任务。

2. 收费员交接班服务规范

(1)岗前的准备工作

①按规定着装,佩带工号牌和上岗证。

②上岗人员在准点接班前15min到班组工作室向当班班长报到,参加班前会,认真听取会议精神。

③清理工作箱和随身物品,将与工作无关的物品和私款放置他处。

④上岗人员按照本班次分工,到票据室领取当班所需票、卡和有关当班用品。

⑤在列队上岗处整理服装和仪容仪表,保持良好的精神风貌。在班长带领下,列队从规定路线进入收费亭。

(2)交接班程序

①进入收费道口后,在班长统一指挥下进行交接,保持车道畅通。

②接班人员进入收费亭后,检查收费设备、防卫器材和其他设备设施的完好情况,检查备用金是否准确,发现异常立即报告监控室。

③接班人员进入收费亭后,交班人员处理完道口内当前车辆,在车过电动栏杆且栏杆落下后,连击两次"下班"键,结束收费服务。

④交班人员将票、卡等放入工作箱,交接双方在收费员当班记录上签字完成交接。

⑤接班人员连击两次"上班"键,输入工号、班次上报监控室核对后,进入收费或发卡服务状态。

⑥交班人员在班长带领下在指定地点整队、列队从规定路线离开收费道口。

⑦交班人员进入工作室,认真清点票、卡、款,按要求规范填制有关票据核销单后,到票据室进行核销工作。

⑧核销工作完毕后,交班人员在工作室集中,参加班后会,认真听取班长对当班工作的小结和对其他工作的安排事项。

3. 联网收费系统下收费员作业服务规范

(1)出口作业服务规范

1)正常车辆的收费服务规范

①车辆停下后,使用"您好"等文明用语。

②收费员接过通行券(卡),判别车型,按车型键输入车型,读写通行卡。

③根据计算机显示金额,收费员面对驾驶员报出应收金额。

④收费员接过驾驶员所付通行费后,面对驾驶员唱收,打印票据并找零。

⑤面对驾驶员唱付找零金额,撕付打印票据,并使用"谢谢"等文明用语。

2)公务车服务规范

①使用"您好"等文明用语。

②输入正确车型,在车号与公务卡背后的车号核对一致后,读写公务卡。如果是公务车或持临时公务通行证的公务车,应将车牌、证号上报监控室。

③连按两次"公务"键后放行。

④将通行卡返还给驾驶员,同时面对驾驶员使用"再见"文明用语。

3)军车服务规范

①使用"您好"等文明用语。

②输入正确车型,读写通行卡,连按两次“军车”键,按“放行”键。

③面对驾驶员使用“再见”文明用语。

4)牵引车服务规范

①使用“您好”等文明用语。

②输入正确车型,连按两次“牵引”键,读写通行卡。

③输入被牵引车辆的正确车型,通行费的收取按不同车型处理。

④按“放行”键放行,并面对驾驶员使用“再见”文明用语。

⑤按被牵引车不同车型的处理办法,将有关信息报监控室备案。

5)车队服务规范

①输入车队第一辆车的正确车型,连按两次“车队”键。

②按“放行”键。

③车队通过后,连按两次“车队”键。

④在不影响收费工作的前提下,将车队的车辆数量及车型等信息报告监控室。

6)降档车服务规范

①使用“您好”等文明用语。

②正确判断车型,输入车型后读写通行卡,当入口车型错误并偏大时,重新输入正确车型进行确认,上报监控室通知班长到场验证。

③根据计算机显示金额,报出应收金额。

④接过驾驶员所付通行费后,面对驾驶员唱收,打印票据并找零。

⑤面对驾驶员唱付找零金额,撕付打印票据,并使用“再见”文明用语。

⑥在不影响收费工作的前提下,将降档车有关信息上报监控室备案。

7)无卡车服务规范

①使用“您好”等文明用语。

②驾驶员表示无通行卡后,详细记录车辆车号、单位和车辆入口,并通知班长到现场处理。

③经监控室查询核对入口后,输入正确车型,连按两次“卡号”键,按照画面提示输入应急卡号“0000000000”,继续按照画面提示输入入口站号代码,画面自动显示金额;如监控室无法核对入口,则输入正确车型,连按两次“无卡”键,画面自动显示全程一倍金额。

④根据计算机显示金额,面对驾驶员报出应收金额及通行卡成本费。

⑤接过驾驶员所付通行费后,面对驾驶员唱收,打印票据并找零,通行卡成本费使用定额票据。

⑥面对驾驶员唱付找零金额,撕付打印票据和定额票据,并使用“谢谢”等文明用语。

⑦在不影响收费工作的前提下,将无卡车有关信息上报监控室备案。

8)欠费车服务规范

①使用“您好,请出示通行卡”文明用语。

②输入正确车型,正常读写通行卡,报出应收金额,如驾驶员表示无足够现金交费,应上报监控室并通知班长到场。

③详细记录车号、单位、有卡还要记录卡号、车辆核定吨座位。

④填写欠费处理表单,将驾驶员自愿作为通行费抵押的有价物品妥善放置收费站规定地点。

⑤连按两次“欠费”键,按“放行”,并面对驾驶员使用“谢谢”等文明用语。

⑥将车辆有关信息报监控室备案。

⑦驾驶员所欠通行费补交后，归还抵押品，并报监控室。

9）超时车辆的服务规范

①车辆停下后，使用“您好”等文明用语。

②按车型键输入车型，读写通行卡，屏幕显示“行驶时间××小时”。

③认真询问驾驶员超时行驶的具体原因。

④根据计算机显示金额，面对驾驶员报出应收金额。

⑤接过驾驶员所付通行费后，面对驾驶员唱收，打印票据并找零。

⑥面对驾驶员唱付找零金额，撕付打印票据，并使用“谢谢”等文明用语。

⑦在不影响收费工作的前提下，将超时车辆车号和超时原因报监控室。

10）无卡军车的服务规范

①车辆停下后，使用“您好”等文明用语。

②输入车辆正确车型，向驾驶员解释军车无卡的处理规定，并请驾驶员写清事情经过。

③详细记录车号、单位、驾驶员姓名、士兵证证号等。

④连按两次“无卡”键，连按两次“军车”键。

⑤通知当班班长使用定额票据，收取通行卡成本费，并使用“再见”文明用语。

⑥在不影响收费工作的前提下，将车辆信息上报监控室。

11）无卡公务车持临时公务通行证的服务规范

①车辆停下后，使用“您好”等文明用语。

②输入车辆正确车型，验证临时公务通行证。

③详细记录车号、证号上报监控室。

④按军车处理进行作业。

（2）入口作业服务规范

1）正常车辆服务规范

①车辆停下后，使用“您好，欢迎光临”文明用语。

②输入正确车型，读写通行卡。

③如发现车牌照抓拍图像不符，连按两次“抓拍”键重新拍照；如车牌照未抓拍，则手工输入车牌后三位数字。

④将卡递给驾驶员，等前一车通过，栏杆落至水平位置后，按“放行”键。

2）公务车服务规范

①车停后，面对驾驶员使用“您好，欢迎光临”文明用语。

②输入正确车型。在车号与公务卡背后的车号核对一致后，读写公务卡。

③将卡递给驾驶员，等前一车通过，栏杆落至水平位置后，按“放行”键。

3）军车服务规范

①车停后，面对驾驶员使用“您好，欢迎光临”文明用语。

②输入正确车型，连按两次“军车”键，读写通行卡。

③将卡递给驾驶员，等前一车通过，栏杆落至水平位置后，按“放行”键。

4）牵引车服务规范

①车停后，面对驾驶员使用“您好，欢迎光临”文明用语。

②正确输入第一辆公务车的车型，连按两次“牵引”键，读写公务卡，归还公务卡。

③输入被牵引车辆的正确车型,并根据该车车型读写通行卡并作相应服务。

④将通行卡递给驾驶员,按"放行"键。

5)车队服务规范

①输入车队第一辆车的正确车型,连按两次"车队"键。

②按"放行"键。

③车队通过后,连按两次"车队"键。

④在不影响发卡工作的前提下,将车队的车辆数量及车型等信息报告监控室。

4. 对各类特殊情况通行卡的规范处理

(1)出口特殊情况通行卡的规范处理

出口特殊情况通行卡是指自然坏卡、人为损坏卡、一车两卡、串换通行卡、无卡车辆又找到通行卡等。

1)自然坏卡的规范处理

①收费员询问驾驶员入口站名,并将卡号和入口站名上报监控室。

②详细记录该车车号、单位和卡号。

③监控室确认此卡发出时间和发出站无误后,输入正确车型,连按两次"卡号"键,输入十位卡号(高位以"0"补足)。

④输入入口两位站名号,按计算机显示金额收取通行费。

⑤将卡号和车辆信息上报监控室。

⑥下班后,将此卡交监控室处理。

2)人为损坏卡的规范处理

①收费员详细记录车号、车辆单位、核定吨座位和卡号。

②输入正确车型,连按两次"卡号"键,输入十位卡号(高位以"0"补足)。

③按计算机显示金额,收取通行费。同时通知收费班长撕取定额票据收取通行卡成本费。

④在不影响收费工作的前提下,将车辆信息和卡号上报监控室。

3)一车两卡的规范处理

①将两张卡卡号上报监控室,以确认哪张卡为车辆本次通行所领取。

②询问驾驶员另一卡的来源。经过监控室的查询确认后,如该车有逃费行为,按路网最大里程应缴费额的一倍处理。如该车无逃费行为,没收另一卡。

③详细记录车型、车号、单位和两卡卡号,并在不影响收费工作的前提下,将有关信息报监控室备案。

4)串换通行卡的规范处理

①详细询问与该车换卡的另一辆车车号等特征,并将特征上报监控室。并令驾驶员写明经过。

②对该车按路网最大里程应缴费额的一倍收取通行费。

③在当班记录上详细记录车号、卡号等信息。

④下班后,将卡交至监控室恢复。

5)无卡车又找到通行卡的规范处理

①收费员首先辨别卡是否是本高速公路公司通行卡,将卡号上报监控室。

②在监控室通过查询确认此卡确系该无卡车所有,输入正确车型,读写通行卡。

③打印票据,收回原打印发票,退还差价,撕付打印票据。

④在原打印发票背后写明事情经过，并通知班长签字。

⑤下班后，原打印发票在监控室和值班站长签字后，按票面金额冲减上缴通行费。

6）显示“此卡已用过”的卡的规范处理

①首先询问驾驶员是否还有一张通行卡。如有，按一车两卡处理；反之，将卡号报监控室，同时记录时间、车号和卡号。

②当监控室确认该卡为入口站未写入信息后，按提示输入卡号和入口站号收费。

③将有关信息报监控室备案。

（2）入口特殊情况通行卡的规范处理

入口特殊情况通行卡是指坏卡、性能不稳定的卡、刷卡后车辆退回等。

1）坏卡的规范处理

①记录发现坏卡的时间、卡号，报监控室。

②将该卡放置他处，另换通行卡读写。

③下班后将该卡交监控室确认上交票据员，并在IC卡核销单中注明。

④性能不稳定的IC卡经确认，按照坏卡处置。

2）刷卡后车辆退回的规范处理

①详细记录车号、卡号、车辆退回原因、车辆有无过电动栏杆。

②在不影响发卡工作的前提下，将上述信息上报监控室备案。

③下班后，将该卡送监控室恢复后上交票据员。

3）显示“此卡已用过”的卡的规范处理

①记录卡号、时间，同时报监控室。

②将该卡放置它处，重新换一张卡读写。

③下班后，将卡交至监控室，确定该卡最近一次读写的收费员、时间和车道，并恢复后上交票据员。

5．非联网收费情况下收费员作业规范

（1）正常收费车辆的操作

①对驶入道口车辆进行观察，并进行车型判断。

②输入车型，观察显示器的提示是否准确。

③收费员使用文明用语，唱收唱付。

④输入收费确认键，打印票据、核对、找零。

⑤车辆通过环形线圈检测器后，电动栏杆自动落下，且清除显示屏上车辆的收费信息。

（2）特种车辆判别与收费系统操作

①观察前方道口来车，正确判型。

②根据特种车类型（军车、月票车、免费车、公务车等）输入相应车型，观察显示器提示是否正确。

③面对驾驶员微笑，使用文明用语，核验有关证件。

④输入放行键放行车辆。

⑤车辆通过环形线圈检测器后，电动栏杆自动落下。

6．收费现场优质服务管理规范

①收费作业要在规定时间内准确完成。

②收费员在收费发卡作业过程中要面对驾驶员，微笑服务，亲切自然，使用规范的文明用

语,坚持唱收唱付。

③收费员要以优质服务为宗旨,耐心解答驾乘人员的询问,提供力所能及的帮助,积极宣传收费政策。

④收费员在作业过程中,要做到车未停,即开窗,车未走,不关窗。

⑤收费员因兑换零钞或其他事项需短暂离开收费亭,应向驾驶员说明,并报监控室。

⑥收费员因吃饭等原因需较长时间离岗,应报监控室,等备用车道开通后,方可离开。

⑦如无备用车道,收费员应与顶岗人员核对钱、卡后方可离开,顶岗人员到位后,应将自己的上岗证替换原收费员的上岗证,做到持证上岗。

⑧顶岗人员在收费员回岗后报监控室,在核对钱、卡后方可离开。

7. 收费现场交通秩序管理规范

①严格按照上级有关规定,开足道口。

②各道口等待缴费车辆不能超过规定要求。如超过规定要求或流量高峰,机动人员应及时开启备用道口。

③亭外机动或值勤人员应维持好交通秩序。对收费区域的闲杂人员和随意停放的车辆要及时劝退,确保收费区域秩序井然。

④如车辆因故障或其他原因,车辆在道口停留时间较长影响其他车辆通行时,收费员应通知监控室和收费班长,尽快开启备用车道。如车辆可离开车道,收费员可将该车交由收费班长处理。

⑤出口如遇车辆闯卡时,应立即记下车号,并报告当班班长和监控室,本人应坚守岗位;入口车辆闯卡时,也应立即记下车号,并注意车辆行驶去向,并报告监控室。

⑥封闭道路后,应做好上路车辆的劝退工作,确保车辆秩序井然。

⑦密切注视道口车辆的来向,读写通行卡后,验证车辆是否有换卡嫌疑。

⑧保持高度警惕,认真做好监控室通知的布控车辆的拦截工作,车辆拦截后交班长处理。

8. 收费现场安全内保管理规范

①收费员进出收费区域,应从地下通道或指定线路通行;过道口时,应坚持“一看二等三通过”的原则。

②收费员在亭外值勤时,要统一穿着反光背心,除纠正违章外,一律站在安全岛上。

③收费员进入收费亭,应随即反锁收费亭门;短暂离开收费亭,应关闭窗户和抽屉。

④收费员在上班过程中应精力集中,注视前方来车。当经过车辆因制动失灵等原因失控时,收费员应采取合理措施,做好自我防范工作,确保人身安全。

⑤收费道口发生车辆失火,应立即报告监控室和当班班长。如有人员受伤,首先应抢救人员;如火情较小,使用灭火器迅速扑救;如火势较大,应迅速告知监控室拨打119;同时做好车辆和人员的疏导工作,防止更大事故的发生。

⑥道口发生交通事故,应立即报告监控室和当班班长,同时做好车辆的疏导工作,确保车辆通行畅通。

⑦收费员发现车辆有撞伤痕迹,应认真询问驾驶员车辆撞伤地点和时间。如不是在高速公路上发生事故,应请其出示有关事故处理结果证明;否则,应报当班班长和监控室。

⑧入口发卡员在发卡时应视情况使用“请系好安全带”等安全用语。天气恶劣,按照监控室要求,发放黄色警告卡。

⑨发卡员应认真把好车辆安全的源头关,严禁“三超”、无证危险品运输和其他禁上高速

公路车辆上路。

⑩夜班收费员保持充沛精力，严格遵守劳动纪律。当班班长组织好站区夜巡工作。

9. 收费现场站容站貌管理规范

①收费员进入收费亭，亭内物品应按规定摆放有序。

②在收费作业中，收费员应保持良好的精神面貌，仪表整洁。

③亭外值勤人员应着装整齐，站姿规范。

④维护收费区域环境卫生，发现垃圾及时处理。

⑤认真履行当班卫生保洁工作职责，保证收费亭地净、墙洁、窗明。

10. 收费现场设备设施管理规范

①收费员要关心爱护收费设备和设施。交接班双方应认真检查设备设施，发现异常立即上报。

②车辆与收费设备和设施发生碰撞，应扣留车辆，并立即上报监控室。

③按章操作各类收费设备，严禁将有损设备运行安全的物品靠近设备。

课题二　发放通行卡

模块一　收费车辆的分类

1. 车型分类的原则

在尽可能按公平合理的原则对车辆进行分类的同时，还要考虑到车型判别的简明性，以保证营运高效、可靠，并降低营运成本，特别要考虑人工判断识别车辆类型的简明性。

(1)公平合理性

车辆分类的主要目标，就是要保证通行费计收的相对合理。计收的通行费应反映出不同的车辆对道路使用的差异，也要考虑收费路的车型构成比例、车辆分类的检测手段、车辆对道路的占有及车辆的营运效益。

车辆对道路的磨损主要取决于车辆的最大轴重，图 2-1 所示出了各种吨位的典型车辆的最大轴重。轴重对道路的磨损程度，国内外一般采用如下公式确定：

$$P = KQ^n$$

式中：P——轴重(t)；

Q——轴重的破坏值(t)；

K——比例系数；

n——指数，取 4～55。

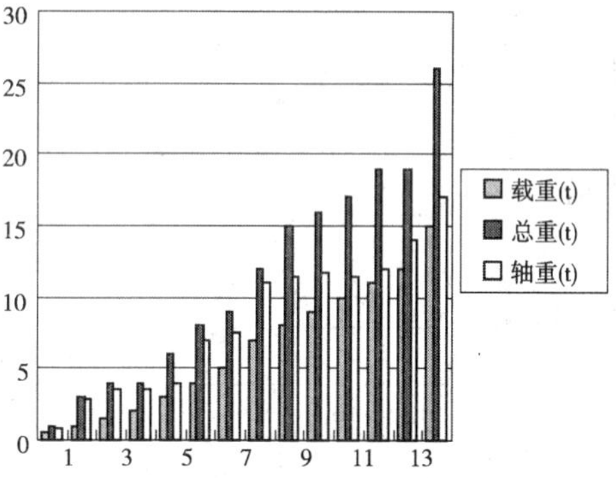

图 2-1　各种吨位载重车辆的最大轴重

由于破坏值与轴重有 4～55 次方关系，因此，轴重是车辆分类的重要依据。表 2-10 为国内一些典型车辆轴重的破坏值。

我国货车车辆按载重吨位的构成比例如图 2-2 所示。其中，载重量 3.5～6t 的车辆占载货车的 64%，载重量在 2.5～3.5t 之间有明显的间断区，而载重量在 6～7t 之间虽无间断区，但车辆的保有量甚少，给车辆分类的界定提供了基础。

国内一些典型车辆轴重的破坏值 表 2-10

车辆	小客车	小货车	跃进	解放	黄河	半挂
轴重(t)	1	2.74	3.82	6.86	10.16	9
破坏值	0.0002	0.015	0.17	1	5.97	3.44

各收费路使用的车辆分类的检测手段有两种:一种是计轴式;另一种是称重式。计轴式优点是比较直观,收费员认读简单,场外设备花费少;称重式分类准确,收费精度高。比较现代化的收费站都设有检测器、称重地磅、自动信号收费亭、自动收费机、无线电通信等设备。我国目前多为人工目测。

车辆对道路的占用,交通部公路科学研究院在对道路通行能力的研究中,确定所有中型车辆的占用折算系数为1,小型客车的折算系数为0.7。虽然中型车辆的载重为2.5~7t,但其对道路的占用情况却大体相同,所以不宜细分;小型车辆则由小客车和小货车及摩托车组成。

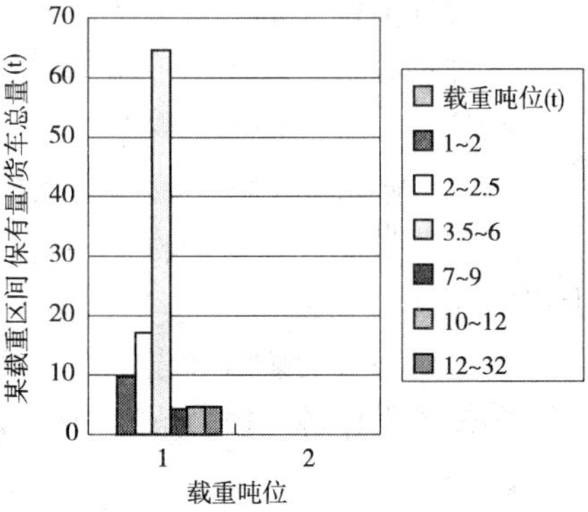

图 2-2 车辆轴载比例图

车辆的营运效益主要取决于载重吨位、零部件的磨损及耗油等方面,因此,在对车辆分类时,应当考虑营运效益。

(2)简单明确性

在尽可能按公平合理的原则对车辆进行分类的同时,还要考虑到车型判别的简明性,以保证营运高效、可靠,并降低营运成本,特别要考虑人工判断识别车辆类型。目前某省高速公路的车辆分类情况见表 2-11、表 2-12 所列。

高速公路车型划分及收费标准 表 2-11

类别	车型及规格		收费系数	收费费率(元/km)	最低收费(元)
	客车	货车			
第一类	≤7 座		1	0.45	15
		≤2t	1.5	0.675	15
第二类	8~19 座		1.5	0.675	15
		2~5t(含 5t)	2	0.9	20
第三类	20~39 座		2	0.9	20
		5~10t(含 10t)	2.5	1.125	20
第四类	≥40 座		2	0.9	20
		10~15t(含 15t) 20 英尺集装箱车 (1 英尺=0.3048m,下同)	3	1.35	30
第五类		>15t 40 英尺集装箱车	3.5	1.575	30

过江通道车型划分及收费标准 表 2-12

类别	车型及规格		收费费率（元/车次）	
	客车	货车	江阴大桥	南京大桥
第一类	≤7 座		25	20
		≤2t	35	30
第二类	8～19 座		35	30
		2～5t（含 5t）	60	50
第三类	20～39 座		60	50
		5～10t（含 10t）	85	70
第四类	≥40 座		60	50
		10～15t（含 15t） 20 英尺集装箱车	95	75
第五类		＞15t 40 英尺集装箱车	100	80

由上可见，对于 1 类、2 类、3 类、4 类、5 类型车的判别，基本保证了简单明确性。当然，由于我国的车型比较复杂，一部分临界车辆增大了判别困难。但收费人员上岗后，可以通过验看行车执照等方法并经过一段时间实践后，这些问题是完全可以克服的。对于货车，实施计重收费后自动计重归类。

模块二 计算机信息录入

车道计算机是收费系统的核心组件，一般均采用研华（ADVANTECH）工控机作为车道计算机，它具有良好的抗电磁干扰、抗震、防尘等特性。车道计算机主要由主板、继电器卡、多串口卡、网卡、视频采集卡、底板、硬盘、软驱及工业半高机箱等组成。收费车道计算机信息的录入，就是实现准确及时地在入口发卡，出口正确收费的任务，对普通收费公路来说、操作相对简单。下面以某省联网收费系统为例，具体阐述通行卡发放在计算机上的具体实现。

1. *有关功能实现的数字与功能键介绍*

（1）功能键与数字键（图 2-3）

小键盘上的数字键主要用于输入入口站号和通行卡卡号用，小键盘上的数字键有 0、1、2、3、4、5、6、7、8、9，当 IC 卡出现损坏时可以作为人工输入入口站号和卡号使用。各收费站的编号必须输入正确，站编号为 10 位。当输入卡号时，需输入 IC 卡上印刷的 10 位序列数字编码，卡号应输入 10 位，不足 10 位应补“0”。

（2）车型键

小键盘上的数字键 1、2、3、4、5、6 均用黑色和红色两个数字表示，既可作为数字输入，亦可在特定条件下作为车型类别输入，车型类别为 1～5 共 5 种类型。

图 2-3 车道机小键盘

(3)特殊功能键

①军车:指军用车辆。

②公务:指携带有公务卡的车辆。

③更改:收费员操作失误或其他原因造成车型、入口站号或卡号等输入错误时,允许更改输入的数字。

④无卡:无通行卡的车辆通过出口收费车道时使用,按两次有效。

⑤牵引:在排障车牵引一辆故障车通过收费车道时使用,按两次有效。

⑥卡号:计算机屏幕显示“读写器故障”、“卡坏”或者“此卡已用过”提示时使用,按两次有效。

⑦欠费:当计算机显示应收金额后,驾驶员现金不足交费时使用,按两次有效。

⑧拥堵:当拥堵车辆超过200m时使用(监控室通知),按两次有效。

⑨调图:当出入口车牌照不一致时使用,按两次有效。

⑩车队:指经过收费站不收费的贵宾车队。

⑪上班:在收费员上班时使用,按两次有效。当栏杆抬起,过车后不能落下时,可连续击两次“上班”键落下。

⑫下班:在收费员下班时使用,按两次有效。

2. 发卡操作

入口发卡时,不分收费车和军车一律发普通卡,公务车自带公务卡,不再发通行卡。

(1)正常车操作(图2-4)

图2-4 正常车操作

①收费员根据自已的判断输入车型,在放置通行卡之前,如果车型输入错误,可连续按两次“更改”键更改。

②根据屏幕提示,把通行卡放置在天线有效范围内,如果读写信息正确,屏幕显示绿色

"➜"图形，并提示"读写卡成功"和卡号。如果无任何反映或显示"此卡已用过"，将此卡放在一边并通知监控室，并重新放置新卡，读写成功后交驾驶员放行。

③如果不小心刷了两张卡，则注意按屏幕提示的卡号把卡发给驾驶员，另一张卡实际并未记录信息，可仍当作正常卡处理。

④按"放行"键，电动栏杆自动抬起。

⑤车辆通过环形检测器后，电动栏杆自动落下，且清除显示屏上的发卡信息。

(2)军车发卡操作(图2-5)

①收费员根据自己判断输入车型，在放置通行卡之前，如果车型输入错误，可连续按两次"更改"键更改。

②经确认军车，连续按两次"军车"键，

③根据屏幕提示，把通行卡放置在天线有效范围内，如果读取信息正确，屏幕显示绿色"➜"图形，并提示"读写卡成功"和卡号。如果无任何反或显示"此卡已用过"，此时将此卡放在一边并通知监控室，重新放置新卡。

图2-5　军车发卡操作

④把写好的通行卡发给驾驶员。

⑤按"放行"键，电动栏杆自动抬起。

⑥军车通过环形检测器后，电动栏杆自动落下，且清除显示屏上的发卡信息。

(3)公务车操作

①收费员根据自己判断输入车型，在放置通行卡之前，如果车型输入错误，可连续按两次"更改"键更改。

②收费员把公务卡上印刷的车型和车牌号与实际行驶车辆相比较，如果不符，则没收公务卡，按普通车处理，如查验相符，把公务卡放置在天线有效范围内，如果读写信息正确，屏幕显示绿色"➜"图形，并提示"读写卡成功"和卡号。如卡无任何反应，此时应告诉公务车驾驶员

公务卡坏，将按普通车处理，通知监控室，如征得同意方可重新发一张普通行卡。

③把写好的通行卡发给驾驶员。

④车辆通过环形检测器后，电动栏杆自动落下，且清除显示屏上发卡信息。

(4)牵引车辆操作

①收费员根据自己的判断输入牵引车型，在放置通行卡之前，如车型输入错误，可连续按两次“更改”键更改。

②连续按两次“牵引”键。

③根据屏幕提示，把牵引车自带的公务卡放置在天线有效范围内，如果读取信息正确，屏幕显示绿色“🡇”图形，并提示“读写卡成功”和卡号。

④把写好的通行卡发给驾驶员。

⑤按“放行”键，电动栏杆不抬起。

⑥收费员输入被牵引车车型，自动清除牵引车的发卡信息。

⑦根据屏幕提示，把通行卡放置在天线有效范围内，如果读取信息正确，屏幕显示绿色“🡇”图形，并提示“读写卡成功”和卡号。

⑧把写好的通行卡发给驾驶员。

⑨按“放行”键，电动栏杆自动抬起。

⑩当两辆车通过环形检测器后，电动栏杆自动落下，并清除显示屏上车辆的发卡信息。

(5)车队操作步骤

①先输入车型，再按两次“车队”键，屏幕显示“车队”提示信息。

②按“放行”键，电动栏杆自动抬起，并自动锁定栏杆，车辆通过环形检测器后，电动栏杆不落下。

③车道控制机自动统计通过的车辆数，并在屏幕上显示。

④车队通行完毕，按两次“车队”键，电动栏杆自动落下。

(6)港口优惠车操作

①收费员根据自己判断输入车型，在放置港口优惠卡之前，如果车型输入错误，可连续按两次“更改”键更改。

②收费员把港口优惠卡上印刷的车型和车牌号与实际行驶车辆相比较，如果不符，则没收该卡，按普通车处理，如查验相符，把港口优惠卡放置在天线有效范围内，如果读写信息正确，屏幕显示绿色“🡇”图形，并提示“读写卡成功”和卡号，并显示“优惠”。如卡无任何反应，此时应告诉驾驶员港口优惠卡坏，将按普通车处理，通知监控室，如征得同意方可重新发一张普通行卡。

③把写好的港口优惠卡发给驾驶员。

④车辆通过环形检测器后，电动栏杆自动落下，且清除显示屏上发卡信息。

3. 入口发卡操作流程

①正常车：输入车型→放置通行卡→发卡放行。

②公务车：输入车型→放置公务卡→还卡放行。

③公务卡坏：输入车型→放置公务卡→(卡坏无反应)→放普通通行卡→发卡放行(告驾驶员出口要收费)。

④牵引车：输入牵引车型→按牵引键→放置公务卡→还卡按放行键→输入被牵引车型→放通行卡→发卡放行。

⑤军车:输入车型→放通行卡→按军车键→发卡放行。

⑥车队:输入车型→按车队键→放行→(车队通过)→按车队键→栏杆落下。

⑦港口优惠车:输入车型→放置港口优惠卡→还卡放行。

4. 注意事项

①通行卡不能提前放在天线上,先输车型,再放通行卡。

②通行卡必须放置在天线上,待读写成功后取下,但放置时间不超过 2min。

③如果公务车误发普通卡,则普通卡必须上交监控室处理。

④凡是"此卡已用过"的卡必须交监控室恢复。

⑤注意一定要将写成功但未交驾驶员的卡上交监控室,以校核该车道的流量。

⑥输入车型后,屏幕若显示"多卡,重输入车型",收费员必须检查天线周围不该放置的卡,并移走多余卡后再重新输入车型。

⑦若误刷了两张卡,要把屏幕提示卡号的卡发给驾驶员,这样就不会发空卡给驾驶员。

模块三 普通话发音标准

普通话的发音标准也就是我们通常所说的汉语拼音的发音标准。1958 年 2 月 11 日全国人民代表大会通过了《关于汉语拼音方案的决议》,正式确立了汉语拼音的方案并最终形成了现在的汉语拼音和发音标准。

汉语拼音方案由字母表、声母表、韵母表、声调符号和隔音符号 5 个部分组成。

1. 字母表(表 2-13)

字 母 表　　表 2-13

字母	Aɑ	Bb	Cc	Dd	Ee	Ff	Gg	Hh	Ii	Jj	Kk	Ll	Mm
字母	Nn	Oo	Pp	Qq	Rr	Ss	Tt	Uu	Vv	Ww	Xx	Yy	Zz

2. 声母表及声母发音

(1)声母表

声母是汉语音节开头的辅音。普通话有 21 个辅音声母,见表 2-14 所列。

辅 音 声 母 表　　表 2-14

B	p	m	f	d	t	n	L
玻	坡	摸	佛	得	特	讷	勒

G	k	h	j	q	x
哥	科	喝	基	欺	希

Zh	ch	sh	r	z	c	s
知	蚩	诗	日	资	雌	思

(2)声母的发音

不同的声母是由不同的发音部位和发音方法决定的。发音部位指气流受到阻碍的位置。发音方法阻碍气流和解除阻碍的方式、气流的强弱及声带是否颤动等。按发音部位可将声母分为双唇音、唇齿音、舌尖前音、舌尖中音、舌尖后音、舌面音及舌根音等 7 类。按发音方法分类,声母可分为塞音、擦音、塞擦音、鼻音及边音等 5 类。

普通话声母总表见表 2-15 所列。

普通话声母总表 表 2-15

发音部位	塞音		塞擦音		擦音		鼻音	边音
	清音		清音		清音	浊音	浊音	浊音
	不送气	送气	不送气	送气				
双唇音	b	p					m	
唇齿音					f			
舌尖前音			z	c	s			
舌尖中音	d	t					n	l
舌尖后音			zh	ch	sh	r		
舌面音			j	q	x			
舌根音	g	k			h			

1)双唇音

b 发音时,双唇闭合,软腭上升,堵塞鼻腔通路,声带不颤动,较弱的气流冲破双唇的阻碍,迸裂而出,爆发成音。如“辨别”、“标本”的声母。

p 发音的状况与 b 相近,只是发 p 时有一股较强的气流冲开双唇。如“乒乓”、“批评”的声母。

m 发音时,双唇闭合,软腭下降,气流振动声带从鼻腔通过。如“美妙”、“弥漫”的声母。

2)唇齿音

f 发音时,下唇接近上齿,形成窄缝,气流从唇齿间摩擦出来,声带不颤动。如“丰富”、“芬芳”的声母。

3)舌尖中音

d 发音时,舌尖抵住上齿龈,软腭上升,堵塞鼻腔通路,声带不颤动,较弱的气流冲破舌尖的阻碍,迸裂而出,爆发成声。如“等待”、“定夺”的声母。

t 发音的状况与 d 相近,只是发 t 时气流较强。如“淘汰”、“团体”的声母。

n 发音时,舌尖抵住上齿龈,软腭下降,打开鼻腔通路,气流振动声带,从鼻腔通过。如“能耐”、“泥泞”的声母。

l 发音时,舌尖抵住上齿龈,软腭上升,堵塞鼻腔通路,气流振动声带,从舌头两边通过。如“玲珑”、“嘹亮”的声母。

4)舌根音

g 发音时,舌根抵住软腭,软腭后部上升,堵塞鼻腔通路,声带不颤动,较弱的气流冲破舌根的阻碍,爆发成声。如“巩固”、“改革”的声母。

k 发音的状况与 g 相近,只是气流较强。如“宽阔”、“刻苦”的声母。

h 发音时,舌根接近软腭,留出窄缝,软腭上升,堵塞鼻腔通路,声带不颤动,气流从窄缝中摩擦出来。如“欢呼”、“辉煌”的声母。

5)舌面音

j 发音时,舌面前部抵信硬腭前部,软腭上升堵塞鼻腔通路,声带不颤动,较弱的气流把阻碍冲开,形成一条窄缝,气流从窄缝中挤出,摩擦成声。如“境界”、“将就”的声母。

q 发音的状况与和 j 相近,只是气流较强。如“秋千”、“亲切”的声母。

x 发音时,舌面前部接近硬腭前部,留出窄缝,软腭上升,堵塞鼻腔通路,声带不颤动,气流从窄缝中挤出，摩擦成声。如“形象”、“虚心”的声母。

6）舌尖后音

zh 发音时，舌尖上翘，抵住硬腭前部，软腭上升，堵塞鼻腔通路，声带不颤动。较弱的气流把阻碍冲开一条窄缝，从窄缝中挤出，摩擦成声。如“庄重”、“主张”的声母。

ch 发音的状况与 zh 相近，只是气流较强。如“车床”、“长城”的声母。

sh 发音时，舌尖上翘接近硬腭前部，留出窄缝，气流从缝间挤出，摩擦成声，声带不颤动。如“闪烁”、“山水”的声母。

r 发音状况与 sh 相近，只是声带不颤动。如“容忍”、“柔软”的声母。

7）舌尖前音

z 发音时，舌尖平伸，抵住上齿背，软腭上升，堵塞鼻腔通路，声带不颤动，较弱的气流把阻碍冲开一条窄缝，从窄缝中挤出间，摩擦成声。如“总则”、“自在”的声母。

c 和 z 的发音区别不大，不同的地方在于 c 气流较强。如“粗糙”、“参差”的声母。

s 发音时，舌尖接近上齿背。气流从窄缝中挤出，摩擦成声，声带不颤动。如“思索”、“松散”的声母。

3．韵母表

（1）韵母表（表 2-16）

韵 母 表 表 2-16

	i 衣	u 乌	ü 迂
ɑ 啊	iɑ 呀	uɑ 蛙	
o 喔		uo 窝	
e 鹅	ie 耶		eü 约
ɑi 哀		uɑi 歪	
ei 诶		uei 威	
ɑo 熬	iɑo 腰		
ou 欧	iou 忧		
ɑn 安	iɑn 烟	uɑn 弯	üɑn 冤
en 恩	in 因	uen 温	ün 晕
ɑng 昂	iɑng 央	uɑng 汪	
eng 亨的韵母	ing 英	ueng 翁	

(2)韵母发音特征

1)单韵母

由一个元音构成的韵母称为单韵母,又称为单元音韵母。单元音韵母发音的特点是自始至终口形不变,舌位不移动。普通话中单元音韵母共有 10 个: a、o、e、ê、i、u、ü、-i(前)、-i(后)、er。

①舌面元音

a 发音时,口腔大开,舌头前伸,舌位低,舌头居中,嘴唇呈自然状态。如“沙发”、“打靶”的韵母。

o 发音时,口腔半合,知位半高,舌头后缩,嘴唇拢圆。如“波”、“泼”的韵母。

e 发音状况大体象 o,只是双唇自然展开成扁形。如“歌”、“苛”、“喝”的韵母。

ê 发音时,口腔半开,舌位半低,舌头前伸,舌尖抵住下齿背,嘴角向两边自然展开,唇形不圆。在普通话里,ê 很少单独使用,经常出现在 i、ü 的后面,在 i、ü 后面时,书写要省去符号“∧”。

i 发音时,口腔开度很小,舌头前伸,前舌面上升接近硬腭,气流通路狭窄,但不发生摩擦,嘴角向两边展开,呈扁平状。如“低”、“体”的韵母。

u 发音时,口腔开度很小,舌头后缩,后舌面上升接近硬腭,气流通路狭窄,但不发生摩擦,嘴唇拢圆成一小孔。如“图书”、“互助”的韵母。

ü 发音时,口腔开度很小,舌头前伸,前舌面上升接近硬腭,但气流通过时不发生摩擦,嘴唇拢圆成一小孔。发音情况和 i 基本相同,区别是 ü 嘴唇是圆的。

i 嘴唇是扁的。如“语句”、“盱眙”的韵母。

②舌尖元音

-i(前)发音时,舌尖前伸,对着上齿背形成狭窄的通道,气流通过不发生摩擦,嘴唇向两过展开。用普通话念“私”并延长,字音后面的部分便是-i(前)。这个韵母只跟 z、c、s 配合,不和任何其他声母相拼,也不能自音节。如“资”、“此”、“思”的韵母。

-i(后)发音时,舌尖上翘,对着硬腭形成狭窄的通道,气流通过不发生磨摩,嘴角向两边展开。用普通话念“师”并延长,字音后面的部分便是-i(后)。这个韵母只跟 zh、ch、sh、r 配合,不与其他声母相拼,也不能自成音节。如“知”、“吃”、“诗”的韵母。

③卷舌元音

er 发音时,口腔半开,开口度比 ê 略小,舌位居中,稍后缩,唇形不圆。在发 e 的同时,舌尖向硬腭轻轻卷起,不是先发 e,然后卷舌,而是发 e 的同时舌尖卷起。“er”中的 r 不代表音素,只是表示卷舌动作的符号。er 只能自成音节,不和任何声母相拼。如“儿”、“耳”、“二”字的韵母。

2)复合韵母(复合元音)

前响复合韵母共有 4 个:ɑi[ai]、ei[ei]、ɑo[ɑu]、ou[ou]。发音特点都是元音由低向高滑动,开头的元音音素响亮清晰,构成韵腹,收尾的元音音素轻短模糊,只表示舌位移动的方向,构成韵尾。

后响复合韵母共有 5 个:iɑ、ie、uɑ、uo、üe。它们的共同特点是舌位由高向低滑动,收尾的元音音素响亮清晰,构成韵腹,前边的音素比较短促,不响亮,构成韵头。

中响三合韵母共有 4 个:iɑo、iou、uɑi、uei。它们的共同特点是舌位由高向低滑动,在从低向高滑动。前面的音素短促,不响亮,构成韵头;中间的音素响亮清晰,构成韵腹;收尾的音素轻短模糊，构成韵尾。

3）鼻音韵母

鼻音韵母是用复合鼻尾音充当韵母，分前鼻音韵母（由 n 充当韵尾）和后鼻音韵母（由 ng 充当韵尾）两种。

前鼻音韵母共有 8 个：an、en、in、ün、ian、uan、uen、üan。

后鼻音韵母共有 8 个：ang、eng、ing、ong、iang、uang、ueng、iong。

两组基本上是一一对应的，区分的要领是：发前鼻音韵母时，响元音要尽量前低，舌面前与硬腭前部闭和阻碍气流，使之从鼻腔透出；发后鼻音韵母时，响元音要尽量后高，舌面后部隆起与软腭闭和阻碍气流，使之从鼻腔透出。

4. 声调符号（表 2-17）

声调符号　表 2-17

阴平	阳平	上声	去声
–	⁄	V	\

注：声调符号标在音节的主要母音上。轻声不标。

声调示例见表 2-18 所列。

表 2-18

妈 mā	麻 má	马 mǎ	骂 mà	吗 ma
阴平	阳平	上声	去声	轻声

5. 隔音符号

a、o、e 开头的音节连接在其他音节后面的时候，如果音节的界限发生混淆，用隔音符号（'）隔开，例如 pi'ao（皮袄）。

要想学好普通话，首先，要弄清字词的正确拼音，也就是读音，如有些字必须分清前鼻音后鼻音，还有“l、n”这样的鼻音，这样普通话的发音才标准；这点可以多听录音，听那些标准的发音。其次，就是多读，读的多了，熟练了，就行了。但要注意学习模仿中央电视台新闻联播主持人发音，这都是标准的普通话。

再次，就是每天坚持说，这一点非常重要，每天应注意听一些普通话标准的人的发音。如果有时间，每天应进行一些朗读训练，按古诗词—诗歌—散文的顺序循序渐进地进行练习。总之，普通话学习也是语言学习，只有持之以恒，方能见效。一般只要坚持 3 ~ 5 个月，都会收到一定的效果，有的人还会进步很大。

模块四　车道开通上班（登录）程序

1. 新开放车道

（1）启动

在监控室打开车道控制机电源（由监控室值班员完成），车道控制机启动后，屏幕底色为浅蓝色，上栏显示站名、车道、班次、收费员工号和当前时间（图 2-6）。此 5 种信息中，只有班次信息、收费员工号需要由收费员输入，站名、车道号计算机自动生成，收费员工号也可由 IC 卡读写器从收费员身份卡中读出。

（2）上班

在一秒钟内连续敲击“上班”键两次才有效。车道控制机认为已上班，屏幕上提示“请放身份卡”,收费员应把自己的身份卡放在天线上或有效范围内,如果读卡正确,则在屏幕上自动显示收费员工号和姓名。屏幕上提示“请输入密码,上班键结束 :_”,此时输入收费员个人密码,输入完成后,按一下“上班”键。如果密码输入正确,系统提示输入班次。必须输入班次两次以便确认。如果两次不一致,须重新输入。

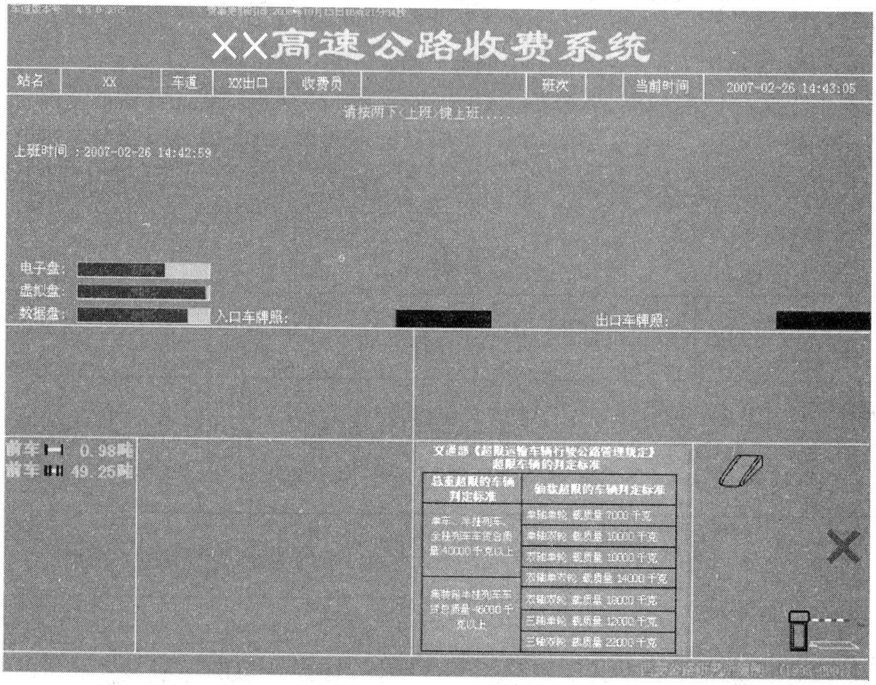

图 2-6　车道计算机下班状态

收费员必须根据自己所在班次正确输入,如果发现有错,按“下班”键,重复上班操作过程。如果读身份卡时,有“读写器故障”或者“卡坏”提示时,应通知监控室值班员进行处理。

(3)收费状态或者发卡状态

当身份卡被确认后,车道控制机进入正常收费状态。此时应通知监控室,经核对班次和工号后,再开启车道入口处的手动栏杆,然后开启入口信号灯,使入口信号灯由红变绿,允许车辆通过。

2. 交接班

①当上一班要交班时,使车道入口信号灯由绿变红,上一班收费员处理完毕车道内最后一辆车,并在该车辆驶离车道后,连按“下班”键两次后下班。

②在一秒钟内连续敲击“上班”键两次才有效。车道控制机认为已上班,屏幕上提示“请放身份卡”, 收费员应把自己的身份卡放在天线上或有效范围内,如果读卡正确,则在屏幕上自动显示收费员工号和姓名。屏幕上提示“请输入密码,上班键结束 :_”,此时输入收费员个人密码,输入完成后,按一下上班键。如果密码输入正确,系统提示输入班次。必须输入班次两次以便确认。如果两次不一致,须重新输入。收费员必须根据自己所在班次正确输入,如果发现有错,按“下班”键,重复上班操作过程。如果读身份卡时,有“读写器故障”或者“卡坏”提示时,应通知监控室值班员进行处理。

3. 上班操作流程

(1)上班指令操作

根据系统定义的上班键操作要求，输入上班指令。一般情况下是“上班”键或者系统事先定义的功能键（图 2-7）。

（2）工号输入

根据系统定义的规则，输入工号，一般有两种输入形式（图 2-8）：一种是直接刷身份卡；另一种是通过键盘输入，根据系统提示输入密码确认（图 2-9）。

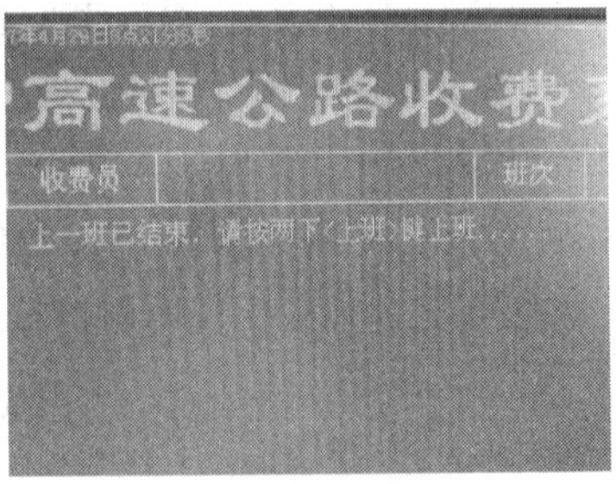

图 2-7　上班操作

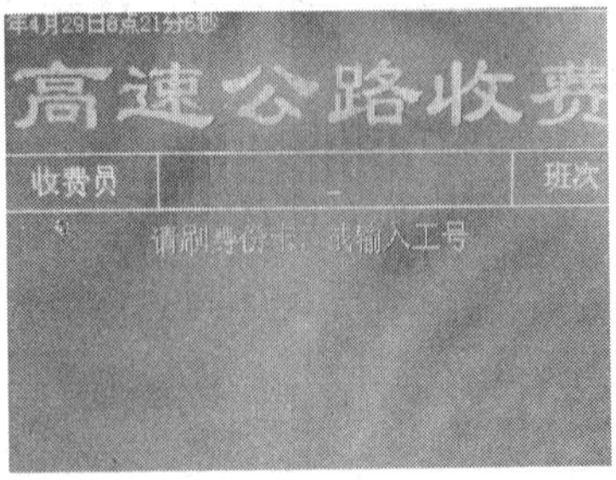

图 2-8　刷身份卡或输入工号

（3）班次输入

一般情况下收费站四班三运转，班次为 1、2、3、4 共 4 个班次。根据系统提示或者作业程序要求，输入当前上班的班次（图 2-10）。输入完成后进入收费作业状态，检查相关设备是否工作正常，设备运行正常即可进行发卡作业。

图 2-9　输入密码提示

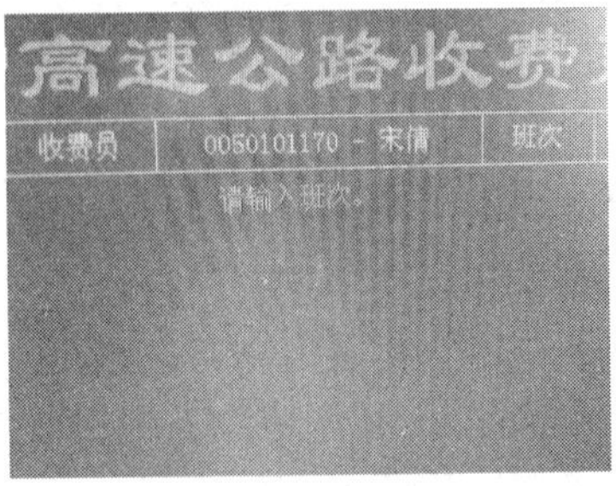

图 2-10　输入班次

（4）错误更正

在上班作业的过程中比较容易出现的差错主要是班次输入错误。一般情况下系统会提示进行两次重复输入进行确认。若经核实发现班次错误时，应按“下班”键，重新进行上班操作（图 2-7）。

4. 注意事项

①收费员上班操作必须掌握操作步骤及要求。

②键盘操作应采用击键方式，并使用合适力度，太轻太快地按键计算机都难以正确响应，太重地按键易损坏设备，击键的最佳时间应是 0.2 ~ 0.4s，如超过 0.8s 计算机将按两次处理，请注意。

③收费员上班时，输入的上班班次和身份卡一定要正确，这样才能保证数据的正确性，下班时填报的数据表才能和计算机统计的报表相符。

④遇到特殊情况，收费员应及时向监控室汇报，以保证及时正确处理各种特殊情况。

⑤计算机故障或者 IC 卡读写器故障时，应立即通知监控室，收费员不准随意关机。

⑥如果显示器上提示“网断”字样，即网络通信故障，这不影响正常收费，但要及时通知监

控室。

⑦移动键盘、IC 卡读写器的天线、显示器、票据打印机时，引入线（电源线和通信线）不准随意扯动，造成上述接线损坏收费员应负责任。

模块五 发卡差错率的控制

通行卡是车辆通行费结算的凭证，一车一卡、车卡相符是正确计收通行费的前提。随着高速公路路网的日趋发达和联网收费的发展趋势，通行卡的管理成为收费运营管理的重点。目前江苏省、江西省、广东省等部分省份联网收费高速公路已经启用车牌识别系统，由车牌照设备进行识别并输出车牌照信息和车牌照部分的二值化图像，在显示器上显示且写入通行卡，进一步加强了对逃漏通行费车辆的查堵。为提高通行卡发放的准确性，收费员必须严格执行发卡作业规范程序，准确判断车情、车型，准确发放通行卡，减少差错发生。

1. 发卡作业规范程序

①车辆驶入车道内，正确判断车型、车情并输入计算机。

②计算机正确识别车牌信息后，核对车情、车型、号牌是否与实际相符。

③将通行卡放置在读写器有效范围内，读取相关信息。

④根据屏幕提示或者语音提示确认“写卡成功”后（图 2-11），左手把通行卡递交给驾驶员，右手敲击“放行”键或者系统定义的功能键，电动栏杆抬起，放行车辆（图 2-12）。

⑤根据需要使用文明用语或者提示、提醒用语。

2. 发卡差错的分类

（1）车情错误

①军车误发正常卡；

②正常车误发军车卡；

③公务车误发正常卡。

（2）车型错误

①客车误发货车卡；

②货车误发客车卡；

③大型车误发小型车卡；

④小型车误发大型车卡；

⑤相近车型判断错误。

图 2-11 写卡成功提示

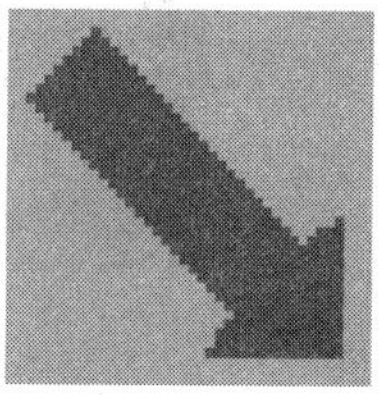

图 2-12 车辆放行提示

（3）漏发卡

车辆进入收费站时收费员未发放通行卡，出现这种情况的原因主要有：

①进入车道的车辆未停车领卡，直接跟随前车驶入收费公路。

②收费人员发卡操作不规范，提前按“放行”键，使电动栏杆抬起，导致驾驶员未领卡便直接驶入收费公路，此类型一般是初次进入收费公路的车辆不熟悉收费公路管理办法所致。

（4）发空卡

收费员在发卡作业的过程中因未按照规范程序操作，通行卡未能正常读取相关信息，而发出一张没有入口信息的通行卡。

（5）车牌错误

车牌识别系统未正确识别车牌或者未正确读入车牌信息，造成通行卡内车牌号与实际车辆牌号不相符。

3. 差错原因分析

由于中国汽车工业产业结构分散的特点造成了国内车型复杂,客观上加大了车辆准确判型的难度;另一方面由于收费人员在作业过程中的疏忽形成了主观上的差错,概括总结可以归结为以下4个方面:

(1)发卡人员注意力不够集中,未能正确区分车情、车型

常见的差错是收费车辆与免费车辆发卡混淆、客车与货车发卡混淆、小型车与大型车发卡混淆。比较常见的是将非免费车辆误发为免费车辆,如地方司法部门的车辆牌照容易和军车混淆。发卡人员注意力不集中,键盘操作便易出现偏差,而且键盘设计紧凑很容易出现按键错误,另外一些小型的厢式货车也容易误发为客车通行卡。需要注意的是,中、夜班时间由于受生物时钟的影响,人的精神状态往往处于低谷,在这个时间段出现的发卡差错也比较多。

(2)发卡人员业务不熟,车型判断不准确

客观上由于车辆型号复杂,发卡人员对车辆的熟悉程度决定了车型判断准确性的高低,明显的差错就是相近车型的判断错误,主要集中分布在车型分类的边缘车辆,各地车辆分类的标准不同边缘车辆也不尽相同。

(3)发卡操作不规范

发卡人员没有严格执行发卡作业规范程序,发卡操作不规范,如通行卡未发出之前提前放行、信息未读写成功、写卡异常未按规定处理、车辆跟随进入收费公路后发卡未落杆等等,常见错误类型包括漏发卡、发空卡、车牌不符三种。

(4)相关设备运行不稳定

发卡作业受到键盘、读卡器、电动栏杆和其他车辆信息设备运行状态的影响,设备运行不稳定就会影响到车辆信息的输入和通行卡信息的写入过程。常见的漏发卡、发空卡和车牌不符等差错,其中有一定比例是因为设备运行不稳定造成的。

4. 准确发卡要领

通过对发卡作业中出现的差错和原因分析,既有客观原因也有主观因素,而人的因素是关键。针对以上分析,为提高发卡准确率,重点要注意以下5个方面:

(1)工作态度端正,发卡作业时注意力集中

发卡作业看似简单,只需要操作几个键盘完成通行卡信息的读写即可,实际不然。发卡作业需要人的注意力集中,工作中思想不能开小差。由于四班三运转的班次运行模式,养成良好的工作和生活习惯是关键,有好的休息才会有饱满的工作状态,中夜班保持良好的工作状态是做好发卡工作的前提。

(2)熟练发卡业务,严格执行发卡作业程序

不同车情有不同的发卡作业流程,发卡作业人员必须熟练掌握每个作业流程,发卡作业程序一个环节都不能省,时间节奏要掌握好,输入、核对、写卡、发放应严格按照要求执行,以每个环节的正确来确保发卡的准确性。

(3)熟悉车辆信息,准确判断车辆类型

我国车辆类型纷繁复杂,但是车辆的分类总是遵循一定的规则,熟悉车辆信息是准确判断车型的关键。要做到准确判型需要做到10个字:多看、多问、勤写、熟记、少查。

①多看:必须看清楚了再判断车型,主要指车多及夜间视线不好的情况。车型判断要细看、多看,注意观察车辆的外形特征、轮胎型号,结合车体型号标识做出正确的判断。

②多问:吃不准的吨位、座位和特殊车型要问,必要时问和看相结合,问的不一定准确,看

了才彻底清楚。在问的过程中要掌握技巧，技巧掌握得好得到回复信息准确度也较高。如处于车型分类边缘的车辆，可以在同类车的标准上适当提高一点，如7座、8座不确定的问是否9座，5t、6t不确定的问是否8t。

③勤写：不容易掌握的和新出现的车型，遇到了就写下来，下班后温习并相互交流。

④熟记：对一些特殊疑难车型在勤写的基础上做好熟记。车牌、型号、车型、显著特征都要熟记于心。

⑤少查：在无法正确判断的情况下需要查验车辆的证件进行确认，在查验的过程中要注意礼仪礼节，请在当头，谢字收尾，原则是尽量减少查验。

（4）多观察多留意，正确处理特殊情况

发卡作业过程中会出现各种各样的特殊情况，通行卡的异常、通行车辆的异常、设备运行的异常如未及时处理，都会影响到发卡的准确性。

①通行卡异常：对作业过程中出现坏卡、已经使用过的卡、多张卡粘贴在一起的情况要正确处理，及时查明原因。

②通行车辆异常：对跟随进入收费公路的车辆要做好教育和提醒，尤其是事发当时前后车辆通行卡的发放要认真细致，补发通行卡一定要落杆完成全部发放程序，避免差错连环发生。

③设备运行异常：对作业过程中相关的设备状态要多留意，发现设备异常要及时上报。一时不能修复的，发卡作业要加倍细心，如栏杆故障时要多注意屏幕的写卡成功和放行的提醒信息，车牌识别读取系统故障要人工正确输入车牌信息或者手动抓拍图像等。

（5）多实践多总结，在学习中提高业务水平

因为主观、客观两方面的原因，发卡作业中出现差错是在所难免的。工作中不断有新情况、新车型出现，只有在不断的实践和学习的过程中提高业务水平，减少差错，才能有效地控制发卡差错率。

课题三　收缴通行费

模块一　收费标准

收费道路在正式运营以前，需要设立适合该路的收费标准，以达到吸引和控制交通流的目的，保证道路的高效使用、偿还贷款、获得必要的预期投资效益（仅指导经营收费道路）和支付道路养护、收费机构运转等正常开支。目前我国高速公路的收费标准一般是根据历史资料、类似项目以及还本付息的金额和年限来确定的，对如何才能在确定收费标准时做到减少主观因素而更加富有客观性和合理性则较缺少分析和研究。

1. 收费标准的影响因素

影响收费标准的因素很多，可分为两个方面：一是内部因素，这包括收费道路类型，建设投资的规模和结构（如贷款规模、贷款利息、贷款偿还期限，以及收费道路的里程），道路的使用性能，公路的养护管理成本等。另一方面是外部因素，这主要包括地区经济水平与交通量大小，地区内路网的密度，并行道路的使用性能以及车辆组成及其经济性能。对于道路使用者来说，是否选择收费道路，主要取决于不同路线及运输方式综合成本节约的状况，成本节约包括车辆运营成本（油耗、轮胎、维修等等）、时间成本及事故成本（交通事故、货损等）三个部分。除此之外，使用者的客观经济条件及消费心理对收费也有很大影响，具体表现在该公路影响区

的经济状况与人民生活水平，也就是说车辆使用者（包括驾驶员）愿意支付怎样水平的通行费来使用高标准的公路设施。这种表现有丰富的内涵，如企事业单位或车主对车辆运行成本的认识和关切程度；运行速度和运行舒适性对车辆使用者的影响。虽然影响收费标准的因素繁多而且复杂，但起决定性作用的因素还是车辆拥有者通行费的真实承受水平。

2. 收费公路的成本与效益

（1）收费公路的成本组成

收费公路的成本与一般公路建设项目的成本相同，可分为公路建设费、公路大修费、公路养护费及交通管理费等4个部分。但公路收费以后，其投资和运营管理成本要有所增加，其增长的幅度因收费系统的设计不同而有所不同。另外，公路的等级也将影响收费成本与原始成本的比例。

（2）收费公路的效益组成

公路运输作为生产过程在流通领域里的继续，在实现产品价值的同时，不仅使公路运输部门获得直接经济效益，更主要、更大量的是全社会公路使用者获得社会效益。由于90%以上的公路车辆附属于各部门、工矿及企事业单位，这些部门运输创造的价值，理所当然的计入各自部门的产值中，而公路部门本身获得的经济效益甚微，收费成为调节经济效益在各部门间分配的杠杆。因此，确切地讲，公路的效益应该是间接经济效益和社会效益。在《公路建设项目经济评价办法》中提到的直接经济效益，是按人们的习惯分法，将便于计算由公路使用者获得的效益称为直接经济效益，它包括公路晋级效益，减少拥挤效益，节约客、货在途时间效益，缩短里程效益，减少交通事故效益和减少货损事故效益等。

3. 收费标准的测算

我国道路收费是随高速公路的出现而产生的，其目的是回收公路建设投资以解决公路建设资金不足的问题。因此在研究费率测算方法时，应重点讨论以还本付息和经营为目的的新建公路的费率确定方法。而对控制交通量为目的的路段，一方面它不是收费的主要矛盾；另一方面它的费率确定相对简单，按边际效益的方法确定即可，因而不作详细介绍。

4. 收费标准及收费额计算

各收费管理公司收费标准不一样，但收费计算通常包括按车型收费与计重收费两种。

（1）按车型收费

①均一制和开放式收费额的计算方式都是按照车型收费。收费计算方式是先确定收费车辆的车型，然后参照收费标准，找到该车型对应的收费标准确定收费额。

例如：收费标准规定，客1车收费额为10元，当客1车通过时，不论行驶里程是多少，均收费10元。

②封闭式收费的计算是按照收费标准及车辆行驶里程，计算收费额。

例如：收费标准规定客1车每公里收费0.45元，当客1车辆通过收费站时，根据车辆使用的通行券，可以得到车辆行驶里程，如100公里，则收费额为：$100 \times 0.45 = 45$元。

（2）计重收费

通常只针对货车采用计重收费。通过计重系统，得到车辆的轴重及总重量，根据不同车型对总的轴载的限制，计算超限幅度，不同超载幅度采用不同的费率收取通行费。计重收费系统对超限车辆征收惩罚性收费，以经济杠杆减少超载行为。

均一制和开放式计重收费额的计算方式为：

1）均一制和开放式计重收费标准通常是按照"吨车次"计算，根据实际车货总质量，确定收费额。

如某省收费标准中规定经营性开放式收费站，根据实际车货总质量，小于10t的车辆按2.0元/t车次计费；当收费车辆计重重量是7t时，按照标准，收费额是$7\times2=14$元。

2）封闭式收费，收费额的计算方式是根据车型、车辆重量确定是否超载，按照行驶里程确定收费额，各收费公路的计算方法不完全样。

例如某省收费标准规定10～40t的车辆按0.09元/t·km线性递减到0.07元/t·km计费，对超限运输车辆实施加重收费，超限30%～50%以内（含50%）的车辆，正常质量和超限30%的部分按正常车辆的计重费率计收通行费，其余部分按基本费率的1.5倍计收通行费。

①当收费车辆重量称重为30t，标准载重为25t，超载5t，行驶了100km，收费额计算为：

a. 计算超载比例：$5/25=20\%$。

b. 按照规定，30%以内按照正常车辆计收通行费。

c. 计算费率，10～40t的车辆按0.09元/t·km线性递减到0.07元/t·km，标准25t的车辆收费费率应为：

$$0.09-(0.09-0.07)\div(40-10)\times(25-10)=0.08\text{元/t·km}$$

d. 计算收费额：$0.08\times30\times100=240$元

②当收费车辆重量称重为35t，标准载重为25t，超载10t，行驶了100km，收费额计算为：

a. 计算超载比例：$10/25=40\%$。

b. 按照规定，30%以内按照正常车辆计收通行费。

c. 计算费率，10～40t的车辆按0.09元/t·km线性递减到0.07元/t·km，标准25t的车辆收费费率应为：

$$0.09-(0.09-0.07)\div(40-10)\times(25-10)=0.08\text{元/t·km}$$

d. 正常部分及30%以内部分计算收费额：$0.08\times25\times(1+30\%)\times100=260$元

e. 计算加收部分：$0.08\times1.5\times(35-25\times1.3)\times100=30$元

f. 共计应收通行费$260+30=290$元

模块二 收费系统操作

目前大多数的公路收费系统采用收费总中心（联网收费中心）—收费中心—收费分中心—收费站—收费车道5级计算机网络系统结构。依托先进、可靠的通信系统网络平台进行数据传输。采用收费站数据直传收费总中心的方式，对通行费进行集中拆分。

收费总中心主要包括清算中心、IC卡管理中心和收费管理中心。清算中心是“一卡通”收费系统的核心部分，它实时接收收费站收费业务原始交易数据，同时进行通行费拆分。IC卡管理中心主要对全网使用的IC卡进行统一标准、统一发放和统一管理。收费管理中心主要对全网的收费业务进行应急处理、统计、分析与管理。收费中心还为收费系统提供统一的基准时间，做到收费系统时间统一。

收费中心主要对所辖路段各收费分中心收费业务进行处理、统计、分析与管理，负责接收收费分中心上传的收费数据并向总中心传送有关汇总数据，接收总中心下传的系统配置参数并下发给辖区内的各分中心，接收联网中心下传的系统配置参数并下发给辖区内的各收费站。

收费分中心主要对所辖各收费站收费业务进行处理、统计、分析与管理，同时负责对其辖区内的收费站进行管理和监控。接收收费站上传的收费数据并向上级中心传送有关汇总数据。

收费站负责管理收费车道的收费工作,并对收费车道的运行情况进行监视,在业务上接受收费分中心的管理。它负责接收车道计算机传送的收费数据并将收费原始数据直接上传至联网中心;收费站对本站收取的通行费有拆分功能,并可将有关数据汇总后传至收费分中心;收费站接收收费中心下发的系统配置参数并下发给各收费车道。

车道计算机系统具体完成入口发卡、出口读卡收费、控制车道设备、采集收费数据等功能,并将收费业务数据和交通量基础数据实时上传收费站。并根据车牌号、通行卡号向总中心实时查询入口车辆信息。

1. 出口收费车道设备的功能

收费员的操作是实现计算机管理收费的关键,通过正确而规范化的操作,使收费工作达到科学管理的目的,从而实现收费车道的功能。

车道控制机计算机系统的主要功能是:实现收费或者发卡作业,并对在此过程中产生的各种数据进行详细的记录。因此,为保证系统的正常运转,车道基本设备包括车道机、键盘、对讲机、摄像机、车辆检测器、电动栏杆等6项关键设备,出口车道还需要配备打印机、费额显示器、计重设备,实行联网收费的车道还包括通行卡读写设备。

①车道机(包括显示器):车道计算机是车道设备的神经中枢,负责控制车道内的大部分附属设备。同时,对收费员的操作数据进行保存。

②读写器:对通行卡进行读写信息操作的专用设备。

③键盘:收费系统的专用键盘,可以实现所有收费流程的操作。

④对讲机(分机):与监控室进行信息交流的通信工具。

⑤车道摄像机:通过计算机显示器屏幕向收费员及监控室提供车道内的实时图像信息,同时,车道计算机通过它采集抓拍特情车辆的图像。

⑥亭内摄像机:向收费站监控室提供收费亭内的图像信息。

⑦车辆检测器:用于统计车道交通量,向车道机传送车辆检测信息控制栏杆机自动落下。

⑧电动栏杆:由计算机控制起落,用来防止车辆闯卡。

⑨票据打印机:负责通行费票据的打印工作。

⑩计重设备:采集车辆轴重数据信息,并提供给车道计算机进行数据处理。

⑪费额显示器:与车道计算机相连,用来向驾乘人员显示通行费金额等相关内容。

2. 键盘功能及操作方法

键盘是实现收费操作的重要输入设备,通过键盘操作完成收费作业的全过程。以江苏省联网收费键盘为例简单介绍键盘的功能和操作方法。

(1)数字键(入口站号和卡号键)

小键盘上的数字键0、1、2、3、4、5、6、7、8、9,当IC卡出现损坏时可以作为人工输入入口站号和卡号使用。各收费站的编号必须输入正确,站编号为10位。发现输入数字有误可用“更改”键更改。如图2-13所示。

(2)车型键

小键盘上的数字键1、2、3、4、5、6均用黑色和红色两个数字表示,既可作为数字输入,亦可在特定条件下作为车型类别输入。车型类别为1~5共5种类型(按江苏省有关规定分类)。

(3)特殊功能键

①军车:指军用车辆。

②公务:指携带有公务卡的车辆。

③更改：收费员操作失误或其他原因造成车型、入口站号或卡号等输入错误时，允许更改输入的数字。

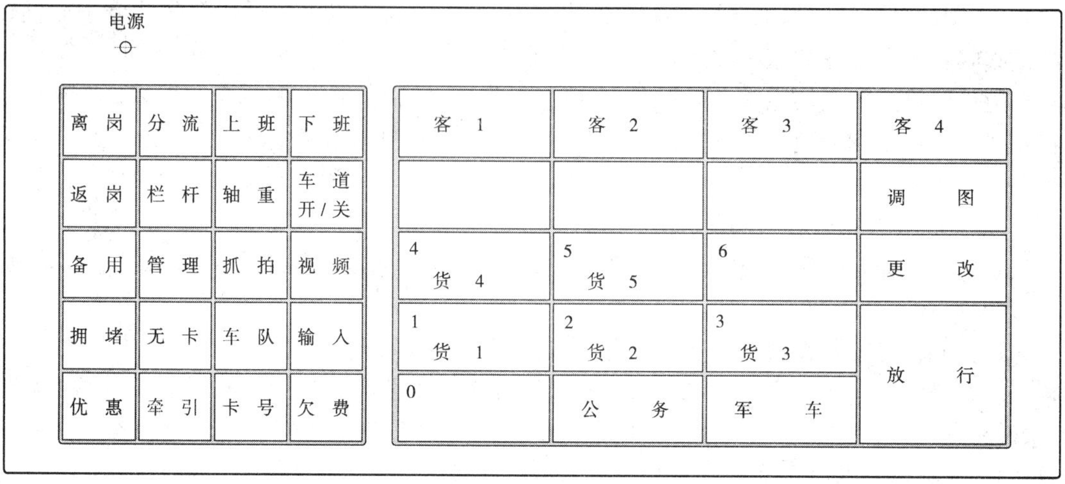

图2-13 收费小键盘

④无卡：无通行卡的车辆通过出口收费车道时使用，按两次有效。

⑤牵引：在排障车牵引一辆故障车通过收费车道时使用，按两次有效。

⑥卡号：计算机屏幕显示“读写器故障”、“卡坏”、或者“此卡已用过”提示时使用，按两次有效。

⑦欠费：当计算机显示应收金额后，驾驶员现金不足交费时使用，按两次有效。

⑧拥堵：当拥堵车辆超过200m时使用（监控室通知），按两次有效。

⑨调图：当出入口车牌照不一致时使用，按两次有效。

⑩车队：指经过收费站不收费的贵宾车队。

⑪上班：在收费员上班时使用，按两次有效。当栏杆抬起，过车后不能落下时，可连续击两次“上班”键落下。

⑫下班：在收费员下班时使用，按两次有效。

3．上班操作流程

在收费作业之前，首先要进行上下班操作，以个人工号登录车道计算机，便于收费数据的统计和校核。

①当上一班要交班时，使车道入口信号灯由绿变红，上一班收费员处理完毕车道内最后一辆车，并在该车辆驶离车道后，连按“下班”键两次后下班，关闭打印机，取走自己的打印票据。

②接班收费员首先安装好打印票据，并打开打票机的电源，记录起始票号。

③在一秒钟内连续敲击“上班”键两次才有效；车道控制机认为已上班，屏幕上提示“请放身份卡”，收费员应把自己的身份卡放在天线上或有效范围内，如果读卡正确，则在屏幕上自动显示收费员工号和姓名。屏幕上提示“请输入密码，上班键结束 ：_”，此时输入收费员个人密码，输入完成后，按一下“上班键”。如果密码输入正确，系统提示输入班次。必须输入班次两次以便确认。如果两次不一致，须重新输入。收费员必须根据自己所在班次正确输入，如果发现有错，按“下班”键，重复上班操作过程。如果读身份卡时，有“读写器故障”或者“卡坏”提示时，应通知监控室值班员进行处理。

4．联网收费情况下正常收费车辆操作步骤

①收费员根据自己的判断输入车型，在放置通行卡之前，如果车型输入错误，可连续按两次“更改”键更改。

②根据屏幕提示，把通行卡放置在天线有效范围内，如果读取信息正确，屏幕显示绿色“↓”图形，并提示“读卡成功”，车道控制机自动显示入口地址、车型、应收金额和卡号（图2-14）。

③屏幕提示“请收现金或放电子支付卡”，如果驾驶员提供了电子支付卡，将电子支付卡放置在天线有效范围内，如果读取信息正确，屏幕显示“电子支付成功”。如果是储值卡，车道控制机自动依据相关规定进行打折处理，屏幕显示“储值”，如果是计账卡，通行费不打折，屏幕显示“计账”；如果驾驶员没有提供了电子支付卡，根据屏幕显示金额，收取通行费。

④按“放行”键，打印票据，电动栏杆自动抬起。

⑤车辆通过环形线圈检测器后，电动栏杆自动落下，且清除显示屏上车辆的收费信息。

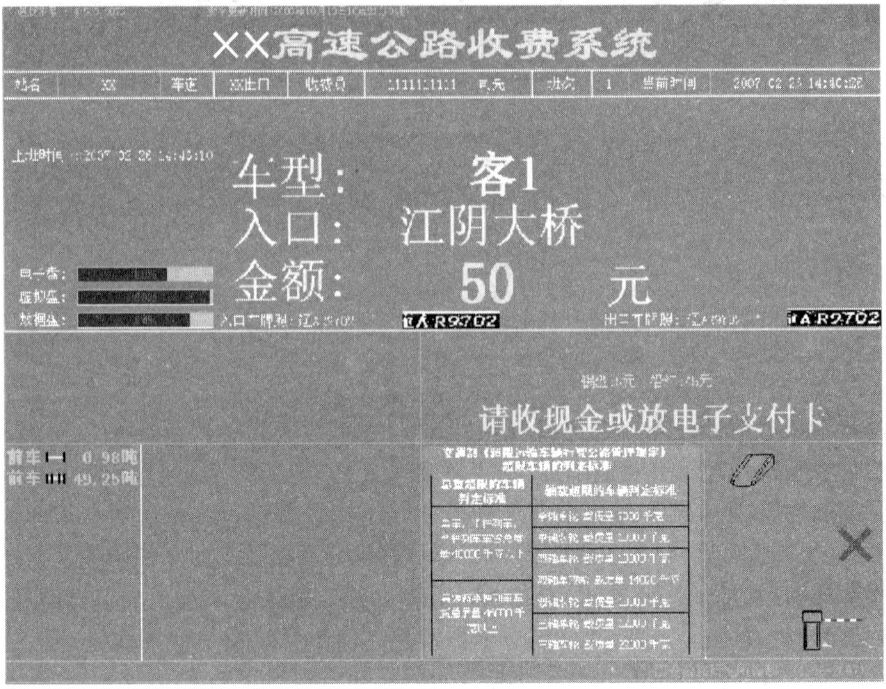

图2-14　车道计算机正常收费操作界面

5．正常收费车辆特情处置操作步骤

（1）出入口车型不符操

①出口收费员根据自己的判断输入车型。

②把通行卡放置在天线有效范围内，若操作正确，屏幕显示绿色“↓”图形和卡号。但如果通行卡中的车型与出口输入的车型不符，屏幕提示“出入口车型不符，请再次确认车型”，此时收费员应再输入车型，当为降档时，车道控制机自动报警，多媒体计算机自动抓拍车道车辆图像并存储。

③屏幕提示“ 请收现金或放电子支付卡”，如果驾驶员提供了电子支付卡，将电子支付卡放置在天线有效范围内，如果读取信息正确，屏幕显示“电子支付成功”。如果是储值卡，车道控制机自动依据相关规定进行打折处理，屏幕显示“储值”，如果是计账卡，通行费不打折，屏

幕显示“计账”；如果驾驶员没有提供了电子支付卡，根据屏幕显示金额，收取通行费。

④按“放行”键，打印收据，电动栏杆自动抬起。

⑤车辆通过环形线圈检测器后，电动栏杆自动落下，且清除显示屏上车辆的收费信息。

(2)通行卡信息不能读出或显示“此卡已用过”的操作(图2-15)

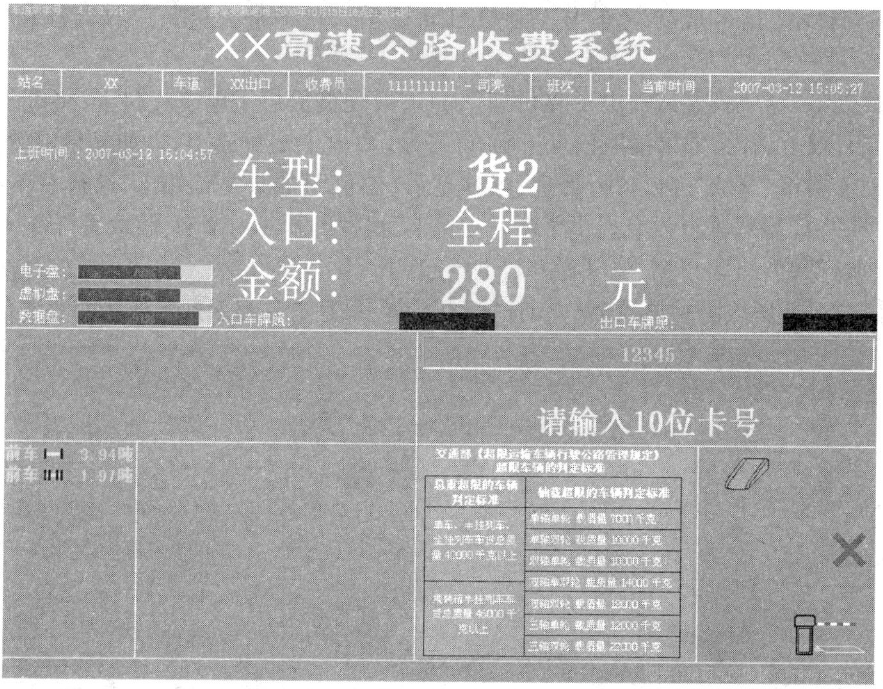

图2-15 输入通行卡号的用户界面

①出口收费员根据自己的判断输入车型。

②把通行卡放置在天线有效范围内，如果屏幕上无成功读卡信息或显示“此卡已用过”，应通知监控室值班员，并且确认通行卡非人为损坏，按两次“卡号”键，按照通行卡印刷的序列编号输入卡号(10位数)，计算机自动报警多媒体计算机自动抓拍车道车辆图像并存储。

③询问驾驶员入口站名，对于显示“此卡已用过”的卡，屏幕会显示一个出口站号，此出口站号与驾驶员所报入口站号一致，收费员可上报监控室确认无误后，输入此站号。

④屏幕提示“请收现金或放电子支付卡”，如果驾驶员提供了电子支付卡，将电子支付卡放置在天线有效范围内，如果读取信息正确，屏幕显示“电子支付成功”。如果是储值卡，车道控制机自动依据相关规定进行打折处理，屏幕显示“储值”，如果是计账卡，通行费不打折，屏幕显示“计账”；如果驾驶员没有提供了电子支付卡，根据屏幕显示金额，收取通行费。

⑤按“放行”键，打印收据，电动栏杆自动抬起。

⑥车辆通过环形线圈检测器后，电动栏杆自动落下，且清除显示屏上车辆的收费信息。

⑦收费员将该卡单独放置，下班后上交监控室。

(3)出入口判断车型一致但与实际车型不符操作

①出口收费员根据自己的判断输入车型。把通行卡放置在天线有效范围内，如果读取信息正确，屏幕显示绿色“↓”图形，并提示“读写卡成功”，车道控制机自动显示入口地址、车型、应收金额和卡号。

②驾驶员提出异议，认为车型不符时，查验其行驶证。

③通知监控室值班员和收费班长，并经确认后，按两次“更改”键，重新输入正确车型，车道控制机自动报警多媒体计算机自动抓拍车道车辆图像并存储。

④屏幕提示“ 请收现金或放电子支付卡”，如果驾驶员提供了电子支付卡，将电子支付卡放置在天线有效范围内，如果读取信息正确，屏幕显示“电子支付成功”。如果是储值卡，车道控制机自动依据相关规定进行打折处理，屏幕显示“储值”，如果是计账卡，通行费不打折，屏幕显示“计账”；如果驾驶员没有提供了电子支付卡，根据屏幕显示金额，收取通行费。

⑤按“放行”键，打印收据，电动栏杆自动抬起。

⑥车辆通过环形线圈检测器后，电动栏杆自动落下，清除显示屏上车辆收费信息。

（4）出入口车牌照不一致

①出口收费员根据自己的判断输入车型。把通行卡放置在天线有效范围内，如果读取卡内车牌照和当时识别车牌照号码不一致时，弹出出入口车牌照不一致选择对话框，选择相应选项。

②如确实出入口车牌照号码差别很大，按收费键盘上“调图”键进行调图，如一致按屏幕提示通行费收取通行费。不一致选择相应选项客一键正常收费；客二键站级处理，通知监控室按相关条理进行处罚（图 2-16）。

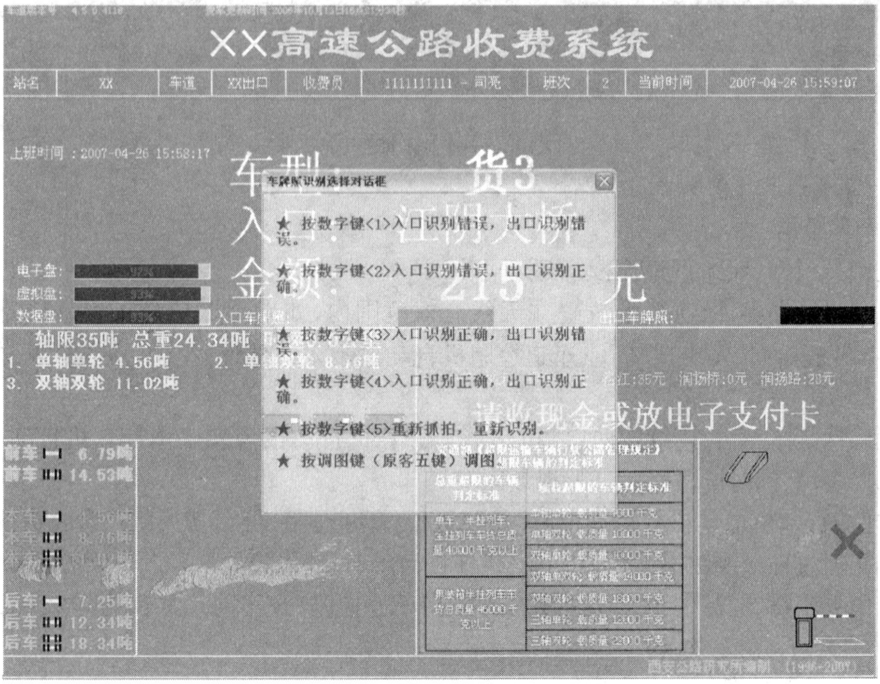

图 2-16 出入口车牌不符的用户界面

③如果在车道能够确定换卡，并且无法确认入口收费站，选择客三换卡（无入口）处理，收费金额为相关规定的换卡金额（南网或北网全程金额）。当收费员确认已收取全部通行费（现金或刷电子支付卡）后，即可按下“确认”键，自动栏杆抬起，票据打印机开始打印收据；收费员将打印票据、找零等交给用户。

④如果在车道能够确定换卡，并且能确认入口收费站，选择换卡（有入口）处理，系统要求输入入口站号。收费金额为该车从输入的入口站到本站的金额，当收费员确认已收取全部通行费（现金或刷电子支付卡）后，即可按下“确认”键，自动栏杆抬起，票据打印机开始打印收

据；收费员将打印票据、找零等交给用户（图2-17）。

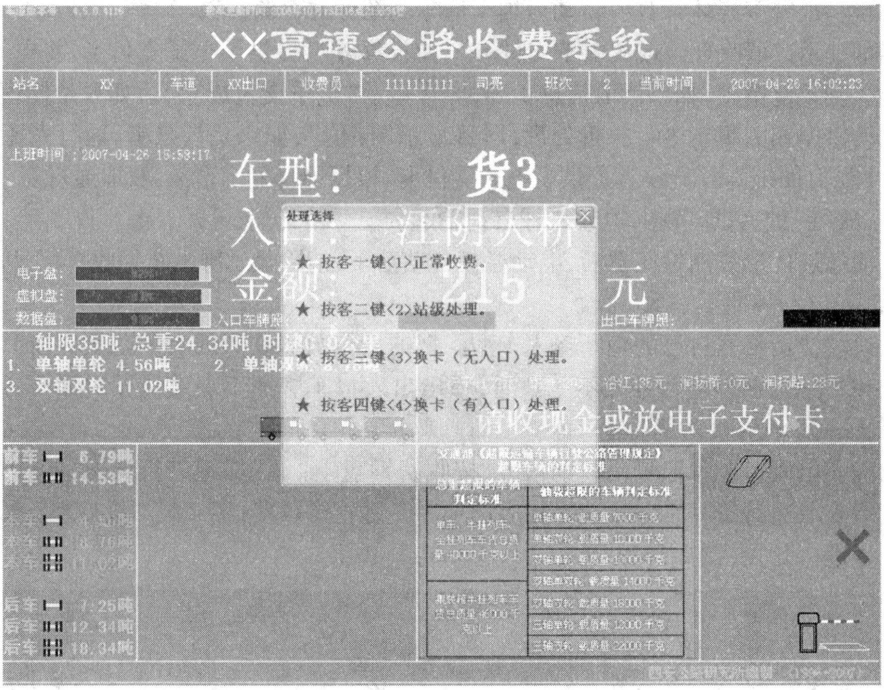

图2-17　出入口车牌不符的用户界面

6. 免费车辆操作步骤

（1）军车操作

①收费员根据自己的判断输入车型。

②根据屏幕提示，把通行卡放置在天线有效范围内，如果读取信息正确，屏幕显示绿色“↓”图形，并提示“读写卡成功”。车道控制机自动显示入口地址、车型、应收金额、卡号和军车信息。

③经确认是军车后，连续按两次“军车”键，计算机自动报警多媒体计算机自动抓拍车道车辆图像并存储，同时屏幕显示亭外视频图像。

④按“放行”键，电动栏杆自动抬起（打票机不打印收据），屏幕切换回正常收费画面。

⑤军车通过环形线圈检测器后，电动栏杆自动落下，且清除显示屏上车辆的收费信息。

⑥当车型不符、通行卡不能读出或显示“此卡已用过”，操作同正常收费（4B、4C），只是在按“放行”键之前，先按“军车”键。

（2）军车无卡操作

①收费员根据自己判断输入车型。

②无通行卡连续按两次“无卡”键，计算机自动报警且录像。

③经确认是军车后，连续按两次“军车”键。

④收取IC卡成本费，并撕相关票据交军车驾驶员。

⑤按“放行”键，电动栏杆自动抬起（打票机不打印收据）。

⑥军车通过环形检测器后，电动栏杆自动落下，且清除显示屏上的收费信息。

（3）公务车辆操作

①收费员根据自己的判断输入车型。

②根据屏幕提示,把公务卡放置在天线有效范围内,如果读取信息正确,屏幕显示绿色“↓”图形,并提示“读写卡成功”。车道控制机自动显示入口地址、车型、应收金额、卡号和公务车信息。

③经确认是公务车后且车型、牌照号和卡片印刷图案一致后,连续按两次“公务”键,计算机自动报警且录像,同时屏幕显示亭外视频图像。

④按“放行”键,电动栏杆自动抬起(打票机不打印收据),屏幕切换回正常收费画面。

⑤公务车通过环形线圈检测器后,电动栏杆自动落下,且清除显示屏上车辆的收费信息,多媒体计算机自动抓拍车道车辆图像并存储。

(4)车队

①先输入车型,再按两次“车队”键,屏幕显示“车队”提示信息,计算机自动报警且录像。

②按“放行”键,电动栏杆自动抬起,并自动锁定栏杆,车辆通过环形线圈检测器后,电动栏杆不落下。

③车道控制机自动统计通过的车辆数,并在屏幕上显示。

④车队通行完毕,按两次“车队”键,电动栏杆自动落下,解除报警和录像。

(5)拥堵免费

①先输入车型,再按两次“拥堵”键,屏幕显示“拥堵”提示信息,计算机自动报警且录像。

②根据屏幕提示,把通行卡放置在天线有效范围内,如果读取信息正确,屏幕显示绿色“↓”图形,并提示“读写卡成功”。车道控制机自动显示入口地址、车型、应收金额、卡号。

③按“放行”键,不打票免费放行。

④当拥堵车辆通行完毕后,双击更改键进入正常收费流程。

7. 特殊车辆操作步骤

(1)无卡车辆操作

①收费员根据自己的判断输入车型。

②驾驶员无卡时,连续按两次“无卡”键,计算机自动报警且录像。

③屏幕提示“请收现金或放电子支付卡”,如果驾驶员提供了电子支付卡,将电子支付卡放置在天线有效范围内,如果读取信息正确,屏幕显示“电子支付成功”。如果是储值卡,按相关规定通行费不打折,屏幕显示“储值”,如果是计账卡,通行费不打折,屏幕显示“计账”;如果驾驶员没有提供了电子支付卡,根据屏幕显示金额,收取通行费。

④按“放行”键,打印收据,电动栏杆自动抬起。

⑤车辆通过环形检测器后,电动栏杆自动落下,且清除显示屏上车辆的收费信息。

(2)人为损坏通行卡操作

①收费员根据自己的判断输入车型。

②把通行卡放置在天线有效范围内无任何反应,经检查确认通行卡是人为损坏,应通知监控室值班员,连续按两次“卡号”键,按照通行卡印刷的序列编号输入10位数卡号,计算机自动报警且录像。

③屏幕提示“请输入7位站号”,按“放行”键略过站号输入。

④屏幕提示“请收现金或放电子支付卡”,如果驾驶员提供了电子支付卡,将电子支付卡放置在天线有效范围内,如果读取信息正确,屏幕显示“电子支付成功”。如果是储值卡,按相关规定通行费不打折,屏幕显示“储值”;如果是计账卡,通行费不打折,屏幕显示“计账”;如果驾驶员没有提供了电子支付卡,根据屏幕显示金额,收取通行费,再加IC卡成本费,发放相关

票据。

⑤按“放行”键，打印收据，电动栏杆自动抬起。

⑥车辆通过环形线圈检测器后，电动栏杆自动落下，且清除显示屏上车辆的收费信息，解除报警和录像。

⑦下班后将该卡上交监控室核查。

(3)U 行车辆收费操作

①收费员根据自己的判断输入车型，在放置通行卡之前，如果车型输入错误，可连续按两次“更改”键更改。

②根据屏幕提示，把通行卡放置在天线有效范围内，如果读取信息正确，屏幕显示绿色“↓”图形，并提示“读写卡成功”，车道控制机自动显示入口地址、车型、应收金额和卡号。

所谓 U 行即出入口地址相同，按规定条文此类车辆的通行费和正常车不同，加收比例按省政府有关规定执行。

③屏幕提示“ 请收现金或放电子支付卡”，如果驾驶员提供了电子支付卡，将电子支付卡放置在天线有效范围内，如果读取信息正确，屏幕显示“按放行确认 U 行车电子支付”。如果驾驶员同意使用电子支付卡支付 U 行通行费，按“放行”键。将电子支付卡再次放置在天线有效范围内，如果读取信息正确，屏幕显示“电子支付成功”。如果是储值卡，按相关规定通行费不打折，屏幕显示“储值”，如果是计账卡，通行费不打折，屏幕显示“计账”；如果驾驶员没有提供了电子支付卡或不同意使用电子支付卡支付 U 行通行费，根据屏示金额，收取通行费(图 2-18)。

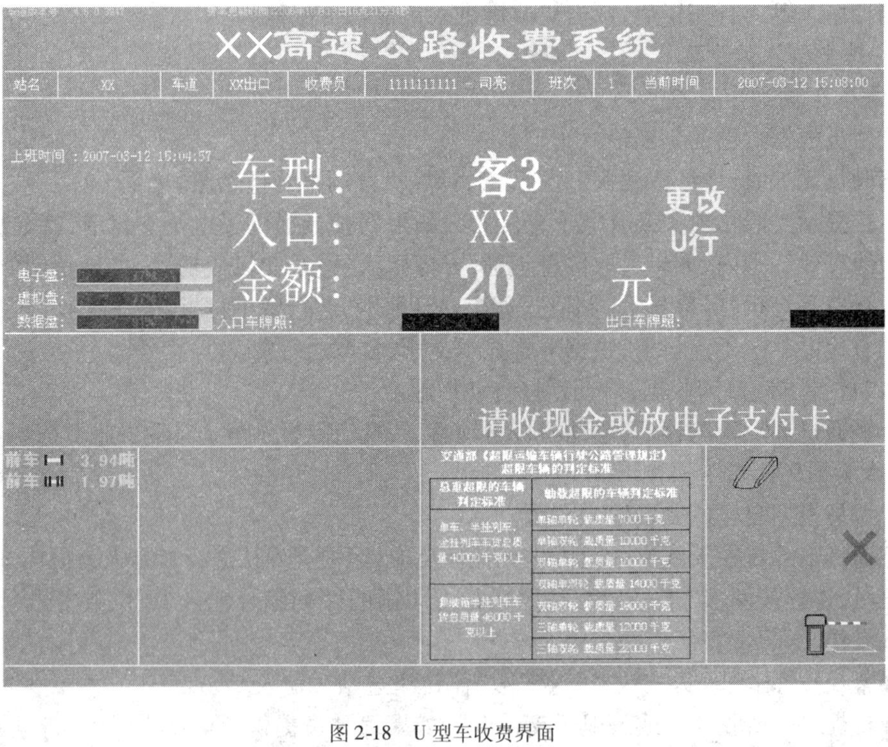

图 2-18　U 型车收费界面

④按“放行”键，打印收据，电动栏杆自动抬起。

⑤车辆通过环形线圈检测器后，电动栏杆自动落下，且清除显示屏上车辆的收费信息。

(4)欠费车辆操作

①收费员根据自己的判断输入车型，在放置通行卡之前，如果车型输入错误，可连续按两次“更改”键更改。

②根据屏幕提示，把通行卡放置在天线有效范围内，如果读取信息正确，屏幕显示绿色“➡”图形，并提示“读写卡成功”，车道控制机自动显示入口地址、车型、应收金额和卡号。

③根据屏幕显示金额收费时，驾驶员无足够现金交费，应及时通知监控室和值班站长。

④经值班站长同意，连续按两次“欠费”键，计算机自动报警且录像。

⑤按“放行”键，电动栏杆自动抬起（不打印收据）。

⑥车辆通过环形线圈检测器后，电动栏杆自动落下，且清除显示屏上车辆的收费信息，解除报警和录像，欠费车辆由值班站长处理。

（5）储值卡内金额不足时的操作（图2-19）

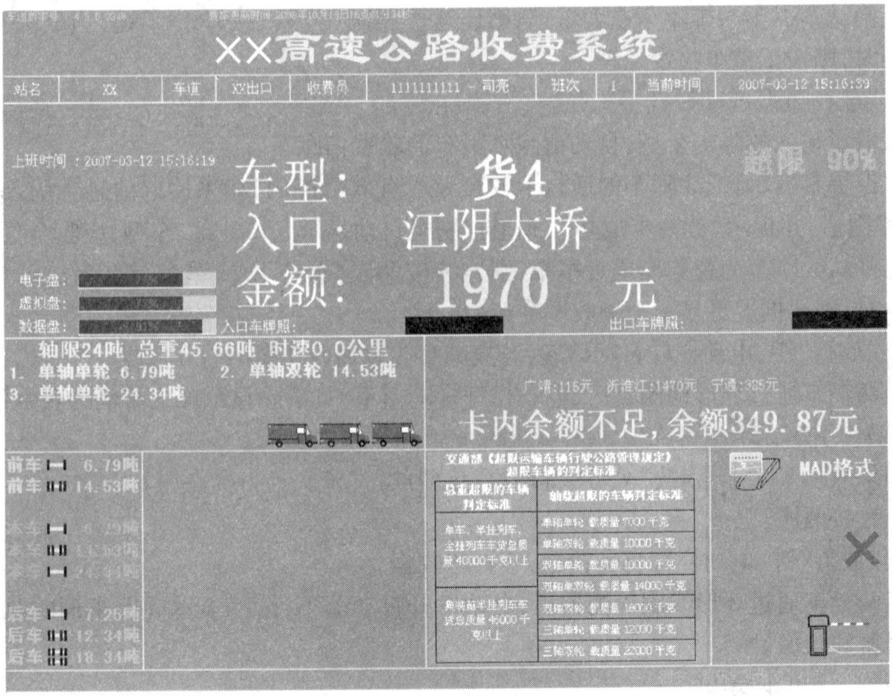

图2-19　储值卡金额不足时的收费界面

①收费员根据自己的判断输入车型，在放置通行卡之前，如果车型输入错误，可连续按两次“更改”键更改。

②根据屏幕提示，把通行卡放置在天线有效范围内，如果读取信息正确，屏幕显示绿色“➡”图形，并提示“读卡成功”，车道控制机自动显示入口地址、车型、应收金额和卡号。

③屏幕提示“请收现金或放电子支付卡”，如果驾驶员提供了电子支付卡，将电子支付卡放置在天线有效范围内，如果是储值卡并且卡内金额不足，屏幕显示“卡内余额不足，余额×××.×元”。如果驾驶员全额支付现金，根据屏幕显示金额，收取通行费。如果驾驶员希望由电子支付卡支付一部分通行费，其余部分支付现金，连续按两次“欠费”键，计算机自动报警且录像。

④按“放行”键，打印票据（全额支付现金）或不打印票据（部分支付现金），电动栏杆自动抬起。

⑤车辆通过环形线圈检测器后，电动栏杆自动落下，且清除显示屏上车辆的收费信息，解

除报警和录像,该车辆由值班站长处理。

(6)牵引车辆操作

所谓牵引车是指后车无动力时由前车牵引出高速公路,排障车等硬拖是正常牵引车软拖应在禁止之列。

①收费员根据自己的判断输入牵引车车型,在放置通行卡之前,如果车型输入错误,可连续按两次"更改"键更改。

②连续按两次"牵引"键。

③根据屏幕提示,把牵引车的通行卡放置在天线有效范围内,如果读取信息正确,屏幕显示绿色"↓"图形,并提示"读写卡成功",车道控制机自动显示入口地址、车型、应收金额和卡号。

④经确认牵引车为排障车或者军车,则连续按两次"公务"或"军车"键,当故障车为正常收费车辆时,则按正常车收费处理。

⑤按"放行"键,电动栏杆不抬起。

⑥收费员输入故障车车型,自动清除牵引车的收费信息。

⑦根据屏幕提示,把故障车的通行卡放在天线有效范围内,如果读取信息正确,屏幕显示绿色"↓"图形,并提示"读写卡成功",车道控制机自动显示入口地址、车型、应收金额和卡号。

⑧经确认故障车为公务车或者军车,则连续按两次"公务"或"军车"键,当故障车为正常收费车辆时,则根据屏幕显示金额收取通行费。

⑨按"放行"键,电动栏杆自动抬起,若故障车为普通收车辆时打印收据。

⑩当两辆车通过环形检测器后,电动栏杆自动落下,且清除显示屏上车辆的收费信息。

(7)被牵引车无卡

①如果故障车无卡,则按"公务"键两次,免费放行(流失通行卡一张)。

②连续按两次"公务"键。

③按"放行"键,电动栏杆自动抬起,不打印收据。

④当两辆车通过环形线圈检测器后,电动栏杆自动落下,清除显示屏上车辆的收费信息,且解除报警和录像。

(8)港口优惠车操作

①收费员根据自己的判断输入车型。

②根据屏幕提示,把港口优惠卡放置在天线有效范围内,如果读取信息正确,屏幕显示绿色"↓"图形,并提示"读写卡成功"。车道控制机自动显示入口地址、车型、应收金额、卡号信息。

③经确认是港口优惠卡后且车型、牌照号和卡片印刷图案一致后,连续按两次"优惠"键,计算机自动计算优惠费额,报警且录像,同时屏幕显示亭外视频图像。

④按"放行"键,打印票据,电动栏杆自动抬起。

⑤车辆通过环形线圈检测器后,电动栏杆自动落下,且清除显示屏上车辆的收费信息,多媒体计算机自动抓拍车道车辆图像并存储。

⑥当通行卡不能读出或显示"此卡已用过"时,操作同正常收费。

⑦若港口优惠车使用普通通行卡,则按正常车收费处理。

(9)电子支付加收在车道系统上的实现

当驾驶员所持储值卡内余额不足支付通行费时,当前车按欠费处理。在按"放行"键后,双击“管理”键，弹出电子支付加收对话框。

如果进行电子支付加收，将电子支付放在 IC 卡读写器的天线上，然后输入需加收的金额，确认无误后按“放行”键，余额自动扣除，同时打印票据（图 2-20）。

如果进行票据手工打印，按“输入”键，然后输入需加收的金额，确认无误后按“放行”键打印票据（图 2-21）。

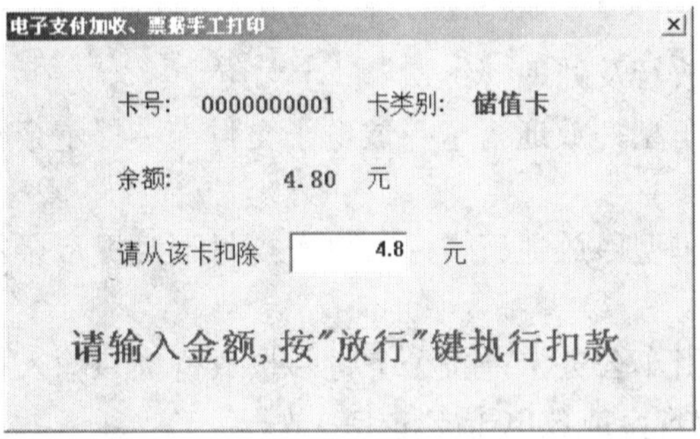

图 2-20　储值卡扣除余款的操作界面

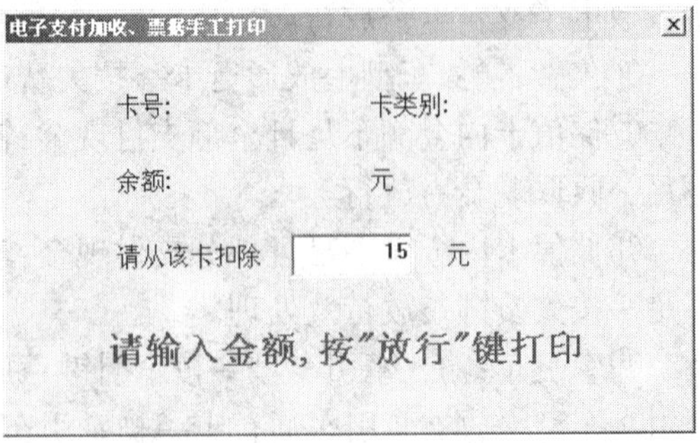

图 2-21　票据手工打印操作界面

操作完成后，按“管理”键退出电子余额加收对话框。

注意：在弹出电子支付加收对话框前，根据设置，可能弹出授权对话框。

将有授权权限的身份卡放在 IC 卡读写器的天线上，取得授权后可以打开电子支付加收对话框，否则不能打开电子支付加收对话框（图 2-22）。

（10）收费操作流程（简表）

①正常车：输入车型→放通行卡→收取现金或放电子支付卡→放行。

②车型不符：输入车型→放通行卡→输入正确车型→收取现金或放电子支付卡→放行。

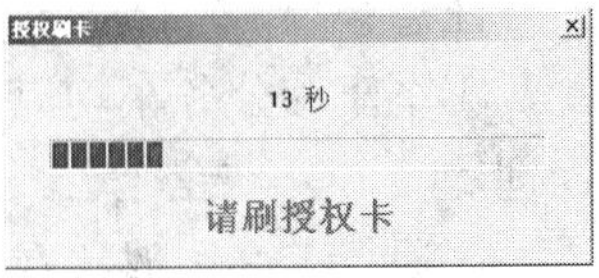

图 2-22　授权卡刷卡界面

③通行卡自然损坏或显示“此卡已用过”：输入车型→放通行卡→按卡号键→输入卡号→（询问入口地址）→输入入口地址→收取现金或放电子支付卡→放行。

④人为破坏通行卡：输入车型→（不放通行卡）按卡号键→输入卡号→按全程收取现金或放电子支付卡→放行（另收 IC 卡成本费，发放相关票据）。

⑤军车：输入车型→放通行卡 →按军车键→免费放行。

⑥不是真军车：输入车型→放通行卡→收费收取现金或放电子支付卡→放行。

⑦不是真军车（已按军车键）：输入车型→放通行卡→按军车键→按更改键→收取现金或放电子支付卡→放行。

⑧军车卡坏或显示“此卡已用过”：输入车型→放通行卡→按卡号键→输入卡号→（询问入口地址）→输入入口地址→按军车键→免费放行。

⑨军车无卡：输入车型→按无卡键→按军车键→收 IC 卡成本费放行（发放相关票据）。

⑩公务车：输入车型→放公务卡→按公务键→免费放行。

⑪不是真公务：输入车型→放公务卡→按无卡键→没收公务卡→收取现金或放电子支付卡→放行。

⑫公务车卡坏或显示“此卡已用过”：输入车型→放公务卡（无反应）→按卡号键→输入卡号→按公务键→免费放行。

注：公务卡显示“此卡已用过”时若确定该公务车是从正常入口进来，该公务车应交出一

张正常车通行卡,按正常收费处理。

⑬车队:输入车型→按车队键→按"放行"键→(车队通过)→按车队键→栏杆落下。

⑭无卡:输入车型→按无卡键→收取现金或放电子支付卡→放行(公务车无卡按本条处理)。

⑮无卡(驾驶员后来找到通行卡):输入车型→按无卡键→按更改键→放通行卡→收取现金或放电子支付卡→放行。

⑯欠费:输入车型→放通行卡→按欠费键→放行及处理。

⑰储值卡内金额不足且全额支付现金:输入车型→放通行卡→放电子支付卡→提示余额不足→收取现金→放行。

⑱储值卡内金额不足且部分支付现金:输入车型→放通行卡→放电子支付卡→提示余额不足→按欠费键→放行及处理。

⑲牵引车:输入牵引车型→按牵引键→放牵引车公务卡→按公务键→按放行键→输入被牵引车车型→放被牵引车通行卡→被牵引车收取现金或放电子支付卡→放行。

⑳被牵引车无人:输入牵引车型→按牵引键→放牵引车公务卡→按公务键→按放行键→输入被牵引车车型→按卡号键→输入公务卡号→按公务键→免费放行。

㉑港口优惠车:输入车型→放通行卡→按优惠键→收取现金→放行。

㉒拥堵:输入车型→双击拥堵键→刷通行卡→放行→输入车型→刷通行卡→放行→输入车型→刷通行卡→放行→双击拥堵键结束。

注意:

①军车和公务车均以出口判断为准,出口确认为军车或者公务车,则按军车或者公务车处理。

②通行卡必须放置在天线上,待读写成功后取下,但放置时间不能超过2分钟。

③若车辆行驶时间超过规定行驶时间,出口车道控制机上显示相应的行驶时间,收费员应报告监控室并询问原因。

④在某种特殊情况下栏杆不下落时可以用"上班"键落杆。

⑤输入公务车卡号时,公务车IC卡上序列号第一位"T"须改为"1"。

⑥"此卡已用过"的通行卡,屏幕上会显示卡号和前一次出口站号,收费员须核对卡号并上报监控室处理。

⑦输入车型后,屏幕若显示"多卡,重输入车型",收费员须检查并移走天线附近不应放置的卡后,再重新输入车型。

⑧通行卡自然损坏,请监控室帮助确认驾驶员所称入口是否属实,在值机记录中应加入相应操作说明,然后输入卡号,完整无误后,方可输入入口站号。

8. 非联网收费情况下收费操作步骤

(1)正常收费车辆的操作

①对驶入道口车辆进行观察,并进行车型判断。

②输入车型,观察显示器的提示是否准确。

③收费员使用文明用语,唱收唱付。

④输入收费确认键,打印票据、核对、找零。

⑤车辆通过环形线圈检测器后,电动栏杆自动落下,且清除显示屏上车辆的收费信息。

(2)特种车辆判别与收费系统操作

①观察前方道口来车,正确判型。

②根据特种车类型(军车、月票车、免费车、公务车等)输入相应车型,观察显示器提示是否正确。

③面对驾驶员微笑,使用文明用语,核验有关证件。

④输入放行键放行车辆。

⑤车辆通过环形线圈检测器后,电动栏杆自动落下。

9. 计重收费在车道计算机上的实现

计重收费是指对货车实行按车货总质量进行计费的收费系统,在称量数据准确的情况下,操作流程与以前的相同,如果发现轴组信息有误差需要人工调节,则按以下方法操作。

(1)出口计重收费界面

说明:界面中的汽车图标队列表示轴重仪已检测到有5辆车进入车道(图2-23)。

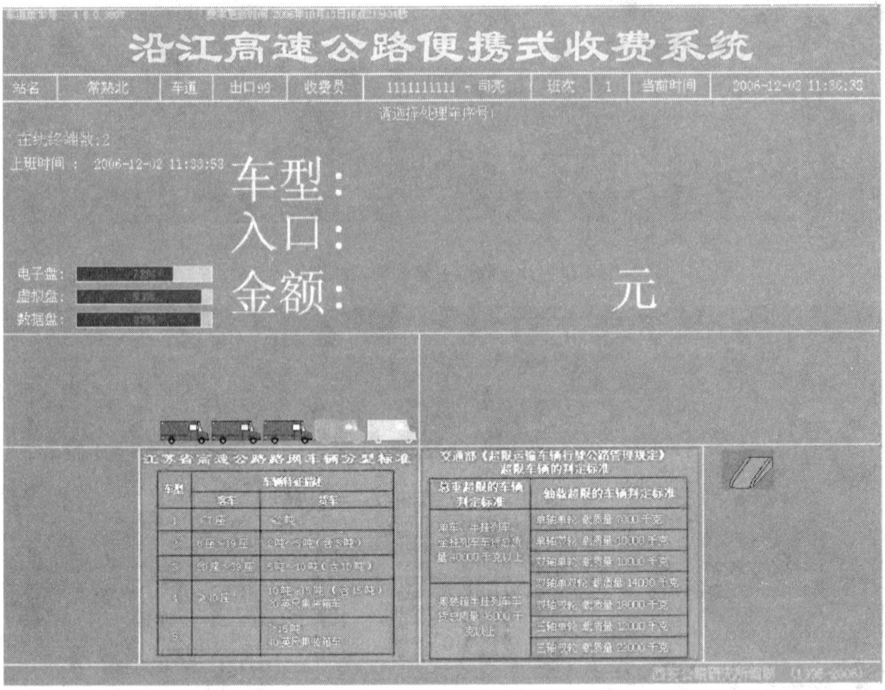

图2-23 计重收费界面

(2)如需进行轴重修改相关操作时按轴重键进入轴重操作界面(图2-24)。

说明:轴重列表序号下绿色数字1、2、3、4、5代表轴重仪已检测到有5辆车进入车道,黑色1、2、3、4等数字键代表队列里所有车的轴数。轴号代表每辆车的所有轴的轴数详细列表。轴型表示每轴组的详细轴型。轴重表示每个轴组的详细重量,单位为千克。总重表示每辆车的总重量,单位为千克。

(3)选择要操作的车(图2-25)

说明:当前选择为操作队列里的第二辆车,默认光标跳到第二辆车的第一根轴上,界面如图2-25所示。

此时:再按当前车的数字键确定操作当前选择的车。

10. 设备故障处理及注意事项

(1)电动栏杆的应急操作

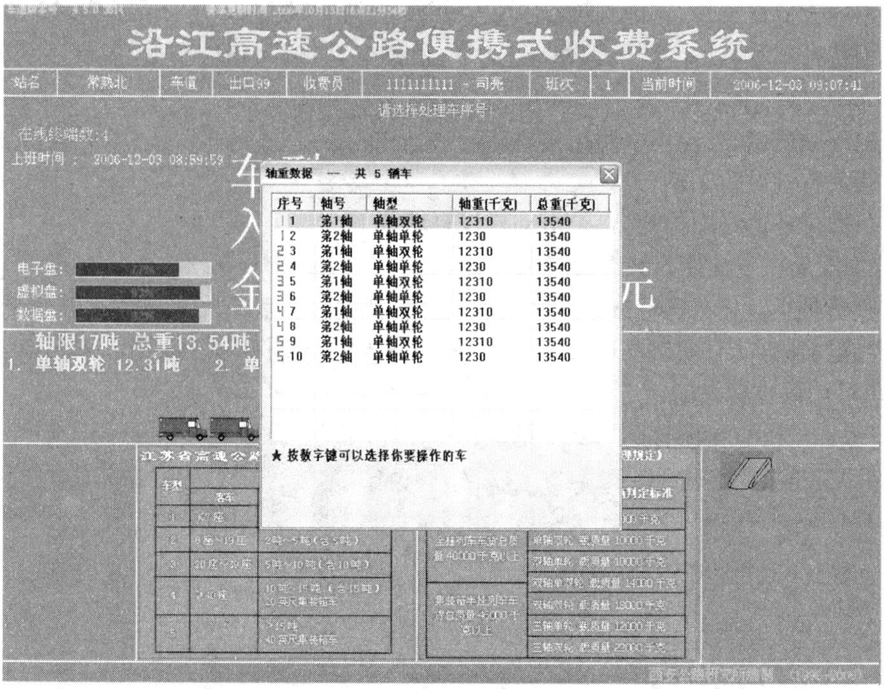

图 2-24　计重收费中修改轴型的操作界

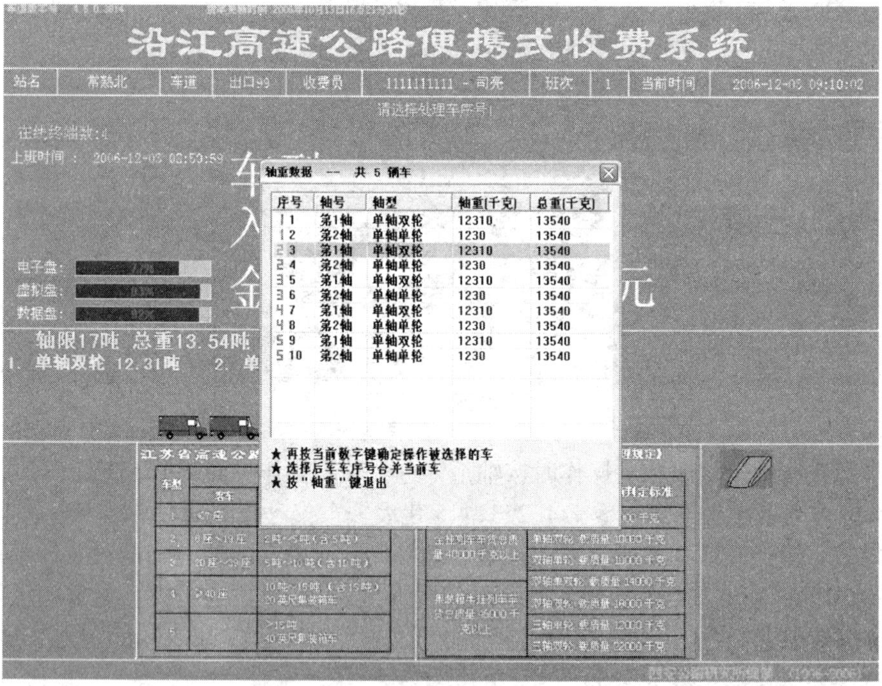

图 2-25　计重收费中修改轴型的操作界面

当环形线圈检测器故障或某些特殊情况下，车辆通过环形线圈时未被感知，表现为电动栏杆不自动下落，此时需要人工放下栏杆，收费员只要按两次“上班”键，栏杆将自动下落。其他特殊情况，也可如此操作。当环形检测器线圈上没有车辆或其他金属物品，车道控制机显示器屏幕环线内显示黄色，但栏杆无法落下，应通知监控室进行处理。

当按放行键后，栏杆不能自动抬起，应通知监控室值班员到车道关闭栏杆机内电动机电源，用人工抬起栏杆即可通行。

(2)IC卡读写器故障时操作

当上班时把身份卡放置在天线有效范围内，提示“读写器故障”，或者没有任何反应，则应通知监控室暂时关闭此车道。

当通行卡放置在天线有效范围内，提示“读写器故障”，或者没有任何反应，应通知监控室，并按“卡坏”流程进行收费操作，完成这辆车收费，暂时关闭此车道，快速处理故障。

(3)下班操作

交接班、更换收费员时，连续按两次“下班”键，表示该车道收费工作结束，按“下班”键时，必须在刚完成收费的车辆通过车辆检测器后再操作。

(4)坏卡的管理

对于不能读写的坏卡，收费员应另行存放，下班后及时交监控室，不能与正常卡混合在一起放置。

(5)收费员注意事项

①收费员上班操作触及的是现金及票据，因此必须遵守操作要求，否则造成现金和票据上的差别，应由本人负责，并且要熟练掌握操作步骤及要求。键盘操作应采用击键方式，并使用合适力度，太轻太快的按键计算机都难以正确响应，太重的按键易损坏设备，击键的最佳时间应是0.2~0.4s，如超过0.8s计算机按两次处理，请注意。

②收费员上班时，输入的上班班次和身份卡一定要正确，这样才能保证数据的正确性，下班时填报的数据表才能和计算机统计的报表相符。

③遇到特殊情况，收费员应及时向监控室和值班班长、站长汇报，以保证及时正确处理各种特殊情况。计算机故障或者IC卡读写器故障时，应立即通知监控室和值班站长处理，收费员不准随意关机。

④如果监视器上提示“网断”字样，即网络通信故障，这不影响正常收费，但要及时通知监控室和值班班长。

⑤保持收费亭内的卫生是保证设备良好工作的必要条件，灰尘易引起电路故障，收费员丢弃的食物会成为引诱老鼠到收费亭的香饵，增加线路被老鼠咬坏的可能，因此须堵塞老鼠通路、消灭老鼠。

⑥严禁将水倒在工作台上，水不仅影响票证，而且危及设备安全，特别是IC卡读写天线。

⑦移动键盘、IC卡读写器的天线、显示器、票据打印机时，引入线(电源线和通信线)不准随意扯动，造成上述接线损坏收费员应负责任。

⑧收费亭内空调是保证设备正常工作所必须的设备，当气温超过30℃时，必须使用亭内空调，当空调损坏时，应通知监控室迅速派人维修。

⑨收费员应注意是正常收费车还是免费车，正常收费车在拿到票款后再按“放行”键打印票据，以免造成车型、车情不符，造成钱票不符。

⑩严禁收费员开启仪器柜，随意调节显示器及移动摄像机。

收费方式决定着收费管理的模式，从国情来看，目前选择非接触式IC通行卡收费系统实施管理的半自动收费方式是可行的、先进的。当然，同样是半自动收费方式也有一个系统不断升级，提高自动化程度的问题，从减少车型判定争议、减少人为操作行为，提高科技含量和管理水平考虑，将人工判定收费车型改为电子设备称重计费方式判定收费车型，在出入口收费车道安装车牌识别抓拍设备,入口选用自动发卡机自动发卡,实现IC通行卡与有价IC缴费卡一并启用的缴费服务方式等等,这些都是提高收费管理和服务水平的有效措施。

模块三 IC卡读写方法

1. IC卡的概念综述

近年来,先进的电子技术在公路收费系统中得到广泛应用,收费方式从手工收费发展到停车电子收费,现正在向不停车电子收费(ETC)过渡。在高速公路电子收费中,非接触式IC卡技术以其先进、成熟和易用等特点得到广泛的应用。在交通部颁布的有关高速公路联网收费的技术规定中,明确规定了高速公路联网收费系统宜采用非接触式IC卡技术。

2. IC卡读写操作规范

①上岗时要精神饱满,保持良好的情绪,态度和蔼,保持微笑,行为自然,大方得体。

②当车辆驶入收费窗口停稳时,收费员与驾乘人员第一次眼神接触时行30℃注目礼,同时应面带微笑使用文明用语。

③正确识别来车类型、车情和车牌号,熟练进行收费或发卡操作,耐心使用服务用语,解答驾驶员的询问,对话时要心平气和,语言适中,双目平视对方。

④刷卡操作时应先输入车型,再将IC卡放置在读写天线上,待信息读写正确后按规定流程进行操作,操作完毕后方可启动栏杆放行。

⑤与驾乘人员递接IC卡、人民币、票据、各类证件等应注意接稳,不抛不丢。做到唱收唱付,并请驾乘人员点好、放好。

⑥回收或发放的IC卡应按整数(通常为50张)捆扎,整齐摆放在指定位置,做到拿取方便,规范统一,桌面上保持整洁,坏卡和复位卡要单独存放。

3. 收费系统IC卡读写操作方法

(1)正常情况操作流程

①入口车道操作:输入车型(在放置通行卡之前,如果车型输入错误,可连续按两次"更改"键更改);把一张IC通行卡放在读写器天线上;待屏幕显示绿色"↓"图形,并提示"读写卡成功"和卡号后把IC通行卡交给驾驶员;按"放行"键,电动栏杆自动抬起;车辆通过后,栏杆落下,完成操作。

②出口车道操作:输入车型(在放置通行卡之前,如果车型输入错误,可连续按两次"更改"键更改);回收并刷IC通行卡;屏幕显示绿色"↓"图形,并提示"读卡成功",车道控制机自动显示入口地址、车型、应收金额和卡号;人工唱收报价;收取通行费后按"放行"键,打印发票,栏杆抬起;车辆通过后,栏杆落下,完成操作。

(2)军车操作流程

①入口车道操作:输入车型(在放置通行卡之前,如果车型输入错误,可连续按两次"更改"键更改);经确认后,连续按两次"军车"键,待屏幕显示把一张IC通行卡放在读写器天线上;把读写成功的IC通行卡交给驾驶员;按"放行"键,电动栏杆自动抬起;车辆通过后,栏杆落下,完成操作。

②出口车道操作:输入车型(在放置通行卡之前,如果车型输入错误,可连续按两次"更改"键更改);回收并刷IC通行卡;屏幕显示绿色"↓"图形,并提示"读卡成功",车道控制机自动显示入口地址、车型、应收金额、卡号和军车信息;经确认是军车后连续两次按"军车"键,按"放行"键,电动栏杆自动抬起(打票机不打印收据);车辆通过后,栏杆落下,完成操作。

(3)公务车操作流程

①入口车道操作：输入车型(在放置通行卡之前，如果车型输入错误，可连续按两次“更改”键更改)；接过公务卡并经查验相符后，把公务卡放置在天线有效范围内，如果读写信息正确，屏幕显示绿色“↓”图形；把写好的通行卡还给驾驶员；按“放行”键，电动栏杆自动抬起；车辆通过后，栏杆降落，完成操作。

②输入车型(在放置通行卡之前，如果车型输入错误，可连续按两次“更改”键更改)；接过并刷公务卡；屏幕显示绿色“↓”图形，并提示“读卡成功”，车道控制机自动显示入口地址、车型、应收金额、卡号和公务车信息；经确认是公务车且车型、牌照号和卡片印刷图案一致后按“放行”键，电动栏杆自动抬起(打票机不打印收据)；车辆通过后，栏杆落下，完成操作。

注意：公务车必须与公务卡上照片上的车型、牌照号和卡片印刷图案一致后才能免费通过，如不一致，需没收公务卡，并按正常车收费。

(4)车队的操作流程

①入口车道操作：输入车型；再按两次“车队”键，屏幕显示“车队”提示信息；按“放行”键，电动栏杆自动抬起，并自动锁定栏杆，车辆通过环形线圈检测器后，电动栏杆不落下；车道控制机自动统计通过的车辆数，并在屏幕上显示；车队通行完毕，按两次“车队”键，电动栏杆自动落下。

②出口车道操作：输入车型；再按两次“车队”键，屏幕显示“车队”提示信息，计算机自动报警且录像；按“放行”键，电动栏杆自动抬起，并自动锁定栏杆；车道控制机自动统计通过的车辆数，并在屏幕上显示；车队通行完毕，按两次“车队”键，电动栏杆自动落下，解除报警和录像。

注意：车队在入口车道不发卡，在出口车道不收费。但只有上级部门以书面形式或正式通知的车队才能按“车队”键对车队进行放行。

(5)牵引车操作流程

①入口车道操作：先输入牵引车车型，连续按两次“牵引”键；把牵引车的公务卡放在读写器天线上，按“放行”键，电动栏杆不抬起；输入故障车的车型，把通行卡放在天线有效范围内，读取信息后，屏幕显示绿色“↓”图形，并提示“读写卡成功”和卡号；把写好的普通卡和公务卡发给牵引车驾驶员；按“放行”键，栏杆抬起；车辆通过后，栏杆落下，完成操作。

②出口车道操作：先输入牵引车车型，连续按两次“牵引”键；把牵引车的公务卡放在读写器天线上，按“放行”键并返还公务卡，电动栏杆不抬起；输入故障车的车型，把故障车的通行卡放在天线有效范围内，读取信息后，屏幕显示绿色“↓”图形，并提示“读写卡成功”，车道控制机自动显示入口地址、车型、应收金额和卡号；确认故障车为公务车或者军车，则连续按两次“公务”或“军车”键，当故障车为正常收费车辆时，则根据屏幕显示金额收取通行费；收取通行费后按“放行”键，打印发票，栏杆抬起；车辆通过后，栏杆落下，完成操作。

(6)几种特殊情况下的操作流程

①出入口车型不符(需升降档)：正确输入车型(在放置通行卡之前，如果车型输入错误，可连续按两次“更改”键更改)；回收并刷IC通行卡，当显示“出入口车型不符”且入口车型错误并偏小(大)时，进行相应的升(降)档操作，并重新输入正确车型进行确认；上报监控室记录验证并在《收费员当班记录》上详细记录时间、车号、入口站号、核定吨座位、升降档流程和通行卡卡号等情况；屏幕显示绿色“↓”图形，并提示“读卡成功”，车道控制机自动显示入口地址、车型、应收金额和卡号；人工唱收报价；收取通行费后按“放行”键，打印发票，栏杆抬起；车

辆通过后，栏杆落下，完成操作。

②出入口判断车型一致但与实际车型不符：正确输入车型（在放置通行卡之前，如果车型输入错误，可连续按两次“更改”键更改）；回收并刷 IC 通行卡，屏幕显示绿色“↓”图形，并提示“读卡成功”；驾驶员提出异议，认为车型不符时，通知监控室和收费班长查验其证件；经确认后，按两次“更改”键，重新输入正确车型，车道控制机自动报警多媒体计算机自动抓拍车道车辆图像并存储；人工唱收报价；收取通行费后按“放行”键，打印发票，栏杆抬起，并在《收费员当班记录》上详细记录时间、车号、变档情况、入口站号、收费金额等有关信息同时上报监控室值班员备案；车辆通过后，栏杆落下，完成操作。

③无卡车：驾驶员无通行卡；报值机通知班长到现场处理；耐心讲解政策，驾驶员同意该征收规定后；输入正确车型，连续按两次“无卡”键；根据计算机显示的金额，人工唱收报价；收取通行费后按“放行”键，打印发票，栏杆抬起，并在《收费员当班记录》上详细记录时间、车型、车号、收费金额等有关信息同时上报监控室值班员备案；车辆通过后，栏杆落下，完成操作。

根据管理要求，无卡车的驾驶员除要赔偿 IC 通行卡的工本费外，再按可行驶最远距离交纳通行费。

④U 行车：正确输入车型（在放置通行卡之前，如果车型输入错误，可连续按两次“更改”键更改）；回收并刷 IC 通行卡；屏幕提示“U 行”，显示绿色“↓”图形，并提示“读卡成功”，车道控制机自动显示入口地址、车型、应收金额和卡号；人工唱收报价；收取通行费后按“放行”键，打印发票，栏杆抬起，并在《收费员当班记录》上详细记录时间、车号、收费金额等有关信息同时上报监控室值班员备案；车辆通过后，栏杆落下，完成操作。

所谓 U 行即出入口地址相同，此类车辆的通行费征收标准按政府相关规定执行。

⑤欠费车：正确输入车型（在放置通行卡之前，如果车型输入错误，可连续按两次“更改”键更改）；回收并刷 IC 通行卡；屏幕显示绿色“↓”图形，并提示“读卡成功”，车道控制机自动显示入口地址、车型、应收金额和卡号；人工唱收报价，驾驶员确无足额现金交费；上报监控室通知班长到场处理，为驾驶员办理自愿抵押手续，按规定估价存放好抵押品；连按两次“欠费”键，再按“放行”键，栏杆抬起，并在《收费员当班记录》上详细记录时间、车号、欠费金额、抵押品存放地点等有关信息同时上报监控室值班员备案；车辆通过后，栏杆落下，完成操作。

⑥无卡军车：军车无通行卡；报值机通知班长到现场处理；详细核实情况，耐心讲解政策；输入正确车型，连续按两次“无卡”键，再连按两次“军车”键；如系人为丢失通行卡，需收取 IC 卡成本费，发给相应票据；按“放行”键，栏杆抬起，并在《收费员当班记录》上详细记录时间、车号、收费金额等有关信息同时上报监控室值班员备案；车辆通过后，栏杆落下，完成操作。

⑦出入口车牌不符：输入车型（在放置通行卡之前，如果车型输入错误，可连续按两次“更改”键更改）；回收并刷 IC 通行卡，屏幕显示出入口车牌照号码差别很大；按收费键盘上“调图”键进行调图，如一致按屏幕提示通行费收取通行费，不一至则选择相应选项按相关规定进行收费；收费员确认已收取应缴纳的金额后，按“确认”键，打印发票，栏杆抬起，将时间、车号、车型、卡号入口站号和收费金额额上报监控室并在《收费员当班记录》上详细记录；车辆通过后，栏杆落下，完成操作。

⑧IC 卡损坏的操作：输入车型（在放置通行卡之前，如果车型输入错误，可连续按两次“更改”键更改）；回收并刷 IC 通行卡；屏幕无显示，如 IC 卡无明显人为损坏迹象，则判断为自然损坏；收费员询问驾驶员入口站名，并将车号、卡号和入口站名上报监控室；值机确认无误后，连按两次“卡号”键，输入 10 位卡号（高位以“0”补足）；输入入口两位站名号，按计算机显示金额

收取通行费(如为人为损坏则略过此项,且需收取 IC 卡成本费);收取通行费后按“放行”键,打印发票,栏杆抬起,并在《收费员当班记录》上详细记录;车辆通过后,栏杆落下,完成操作。

根据管理要求,人为损坏通行卡的驾驶员除要赔偿 IC 通行卡的工本费外,再按可行驶最远距离交纳通行费。

模块四 非正常情况的报告和处理流程

1. 出口特殊情况的报告和处理

①降档车:必须上报监控室通知亭外班长或机动人员到场确认后方可操作,并在《收费员当班记录》上详细记录时间、车号、降档流程、入口站号、核定吨座位和通行卡卡号,同时上报监控室记录。

②无卡车:驾驶员表示无通行卡后,必须上报监控室通知班长到现场处理,要耐心宣传有关车辆无卡情况下的征收规定,必要时可出示有关文件规定,处理完毕后需在《收费员当班记录》上详细记录时间、车牌号、车型,并报监控室记录备案。

③U 行车:读写通行卡后发现车辆 U 行,需在《收费员当班记录》上详细记录时间、车型、车号、通行卡卡号、收费金额,并报监控室记录备案。

④欠费车:正常读写通行卡,报出应收金额后,如驾驶员确无现金交费的,应上报监控室并通知班长到场,对驾驶员自愿抵押的有价物品进行估价,填写《欠费抵押物品登记表》,并妥善放置收费站规定地点。处理完毕后需在《收费员当班记录》上详细记录时间、车号、车型、欠费金额、抵押品存放地点等有关信息同时上报监控员备案。

⑤超时车:读写通行卡后,屏幕提示“行驶时间 × × 小时”,应认真询问驾驶员超时行驶的具体原因,必要时查看有关证明材料,并将时间、入口站号、超时车辆车号和超时原因报监控室记录备案,得到确认后收费放行,同时在《收费员当班记录》上详细记录。

⑥无卡军车:军车无卡的,应首先询问驾驶员的入口站号和车号,并上报监控室,请求查验,如确实未领卡,则上报监控室记录时间、入口站号、车号、车型等信息后放行。如属人为丢卡,则需收取 IC 卡成本费再放行,同时在《收费员当班记录》上详细记录。

⑦无卡公务车持临时公务通行证:输入车辆正确车型,验证临时公务通行证,在《收费员当班记录》详细记录车号、证号并上报监控室记录备案,得到确认后按军车处理进行作业。

⑧自然坏卡:输入车型刷卡后,屏幕无显示且 IC 卡无人为损坏的迹象,收费员应询问驾驶员入口站名,并将卡号和入口站名上报监控室。监控室确认此卡发出时间和入口站无误后,收费员输入正确车型,连按两次“卡号”键,输入卡号和两位数和入口站名号,按计算机显示金额收取通行费。同时在《收费员当班记录》上详细记录时间、入口站号、车号和金额,并报监控室记录备案,坏卡单独存放上交监控室。

⑨人为损坏通行卡:输入车型刷卡后,屏幕无显示且 IC 卡有人为损坏的迹象,收费员应立即上报监控室,监控室确认后收费员输入正确车型,连按两次“卡号”键,输入卡号,按计算机显示金额收取通行费。同时在《收费员当班记录》上详细记录时间、车型、车号、卡号和金额,并报监控室记录备案,坏卡单独存放上交监控室。

⑩一车两卡:将两张卡卡号上报监控室,以确认哪张卡为车辆本次通行所领取;询问驾驶员另一卡的来源,经过监控室的查询确认后,如该车有逃费行为,按规定处理;如该车无逃费行为,没收另一卡。同时详细记录时间、车型、车号、两卡卡号和收费金额,并将相关信息报监控

室记录备案。

⑪串换通行卡：详细询问与该车换卡的另一辆车车号等特征，并将特征上报监控室，并令驾驶员写明经过。对该车按政策规定的征收标准加收通行费，并在《收费员当班记录》上详细记录时间、车号、卡号和金额等信息，下班后，将卡交至监控室恢复。

⑫无卡车找到通行卡：收费员将卡号上报监控室，通过查询确认该卡是否为该车上次通行时的通行卡；经监控室确认后，输入正确车型，读写该通行卡，打印出票据交驾驶员，同时收回原打印发票，退还差价；收费员在原打印发票背后写明事情经过，通知班长签字，并在《收费员当班记录》上详细记录时间、车号、卡号和金额等信息，同时报监控室记录备案；下班后，原打印发票在监控室值班员和值班站长签字后，按票面金额冲减上缴通行费。

⑬出口通行卡显示“此卡已用过”：收费员首先询问驾驶员是否还有一张通行卡；如有，按一车两卡处理；反之，将卡号报监控室，同时记录时间、车号和卡号；经监控室确认后，按两次“卡号”键输入卡号和入口站号收费；收费员在《收费员当班记录》上记录时间、车号和卡号并报监控室记录备案。

⑭闯卡车：发现闯关车辆，立即拉响报警器，并记录车号、车型、时间、车道，报告班长和监控室，并在《收费员当班记录》上做好详细记录。

⑮货车无重：货车无重根据规定按最低标准进行收费，收费员应在《收费员当班记录》上详细记录时间、车号和最低收费金额等，并报监控室记录备案。

2. 入口特殊情况的报告和处理

①发卡过程遇坏卡：在《收费员当班记录》上记录发现坏卡的时间、卡号，并报监控室备案；将该卡放置他处，另换通行卡读写；下班后将该卡交监控室确认并上交票据员，并在IC卡核销单中注明；性能不稳定的IC卡经确认，按照坏卡处置。

②刷卡后车辆退回：在《收费员当班记录》上详细记录车号、卡号、车型和原因；收回IC卡单独存放；按两次“上班”键强制落杆；将上述信息上报监控室备案；下班后，将该卡送监控室恢复后上交票据员。

③发卡过程中IC卡显示“此卡已用过”：在《收费员当班记录》上详细记录卡号、时间，同时报监控室；将该卡放置它处，重新换一张卡读写；下班后，将卡交至监控室，确定该卡最近一次读写的收费员、时间和车道，并恢复后上交票据员。

3. 收费现场特殊情况报告和处理程序

(1)收费道口发生紧急情况

①收费道口若发生抢劫、火灾等特殊情况，当班收费员应立即采用脚踏报警器或对讲系统通知监控室值班员。收费员在报警的同时，要尽力保护好票、款、卡等物品，头脑冷静、听从指挥。

②立即报告收费班长，采取果断措施，保护国家财产和收费人员的人身安全，控制事态的扩大、发展，必要时迅速组织人员离开现场。

③监控室值班员接到报警后，应立即抓拍重要过程情节，并上报监控分中心和相关领导。

④如事态严重，扩大到难以控制时，班长要在最短时间内通知上级领导，并通知监控室值班拨打110或119。

⑤如人员发生伤亡时，现场所有收费人员要全力以赴进行抢救，并立即拨打120对伤员进行抢救。

⑥收费员和监控室值班员应做好有关记录工作和资料的保存工作。

(2)收费车道发生堵车排队

①正常情况下,如因为车道未开足造成的排队现象,收费班长应立即组织人员增开车道,保证畅通。

②如有蛮横驾驶员不配合工作,堵塞收费车道,班长要组织收费员开启新车道,亭外人员做好疏导工作。

③如在缴费过程中车辆出现故障不能行驶时,应开启新的车道,同时通知排障车现场清障。

④因驾驶员在缴费过程中,车辆损坏路面及收费设施的,保护现场,通知路政处理,疏导其他车辆改道行驶。

⑤遇有驾驶员无钱缴费,交班长处理。

⑥如堵车情况短时间难以解决且后续流量大,班长应立即报告值班领导,采取相应措施缓解交通压力。

(3)道口发生交通事故

①将事故和伤亡情况报监控室。

②如事故现场有人员受伤,首先抢救伤员。

③如事故车辆堵塞道口,立即调整人员开启备用车道。

④保护好现场,组织人员进行车辆的疏导工作,确保交通畅通。

模块五 当班记录的填写

收费员当班填写的记录主要包括收费、发卡工作所涉及的各类领用、核销单据的填制,以及《收费员当班记录》、《收费现场工作记录》等台账。

1. 收费工作单据填制

(1)IC 通行卡回收单(表 2-19)

××高速公路 IC 通行卡回收单

________年________月________日　　　NO:0003748　　　表 2-19

上交 IC 卡______________________张(大写) 其中坏卡______________________张(大写)

票据员:　　　　　　　　　　　　　　　　　　　　　上交人:

1)该单据用于收费员班后核销回收的 IC 通行卡。

2)填制方法

①日期:填写收费员实际当班的日期,如 2007 年 8 月 7 日。

②上交 IC 卡数:填写本班次共回收的 IC 通行卡总数(大写)。

③坏卡数:指本班次所回收 IC 卡中的坏卡数(大写),如无,则填“零”或划“/”。

④上交人:填本人姓名。

⑤本单据一式三联:留存;票据员记账;会计记账。

(2)现金交款单(表 2-20)

××高速公路路网收费现金交款单　　　　表 2-20

江苏省高速公路路网收费现金交款单

________年________月________日

交款单位	××高速公路公司　管理处					开户银行	
款项来源	车辆通行费	收费员		工号		账号	
人民币（大写）						百 十 万 千 百 十 元 角 分	
券别 / 数额	一百元	五十元	二十元	十元	五元	合计金额	收款银行盖章
整把券							
零张券							月　日

收款复核：　　　　　　　　　　　　　　　　收款员：

1）该单据是收费员班后解缴现金的交款单。

2）填制方法

①日期：填写收费员实际当班的日期，如 2007 年 8 月 7 日。

②交款单位：填写收费员所在站隶属的管理处或公司名称。

③开户银行：指本公司解缴通行费所指定的银行名称。

④收费员：填本人姓名。

⑤工号：填写收费员的工号。

⑥账号：填写开户银行指定的通行费解缴专款账号。

⑦人民币：该栏填写当班所收取的车辆通行费总额（大写），左侧栏写小写，并在顶头使用“￥”号。

⑧整把券和零张券：分别对应填写相应的钞票张数。

⑨合计金额：填整把券和零张券的对应金额。

⑩本单据一式三联：收费员留存；票据员记账；银行记账。

（3）通行费票据核销单（表 2-21）

1）该单据是用于收费员班后核销通行费和打印票据的单据。

2）填制方法

①日期：填写收费员实际当班的日期，如 2007 年 8 月 7 日；班次：早班填 1 班、中班填 2 班、夜班填 3 班，而不是收费员所在班组的编号；道口：指收费员当班期间所在车道的编号，如“出口 1 道”。

②定额票据：不填写上期结存份数和本期领入份数，如当班期间使用了定额票据，则分类填写，如当班期间用了 75 元定额票据（票号分别为 0000756、0000458、0000369 的伍拾元、贰拾元和伍元各一张），则填写格式见（表 2-21）。

③打印发票：上期结存份数填写的数字为上一班结束后收费员个人手中所结存的份数，本期领入份数指当班所发生的领入数，如当班未领则不填写，起号填写上班时第一张发票的票号，止号填写下班时最后一张发给驾驶员的票号，份数可用止号减去起号加 1 计算获得。

④金额：指打印票据的金额，不是所收取的全部通行费金额，如未使用定额票据，两者数额一致，如使用了定额票，则需用总金额减去定额票据的金额。

⑤本期结存数：该栏填写下班后所结存的打印票据数量，本期结存数 = 上期结存数 + 本期

领入数－本期使用数。

⑥备注样:分别填写当班期间所发生的特殊情况的对应金额。

⑦合计金额;填写本班次收取的全部通行费金额(大写)。

⑧制表:填写收费员姓名。

⑨本单据一式三联:票据员记账;现金记账;留存。

××高速公路通行费票据核销单

表 2-21

NO:0012800

班次:　　　道口:　　　　　　年　　月　　日

序号	票据名称		上期结存份数	本期领入份数	本期使用数				本期结存份数
					起号	止号	份数	金额	
1	定额发票	5 元			0000369	0000369	1	5	
		10 元							
		20 元			0000458	0000458	1	20	
		50 元			0000756	0000756	1	50	
		100 元							
2	打印发票								
备注	上交多余款　元　角;欠费　元　角;加收　元　角; 月票　元　角;弃票款　元　角。								
合计	拾万　万　仟　佰　拾　元　角整　¥								

收款(签字):　　　　票据(签字):　　　　制表(签字):

2. 发卡工作单据填制

(1)IC 通行卡领用单(表 2-22)

××高速公路 IC 卡领用单

表 2-22

年　月　日

NO:0010008

领到 IC 卡＿＿＿＿＿＿张(大写)

票据员:　　　　领用人:

1)该单据用于收费员本班次领用 IC 通行卡时填写。

2)填制方法

①日期:填写收费员实际当班的日期,如 2007 年 8 月 7 日。

②领到 IC 卡数:填写本班次共领用的 IC 通行卡总数(大写)。

③领用人:填本人姓名。

④本单据一式三联:留存;票据员记账;会计记账。

(2)收费员 IC 通行卡核销单(表 2-23)

××高速公路收费员 IC 卡核销单

表 2-23

______班______车道　　年　　月　　日　　NO:0011500

核销				备注
领用	使用	上交	坏卡	

票据员:　　　　收费员:

1)该单据用于收费员核销本班次发放的 IC 通行卡时填写。

2)填制方法

①日期:填写收费员实际当班的日期,如 2007 年 8 月 7 日。

②班次:早班填 1 班、中班填 2 班、夜班填 3 班,而不是收费员所在班组的编号。

③车道:指收费员当班期间所在车道的编号,如"入口 1 道"。

④领用:填写本班次共领用的 IC 通行卡总数,应与表 2-22 的领用数一致。

⑤使用:填写收费员本班次期间实际发放的 IC 通行卡数。

⑥上交:指班后上交给票据员的总剩余卡数,其中应包括坏卡数。

⑦坏卡:指本班次上交的不能正常读写的 IC 通行卡数,其中含车辆调头退还的写入信息的通行数。

⑧备注:填写非正常情况。

⑨收费员:填本人姓名。

⑩本单据一式三联:留存;票据员记账;会计记账。

3. 当班台账的填制

(1)收费员交接班记录(表 2-24)

收费员交接班记录

表 2-24

班次:早班　中班　夜班　　　　班组:一班 二班 三班 四班

工号:　　　　日期:　　年　　月　　日

交接班情况	1. 备用金:收到　　　　元(金额大写)。
	2. 设备运行:①正常;②异常(原因)
	3. 移交事项
	4. 亭内卫生:①良好;②未打扫干净(原因)

交班人:　　　　接班人:

1)该台账用于收费员亭内交接班时填写使用。

2)填制方法

①班次:对照实际当班时间进行"√"选。

②班组:填写收费员所在班组的建制编号。

③工号:指收费员本人的工号。

④日期:填写收费员实际当班的日期,如2007年8月7日。

⑤备用金:填写站部规定的备用周转金的数额(大写)。

⑥设备运行:写明本班次收费设备的运行情况,如异常要写明具体情况。

⑦移交事项:指本班次中所发生的且需要向下一班人员说明的情况,如监控室通知拦截的车辆本班未拦到,需下一班继续拦截的,即可写清情况和车牌。

⑧亭内卫生:写清卫生情况,未打扫要注明原因。

⑨交班人:指当班的收费员本人。

⑩接班人:指下一班的收费员。

(2)收费现场工作记录(表2-25)

收费现场工作记录 表2-25

日期:

班次		时间	_时至_时	天气	
现场情况处理					
移交事项					

交班班长: 接班班长:

1)该台账用于收费班长交接班时填写使用。

2)填制方法

①日期:填写收费员实际当班的日期,如2007年×月×日。

②班次:填写本班组实际上班的班次。

③时间:指本班次具体的工作时间段,如8:00~16:00。

④天气:填写当班时间的天气情况。

⑤现场情况处理:填写本班次期间所发生的各类特殊情况,如闯关车、退卡、设备运行情况等,以用上级交待的各类临时情况等。

⑥移交事项:指本班次中所发生的且需要向下一班班长说明的情况,包括移交的物品。

⑦交班人:指当班的收费班长。

⑧接班人:指下一班的收费班长。

模块六 假币识别

1. 假币的鉴别方法

①观察法(眼看)。将可疑券币与真券、票样和真假票币鉴别手册所列的特征进行观察对比,发现纸质、颜色、花纹、图案、冠字号码、票面规格大小、水印等的不同,判别其真伪。

②触摸法(手摸)。人民币纸张采用棉短绒加木浆制成,具有纤维长、强度高、耐用的特点,并采用凹版、凸版和平版印刷。假币大都为平版印刷,手感光滑、纸质较差。所以,用手触摸可疑券币的纸质、冠字号码、花纹、图案等进行判别,看是否有凹凸感。

③光线透视法。将可疑券币用强光透视,对面值、号码、水印、图案位置等进行观察,看水

印、人物图像有无立体感、颜色有何异同。

④工具法。借助紫光灯、测磁仪和放大镜等工具对可疑券币的图案、底纹、花纹、面值、号码、国徽进行局部放大观察，与真券币进行对比，看颜色、油墨、线条、笔画是否有差异，有无磁性和荧光反映。

此外，还有水浸法、化学分析法利仪器分析法等。

鉴别假币的方法很多，最关键的是收费人员必须熟悉人民币的特征。

2. 第五套人民币的防伪特征

①水印：第五套人民币 100 元、50 元为毛泽东人头像固定水印；20 元为荷花固定水印，10 元为玫瑰花，5 元为水仙花，1 元为兰花。2005 版在冠号下方有白水印面额数字。

②红、蓝彩色纤维：在第五套人民币 1999 版 100 元、50 元、20 元、10 元、5 元的票面上，可看到纸张中有红色和蓝色纤维（2005 版取消此措施）。

③安全线：第五套人民币 1999 版 100 元、50 元为磁性微文字安全线；20 元为明暗相间的磁性安全线；10 元、5 元为正面开窗全息安全线。2005 版第五套人民币为全息开窗安全线，50 元和 100 元的窗开在背面，20 元、10 元、5 元开在正面。

④手工雕刻头像：第五套人民币所有面值纸币正面主景毛泽东头像，均采用手工雕刻凹版印刷工艺，形象逼真、传神，凹凸感强。

⑤隐形面额数字：第五套人民币各面值纸币正面右上方有一装饰图案，将票面置于与眼睛接近平行的位置，面对光源作平面旋转 45°或 90°角，可看到阿拉伯数字面额字样。

⑥光变面额数字：第五套人民币 100 元正面左下方用新型油墨印刷了面额数字“100”，当与票面垂直观察其为绿色，而倾斜一定角度则变为蓝色。50 元则可由绿色变成红色。

⑦阴阳互补对印图案：第五套人民币正面左下角和背面右下方各有一圆形局部图案，透光观察，正背图案组成一个完整的古钱币图案。2005 版 100 元、50 元的互补图案在左侧水印区的右缘中部。

⑧雕刻凹版印刷：第五套人民币中国人民银行行名、面额数字、盲文面额标记等均采用雕刻凹版印刷，用手指触摸有明显凹、凸感。1999 版 1 元和 2005 版各面值正面主景图案右侧，有一组自上而下规则排列的线纹，采用雕刻凹版印刷工艺印制，用手指触摸，有极强的凹凸感。

⑨号码（凸印）：第五套人民币 1999 版 100 元、50 元为横竖双号码，横号为黑色，竖号为蓝色；其余面额为双色横号码，号码左半部分为红色，右半部分为黑色。2005 版 100 元、50 元为双色异型号码，中间大两边小。

⑩胶印缩微文字：第五套人民币 100 元、50 元、20 元、10 元等面额纸币印有胶印缩微文字“RMB100“、“RMB50”、”RMB20“、“RMB10”、“RMB5”等字样，大多隐藏在花饰中。

⑪专用纸张：第五套人民币采用特种原材料由专用抄造设备抄制的印钞专用纸张印制，在紫外光下无荧光反应。较新的纸币在抖动时，会发出清脆的响声。

⑫变色荧光纤维：第五套人民币在特定波长的紫外光下可以看到纸张中随机分布有黄色和蓝色荧光纤维。

⑬无色荧光图案：第五套人民币各券别在正面行名下方胶印底纹处，在特定波长的紫外光下可以看到面额阿拉伯数字字样，该图案采用无色荧光油墨印刷，可供机读。

⑭有色荧光图案：第五套人民币 100 元背面主景上方椭圆形图案中的红色纹线，在特定波长的紫外光下显现明亮的桔黄色；20 元券背面的中间在特定波长的紫外光下显现绿色荧光图案；50 元券背面在紫外光下也会显现图案。

⑮胶印接线印刷:第五套人民币100元正面左侧的中国传统图案是用胶印接线技术印刷的,每根线均由两种以上的颜色组成。

⑯凹印接线印刷:第五套人民币背面最大的面额数字和正面左侧面额数字是采用凹印接线技术印刷的,两种墨色对接自然完整。

⑰缩微文字:第五套人民币在正面右上方装饰图案中印有凹印缩微文字,在放大镜下,可看到“RMB100”、“RMB20”等与面值对应的字样。背面左下角最大的面额数字中间,布满了小的白色面额数字。在其右方的数条平行线,上边几条由连续的“RMB”组成,最下面一条由连续的“人民币”字样组成。

⑱磁性号码:用特定的检测仪检测,1999版100元、50元的黑色横号码和20元、10元、5元的双色横号码中黑色号码有磁性,可供机读。

⑲雕隐形文字:第五套人民币各面值大多包含浮雕隐形文字,位置有的在人像两侧,有的在背面顶部或底部。如100元的为“RMB100”字样。

3. 以第五套(1999版)100元券人民币为例对真假人民币进行对比与说明(图2-26)

图2-26　1999版100元券

(1)固定人像水印

真币:纸张抄造中形成人像水印,层次丰富、立体感很强(图2-27a))。

假币:在纸张夹层中涂布白色浆料并模压水印图案,或直接在纸张表面盖印浅淡图案,层次及立体感较差(图2-27b))。

(2)磁性缩微文字安全线

真币:嵌于纸张内部,仪器检测有磁性(图2-28a))。

假币:无磁性或磁性特征不稳定(图2-28b))。

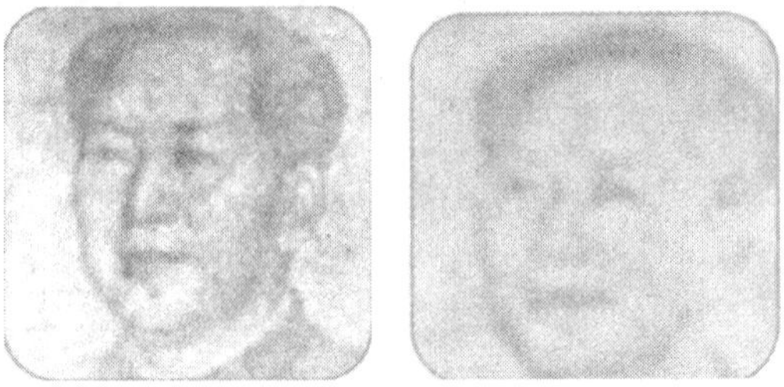
a)　　b)

图2-27　固定人像水印

a)真币;b)假币

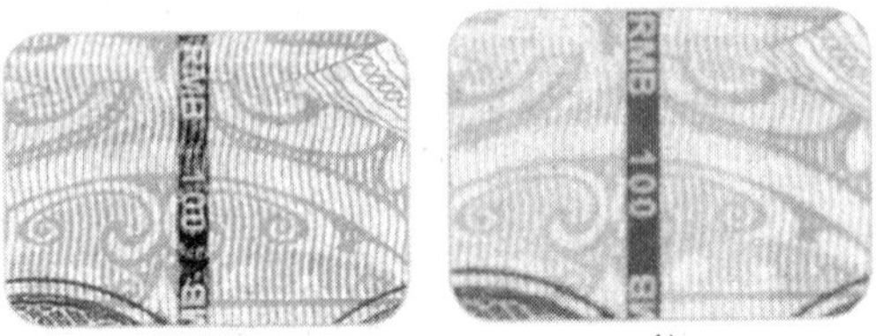
a)　　b)

图2-28　磁性缩微文字安全线

a)真币;b)假币

(3)手工雕刻头像

真币:形象逼真,线条清晰,凹凸感强(图2-29a))。

假币:线条模糊,无凹凸感(图2-29b))。

(4)隐形面额数字

真币:将钞票置于与眼睛接近平行的位置,面对光源做平面旋转45°或90°角,即可看到面额数字“100”,字形清晰(图2-30a))。

假币:无隐形效果,有的则将面额数字用胶状物涂于表面,平视可见(图2-30b))。

(5)光变油墨面额数字

真币：随视角变化，颜色变化明显，由绿色变成蓝色。(图2-31a))。

假币：变化无规律或无变化(图2-31b))。

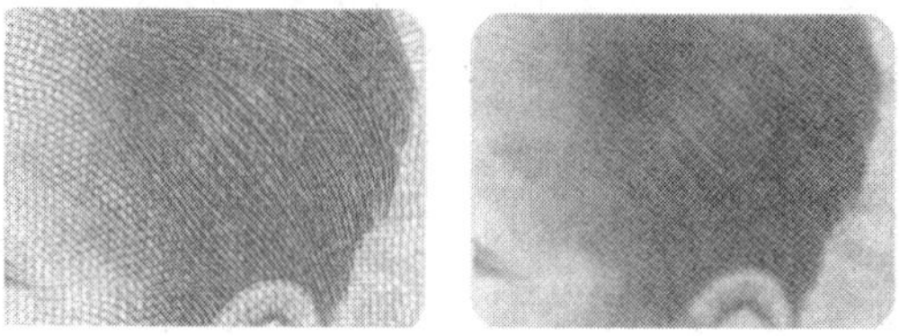

a) b)

图2-29　手工雕刻头像

a)真币；b)假币

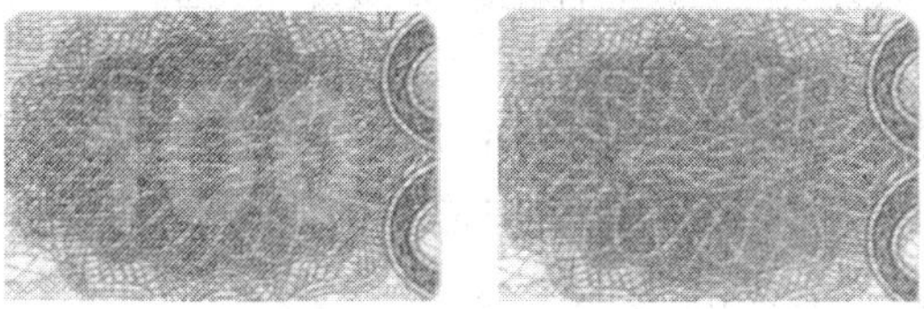

a) b)

图2-30　隐形面额文字

a)真币；b)假币

(6)阴阳互补对印图案

真币：正背图案重合，组成完整的古钱币图案(图2-32a))。

假币：正背图案错位(图2-32b))。

a) b)

图2-31　光变油墨面额数字

a)真币；b)假币

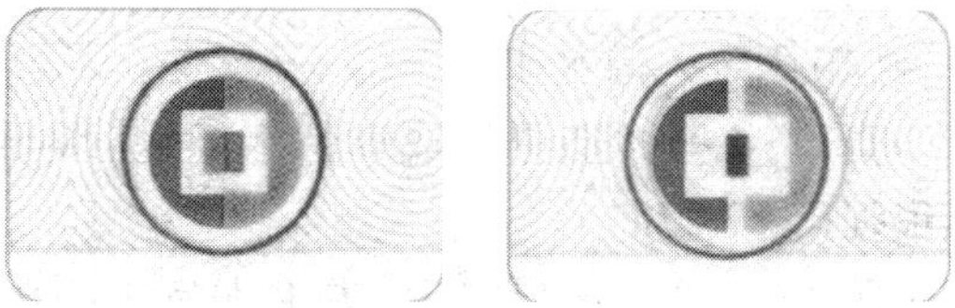

a) b)

图2-32　阴阳互补对印图案

a)真币；b)假币

(7)雕刻凹版印刷

真币：用手指触摸有明显的凹凸感。

假币：全胶印，手感平滑。

(8)红、蓝彩色纤维

真币：纸张抄造中施放在纸浆里，随机分布。

假币：印刷于纸张表面。

(9)胶印缩微文字

真币：在放大镜下，字型清晰。

假币：字型模糊。

(10)横竖双号码

真币：横号码为黑色，竖号码为蓝色。

假币：颜色与真币有差异。

课题四　结 交 票 款

结交票款是通行费征管工作中一项重要的基础管理工作，是对通行费征收业务进行管理和监督的一个重要环节。规范票款结交工作，对及时、准确反映通行费征收计划的执行，检查票据使用情况，跟踪通行卡流转提供了可靠的依据。

模块一　现金票款的清点程序

现金、票款、通行卡的清点，是完成通行费解交、票据核销的基本途径，是收费站内部核算的基本方法。规范现金、票款、通行卡的清点工作，是促进通行费征管工作顺利开展的一项重要基础工作。

1. 通行费的清点

通行费的清点是指收费员对本班次所收全部通行费的清点和整理工作。

(1)通行费清点的程序

收费员下班后对所收通行费进行清点，先以手工初点，先点大数后点小数，先点主币后点辅币，先点大额票面后点小额票面，边初点边验钞，并按收入现金券别、张数、金额进行计算出通行费征收金额。

①收费员按照工作程序交接班，按照通行费的面值分类，对当班期间收取的通行费进行整理。

②将面额较大的人民币(如100元、50元)按照每20张一叠，100张一把归类整理，对面额较小的(如20元、10元、5元)进行清点，留下金额与备用金相等的小额现金作为备用金，移交下班收费员。

③将通行费整理包扎完毕后，放入收费员工作箱。

④收费员下班至工作室后，对所有通行费进行清点，先以手工初点，先点大数后点小数，先点主币后点辅币，先点大额票面后点小额票面，边初点边验钞，并按收入现金券别、张数、金额进行计算出通行费征收金额。

⑤将清点的通行费征收金额与《通行费征收班报表》进行核对，核对一致的，填写《通行费交款单》，核对有差异的，按照长、短款处理流程进行处理，确保账实一致。

⑥与《收费站通行费收入班统计表》核对出现长款的，多余通行费作为长款，填写在《通行费票据核销单》金额栏"上交多余款"栏，与值机室核对出现短款的，短款金额作为收费员工作差错，由收费员自行负责补齐差额后，填写在《通行费票据核销单》。

⑦当班发生欠费、加收、弃票等情形，将相应的金额分别填写在《通行费票据核销单》"欠费"、"加收"、"弃票"栏。

⑧通行费清点过程中，要注意假币和残币的识别，出现假币所产生的通行费金额差额，由收费员负责补充相应的差额，出现残币的按照中国人民银行相关残币兑换的标准进行兑换，出现差额的由收费员负责补充。

⑨将清点完毕、核对一致的通行费，按照券别扎把后，放入点钞机进行复点，复点准确后扎把装入通行费交款专用袋，用通行费专用封条封包。

⑩封包完毕，将通行费专用封条上加盖收费员私章，在班长的集中组织下，将通行费专用袋投入通行费专用保险柜。

(2)通行费的计算

通行费的计算，是指收费员对当班期间所收通行费总额的计算。

通行费计算的方法:通行费=亭内现金总额-备用金金额。

【例2-10】　××收费员，交接班时亭内现金总额为15200元，该亭备用金这2000元，与《收费站通行费收入班统计表》核对一致。

则该收费员当班所收通行费 = 15200 - 2000 = 13200 元。

(3)通行费的清点方法

通行费清点可采取手工清点或点钞机清点两种方式。通行费清点应按照单种面额单次清点,金额累加,总额合计的办法进行清点,避免不同面额现金之间的混淆。

(4)假币识别

识别假币主要有观察法、触摸法(手摸)、光线透视法、工具法等4种基本方法。此外,还有水浸法、化学分析法利仪器分析法等。

鉴别假币的方法很多,最关键的是收费人员必须熟悉人民币的特征。

(5)残币兑换相关规定

根据《中国人民银行残损人民币兑换办法》相关规定,属于下列情况之一,能辨别真假和面额的残损人民币,金融机构应向持有人按原面额全额兑换:

①票面剩余四分之三(含四分之三)以上,剩余部分的图案、文字不得是拼凑的。

②票面有污损、熏焦、水湿、油浸、墨渍、变色、腐蚀等情形的。

③已流入市场的人民币在生产过程中发生的蹭脏、折角、裁切偏斜、水印倒置、漏印、重码等情形的。

④硬币出现穿孔、裂口、压薄等情形,且能识别图案、文字的。

⑤残损人民币票面剩余二分之一(含二分之一)至四分之三以下(不含四分之三),剩余部分的图案、文字能按原样连接的,金融机构应向持有人按原面额的一半兑换。

⑥兑付额不足一分的,不予兑换;五分券按半额兑换的,兑付二分。

2. 票据的清点

票据的清点是完成核销票据的一项基础工作,票据的清点分收费员清点和票据员清点两级。收费员清点是指收费员负责本人票据领用、使用、积存情况的清点;票据员清点是指对收费员票据领用、使用、积存情况的核实。

(1)票据清点的程序

①收费员清点由收费员根据当班期间使用票据的实际情况,查看当班票据领用、使用、积存数量,查看票据的起、止号。

②根据上期结存数量、实际使用数量和本期结存数量,与《收费站通行费收入班统计表》核对无误后,相应地填写《通行费票据核销单》中的“上期结存份数”、“本期领入份数”、“本期使用数——起号、止号”和“本期结存份数”。

③票据员清点由票据员根据收费员填写的《通行费票据核销单》中各项目的数量,对照《收费站通行费收入班统计表》相关数据以及收费员实际积存票据的情况,核对“上期结存份数”、“本期领入份数”、“本期使用数——起号、止号”和“本期结存份数”等相关项目是否准确。

(2)票据使用数量的计算

票据使用数 = (通行费票据止号 - 通行费票据起号) + 1

(3)票据清点的方法

票据清点按照积存票据序号由小到大的顺序,从起号开始至止号逐张清点,清点完毕后按照票号顺序,整齐存放在收费员工作箱。

3. 通行卡的清点

通行卡的清点是完成通行卡核销的一项基础工作。工作通行卡的清点分收费员清点和票据员清点两级。收费员清点是指收费员负责本人通行卡领用、使用、上交情况的清点,票据员清点是指对收费员票据领用、使用、上交情况进行核实。

(1)通行卡清点程序

①收费员下班后,对回收和积存的通行卡进行清点。

②当班收费员收费时,清点回收通行卡,回收通行卡数量应与《收费站出口车道通行卡回收班报表》一致。

③当班收员发卡时,清点积存通行卡为上交通行卡,上交通行卡数 = 领用通行卡数 - 使用通行卡数。使用数应与《收费站通行卡发放班统计表》一致。

④票据员清点由票据对照《收费站出口车道通行卡回收班报表》、《收费站通行卡发放班统计表》,清点收费员通行卡实际数量,分别核对收费员通行卡"上交数"、"使用数"等项目是否准确。

(2)通行卡的计算

通行卡回收数等于《收费站出口车道通行卡回收班报表》中"通行卡实交数"。

通行卡上交数等于通行卡领用数减去《收费站通行卡发放班统计表》中"实际发卡数"。

(3)通行卡清点的方法

纸质通行卡的清点与票据清点方法一致,按照积存通行卡的序号由小到大顺序,从起号开始至止号逐张清点,清点完毕后按照通行卡的种类,顺序整齐存放在收费员工作箱。电子通过卡的清点可采取人工清点和点卡机清点两种方法。手工清点可根据卡的数量,确定相应的清点方法,通行卡清点完毕后按照50张/扎的标准进行整理。通过卡的清点过程中,要注意对坏卡的识别,清点过程中发现的坏卡按照自然损坏卡处理。

模块二 台账记录填写

接交票据台账记录是反映通行费解交、票据使用和通行卡流转的原始工作记录。准确记录票、卡、款各类工作台账,是收费员必须具备的一项基本技能,是确保通行费征管工作正常开展的一项基础工作。

1. 票据台账记录填写的基本要求

①票据台账填写应按照客观、准确、及时的要求进行填写,单个工作日结束后,应按照工作要求,填写相关的工作记录。

②根据台账的制式,一般应使用黑色圆珠笔或签字笔进行填写,不得使用红色笔或铅笔填写。

③一式多联的台账具有复写功能的按照要求使用,不具备复写功能应使用复写纸。按照每联的功能,相关人员签字后进行交接。

④台账使用应按照台账序号顺序使用,不得跳号使用,填写错误作废的记录,应保留在原台账中,不得随意撕毁。

⑤台账记录中使用数字的栏目,应按照台账记录要求分清数字大小写记录,符合基本的财务管理要求。

⑥台账记录是重要的核算依据,原则上专人领用、专人使用,不得转借作用,使用完毕后应作为工作台账进行归档保存。

⑦台账记录的各栏目应按照要求填写,不得涂改,相关栏目更改应符合更改要求。

2. 通行费解交单的填写

填写通行费解交单是完成通行费解交的一项基础工作,是准确反映通行费解交情况的依据,是检查和监督通行费接交情况的一项重要原始凭证。

【例 2-11】 工号为304009的收费员，2007年×月×日收取通行费52035元，其中100元人民币220张，50元人民币506张，20元人民币120张，10元人民币206张，5元人民币55张。

以【例2-11】为例填写《现金交款单》(表2-26)。

表2-26

××公路路收费现金交款单

2007年 × 月 × 日

<table>
<tr><td>交款单位</td><td colspan="14">××公路</td><td colspan="2">开户银行</td><td colspan="2">××银行</td></tr>
<tr><td>款项来源</td><td>车辆通行费</td><td>收费员</td><td>××</td><td>工号</td><td colspan="10">304009</td><td colspan="2">账号</td><td colspan="2">××××××</td></tr>
<tr><td rowspan="2">人民币
（大写）</td><td rowspan="2" colspan="5">伍万贰千零叁拾伍元</td><td>百</td><td>十</td><td>万</td><td>千</td><td>百</td><td>十</td><td>元</td><td>角</td><td>分</td><td colspan="4"></td></tr>
<tr><td></td><td>¥</td><td>5</td><td>2</td><td>0</td><td>3</td><td>5</td><td>0</td><td>0</td><td colspan="4"></td></tr>
<tr><td>券别
数额</td><td>一百元</td><td>五十元</td><td>二十元</td><td>十元</td><td>五元</td><td colspan="9">合计
金额</td><td colspan="4" rowspan="3">收款银行
盖　章

月　日</td></tr>
<tr><td>整把券</td><td>2</td><td>5</td><td>1</td><td>2</td><td>0</td><td colspan="9">49000</td></tr>
<tr><td>零张券</td><td>20</td><td>6</td><td>20</td><td>6</td><td>25</td><td colspan="9">3035</td></tr>
</table>

收款复核：　　　　　　　　　　　　　　　　　　　　　　收款员：

3．票据核销单的填写

票据核销单的填写是完成票据核销的一项基础工作，填写票据核销单是准确反映票据实际领用、使用、积存情况的重要依据，是监督票据使用情况的凭证，是收费员完成票据日常管理工作的重要内容。

【例 2-12】 工号为304009的收费员，2007年×月×日领取通行费打印发票2000张（起号为40958001，止号为4096000），上期积存194张（起号为40931807，止号为40932000），当日共用打印票为325张，本期积存打印票为1819张，当班期间，使用定额票75元，其中5元定额票1张（起号为505006，止号为505006），10元定额票2张（起号为503018，止号为503019），50元定额票1张（起号为501023，止号为501023）。

以【例2-12】为例填写《票据核销单》(表2-27)。

表2-27

××公路通行费票据核销单

班次：　　　道口：　　　2007年 × 月 × 日

序号	票据名称		上期结存份数	本期领入份数	本期使用数				本期结存份数
					起号	止号	份数	金额	
	发票定额	5元			505006	505006	1	5	
		10元			503018	503019	1	20	
		20元							
		50元			501023	501023	1	50	
		100元							
	打印发票		194	2000	40931807	40932000	194		
					40958001	40958131	131		1819
备注	上交多余款　元　角；欠费　元　角；加收　元　角； 月票　元　角；弃票款　元　角。								
合计	拾万　万　仟　佰　拾　元　角整　¥								

收款(签字)：　　　　　　　　票据(签字)：　　　　　　　　制表(签字)：

4. 通行卡核销单据的填写

通过卡核销单据的填写，是完成通行卡核销、回收工作的基本内容，填写通行卡核销单据是准确反映通行卡领用、使用、积存、回收情况的凭证，是监督检查通行卡日常管理工作的重要依据。

(1)通行卡回收单据的填写

《通行卡回收单》是反映收费员在收费作业时，回收通行卡情况的单据，是上交回收通行卡的凭据。

【例2-13】 ××收费员2007年×月×日收费期间共回收通行卡1050张，其中坏卡2张，该收费员下班后填写《通行卡回收单》(表2-28)，上交回收通行卡。

××公路通行卡回收单 表2-28

2007年×月×日 No.0000000

上交通行卡____1050____张(大写) 其中坏卡____2____张(大写)

票据员： 上交人：

(2)通行卡核销单据的填写

《通行核销单》是反映收费员在收费作业时，通行卡领用、使用、上交情况的单据。

【例2-14】 ××收费员，2007年×月×日领用通行卡1050张，上岗收费期间，共发放通行卡张1020张，其中在发卡过程中发现坏卡1张，该收费员下班后填写《通行卡核销单》(表2-29)。

××公路通行卡核销单 NO:0011500 表2-29

__×__班__×__车道 2007年×月×日

核　销				备注
领用	使用	上交	坏卡	
1050	1020	30	1	

票据员： 收费员：××

模块三 票卡结算程序以及安全规定

票卡结算程序是通行费解交、票据、通行卡领用、使用、回收与核销的工作流程，票、卡、款的安全管理是确保票、卡、款安全运行，保障整个收费站通行费征管工作秩序的重要工作，明确票、卡结算流程和工作要求和安全管理规范，对保障通行费征管安全运行和规范通行费征管工作具有重要的现实意义。

1. 票、卡、款的结算流程

(1)票据的结算流程

收费站票据的结算流程一般为：票据的领入和发放→票据的使用→票据的稽核→票据的清查→票据的保管→票据的核销。收费员票据结算流程一般为：票据的申领→票据的使用→票据的核销→票据的保管。

1)票据的领入和发放

票据的领入和发放是指各级通行费征管部门从上一级领入票据并发入给下一级的过程。领入了发放票据时必须认真填写《通行费票据申领计划表》，对票据的名称、数量、序号、金额逐项进行核对，确认无误后领票人与发入人必须签字。发放时应按序号从小到大，不得跳号发放。

2）票据的使用

票据的使用是指通行费收费人员收取通行费时付给车主票据的过程。在票据的使用过程中收费员必须严格按照票据使用范围专票使用，不得相互代替使用。票据须按序号使用，在使用前应认真清点，如发现空号、跳号或号码错乱等废票时，必须全本停止使用，逐级退回，原发入单位应冲减原领用票据。各种票据使用前不清点，使用中发现差错，由使用人按差错金额予以赔偿。

3）票据的稽核

收费员在当班收费工作结束后，应实事求是地填写票据核销单据，写清使用票据的序号，按实际使用张数，清点通行费收入，查验票据、通行费是否相符。核对无误后到会计部门报收入账，由会计人员与票据管理员共同核查其票据、通行费解交数；复核无误后在征费交款单上签字后返回收费员收据联。

4）票据的清查

为加强通行费票据管理工作，各级通行费征管部门必须定期进行票据的清查工作，基层征管部门票据清查主要是自查。收费员、票据管理员对各收费员和本单位票据领用、使用、积存、保管等情况进行自查，对使用情况应与日记账核对，对票据保管是否符合要求进行自查。

5）票据的保管

票据的保管是指收费员对领用的票据，按照票据管理的要求进行保管，以确保票据的安全。

6）票据的核销

收费员票据核销是指收费人员在完成收费工作后，对所领用的票据进行核销，填写票据核销单，明确票据领入、使用、积存等情况。

（2）收费站票据结算流程

1）票据申领

①收费站票据员根据本站出口车流量，向管理处财务部门申报通行费票据领用计划，申领通行费打印发票和定额票。

②每月根据通行费票据的实际使用情况，制作月度票据使用情况报表，报管理处财务部门。

③票据员根据申报计划，到管理处财务部门领取通行费票据。当场清点核对验收，确认无误后，办理申领手续完结后，将票据入库。验收中发现异常情况的，应及时与财务部门票据负责人沟通。

④按照实际领用量，票据员做好票据账目登记。

2）票据保管

①票据入库后，票据员严格按照票据保管要求，做好票据保管工作。

②通行费打印发票放置在库房专用票柜，定额票必须进入保险柜。

③严格按要求，做好票据房的防火、防盗、防霉、防鼠、防虫工作，经常性检查票据的保管情况，确保处于良好状态。

④经常性盘查票据的库存数量，确保账实相符。

3）票据领用

①收费员根据本站出口流量，到票据室领用相应数量的通行费票据。

②核对领用票据无误后，办理相关票据领用手续。核对中发现异常情况的，收费员应当场与票据员沟通。

③领取票据后，收费员应将票据放置在收费员工作箱后，保管在工作柜中。

④票据员根据每日实际领用数，做好票据账务的登记。

4)票据核销

①收费员根据当班实际使用数量和领用数量，填制通行费票据核销单。

②票据核销单各栏要填写正确，确保做到账票款相符。

③将收费员上交的票据核销单与对账表核对一致后，由票据员在票据核销单上签字确认。

④票据员根据票据核销单，做好相应的账务登记。

5)票据稽核

① 票据员根据票据总账，做好库存打印票据的盘点核对，确保账票相符。

②票据员会同其他管理人员，对收费员票据领用、使用、保管情况进行稽查，核查票据的起号、止号与核销记录是否相符，保管是否符合票据管理要求。

③票据员会同其他管理人员，对收费员工作柜、工作箱进行稽查，核查是否出现违反票据管理相关规定的情形，发现异常情况，立即向领导汇报。

④任何个人不得私自转借打印票据。

6)票据丢失

①因收费员管理不当或其他原因造成账票不相符时，由收费员按规定标准赔偿。

②因票据员管理不当或其他原因造成账票不相符时，由票据员按规定标准赔偿。

7)弃票和废票

①因打印机卡纸或其他原因造成打印票据无法使用时，该张打印票由收费员注明原因，交收费班长、当班监控室值班员和站长签字，作废票处理，填制废票单。下班后，收费员将废票单交票据室。

②票据员根据废票的具体原因，作相应的账务处理。

③驾驶员交费后未拿的打印票据，收费员应在打印票背面记录时间、车号，并报值机室。交收费班长、当班监控室值班员和站长签字后，作弃票处理，填制弃票单。下班后，收费员将弃票单交票据室。

④票据员做好弃票的账务登记。

(3)通行卡的结算流程

收费站通行卡的结算流程一般为:通行卡领入和发放→通行卡的领用→通行卡的稽核→通行卡的调配→通行卡的保管→通行卡的核销。收费员通行卡结算流程一般为:通行卡的申领→通行卡的使用→通行卡的核销→通行卡的保管。

1)通行卡的领入和发放

通行卡的领入和发放是指上级通行费征管部门，根据各收费站入口流量情况，核定相应数量的通行卡发放至收费站，以确保收费站正常运行。

2)通行卡的领用

通行卡的领用是指收费人员根据当班发卡所需要的通行卡，从票据管理部门领取相应数量的通行卡的过程。

3)通行卡的稽核

收费卡的稽查是指通行费征管部门按照通行卡管理的相关规定，检查通行卡领用、使用、核销、保存等工作环节，是否符合相关工作要求。

4）通行卡的调配

通行卡的调配是指上级通行费征管部门，根据各收费站入口通行发入情况和出口通行卡回收的动态情况，相应的调入或调出通行卡，以确保通行卡正常流转，由监控室值班员负责在通行卡管理系统进行通行卡的调入和调出。

5）通行卡的保管

通行卡的保管是指票据员、收费员按照通行卡相关工作要求，对通行卡进行保存和管理，确保通行卡的安全运行，是通行卡管理工作中的一项重要工作。

6）通行卡的核销

通行卡的核销是指收费人员根据当班发入或回收的通行卡，按照既定的流程上交或核销通行卡。

（4）收费站通行卡结算流程

1）站级通行卡管理系统运行

①监控室值班员负责站级通行卡管理系统的日常管理和维护，当班期间，检查系统运行情况，出现异常情况应及时向班长报告。监控室值班员根据情况作相应维护，无法解决的应及时报上级通行费征管部门，尽快恢复系统正常运行。

②按照系统运行的实际要求，做好通行卡管理系统的通行卡日常管理、坏卡管理和系统维护。

2）通行卡的调配

①票据员根据站内通行卡的实际运行情况，科学做好通行卡需求和积存情况的分析和预测。

②根据本站进、出流量比照，及时做好通行卡调拨的准备工作。

③进口流量小于出口流量时，盘点多余通行卡入库。次月初，将多余通行卡盘点后，移交监控室值班员，双方当面清点核对，由监控室值班员负责在通行卡管理系统中调出，次日移交票据员，双方当面清点核对。票据员将调出通行卡送至上级通行费征管部门，并办理好通行卡调出相关手续。当日登入通行卡日记账，确保账实相符。

④进口流量大于出口流量时，做好通行卡需求量统计和预测，及时向上级通行费征管部门通行卡管理员报告，并根据实际需求量，向上级通行费征管部门调入通行卡。由票据员到上级通行费征管部门领取通行卡，或根据上级通行费征管部门指令，到相关单位调拨，并办理通行卡调入手续。调入通行卡领回后，票据员移交监控室值班员，双方当面清点核对，由监控室值班员负责调入通行卡管理系统，次日移交票据员，双方当面清点核对。票据员将调入通行卡登入通行卡日记账。

⑤站级通行卡调入或调出中，监控室值班员发现坏卡时，应及时做好记录，并在与票据员移交中做好说明，调配数量应相应地减去坏卡数量，坏卡应做好明显标识。

3）通行卡的库房管理

①库房日常通行卡进入库房通行卡专柜，票据员做好通行卡的日常消毒、防霉等具体维护工作。

②票据员做好库房通行卡日常管理。库房通行卡以 50 张/捆保管，坏卡做好标识，分开放置。

③票据员每日做好通行卡日记账的登记工作，并相应地做好库存通行的卡的盘点核对，确保账物相符。

④票据员每日与监控室值班员核对系统中库存量，发现差异及时查明情况，并做好库存的维护，确保库存的准确性。

⑤任何个人不得私自截留或转借通行卡。

4）通行卡的领用

①收费员根据常规流量，到票据室领取相应的通行卡，当场在票据室清点核对，发现通行卡破裂或弯折等明确损坏的，当场由票据员更换。

②通行卡领用核对无误后，收费员在通行卡领用单据上签字确认。

5）通行卡的发放

①收费员按照收费员上岗操作流程，做好入口车辆通行卡的发放。

②遇有恢复卡或坏卡，按照通行卡恢复和坏卡管理程序执行。

③收费员必须严格执行操作程序，任何个人不得发生入口空刷通行卡。

6）通行卡的核销

①收费员根据当班领用数和发放数，做好通行卡核销单据的制作，备注栏注明通行卡恢复、坏卡和其他非正常情况说明。

②核销通行卡时，收费员与票据员当面清点核对，并根据通行卡发放统计表确认核销无误后，由票据员在通行卡核销单据签字确认。

7）通行卡的恢复和坏卡管理

①遇有车辆退出，需要恢复卡时，报告监控室值班员和班长，恢复卡做好标识。下班前交监控室值班员恢复，并在通行卡核销单据上做好记录。

②监控室值班员在班报表、日报表中，对通行卡的恢复、坏卡等各类非正常情况，要进行明确的说明。

③发卡过程中发现通行卡无法读写时，做好标识，放于一边。下班后上交票据室。

8）通行卡丢失和损坏

①本站员工因管理不当发生通行卡丢失，按照规定标准，收取通行卡成本赔偿费。由票据员开具收款收据，注明通行卡成本赔偿费。所赔款项由票据员上交给管理处财务科。

②驾驶员发生通行卡损坏，由当班班长出示相关政策依据，按照规定标准，收取通行卡成本赔偿费。由当班班长发放通行费定额发票，注明通行卡成本赔偿费，加盖站名章、日期和使用人印章。监控室值班员作为加收款，录入当班通行费报表。

（5）通行费的结算流程

通行费的结算流程一般为：通行费的收取→通行费清点→解交会计室→解交银行通行费专项账户→返回通行费解交单据。

1）通行费的收取

通行费的收取是指收费人员按照相关通行费征收法规、政策，依法对过往交费车辆收取通行费的过程。收费人员必须严格按照收费标准执行，做到"应征不漏，应免不收"。

2）通行费的清点

通行费的清点是指收费人员对收取的通行费进行清点整理的过程，通行费金额必须与《收费站通行费收入班统计表》进行核对无误。

3）通行费的解交

通行费的解交是指收费人员收取通行费后，按照上级通行费征管部门的要求，全额上交收费站会计部门。

4）银行解交

银行解交是指收费站会计人员将本站所收通行费，按照规定的程序，全额解交银行通行费专项账户。

5）返回通行费解交单据

返回解交单据是指银行将通行费解交单据返回收费站会计部门。

（6）收费站通行费结算流程

1）通行费核销单的填制

①收费员下班后，在本班工作室清点当班所收取的通行费。

②填写通行费和通行卡核对单，交于班长，由班长与监控室值班员进行核对。

③核对一致后，按要求准确填写通行费票据核销单。

④核对不一致的，查明原因。并作再次核对，核对一致后，再准确填写通行费票据核销单。

⑤监控室值班员在确认核对正确后打印报表，若有特殊情况，在报表中作明确说明。

2）现金交款单的填制

①准确填写现金交款单所列各项（站名、收费员、工号、大小写金额）。

②填写金额应与所收金额相一致。

③大写金额应与小写金额相一致。

④整个填写过程要态度端正、字迹清楚、规范。

3）通行费的投放

①收费员将通行费封存在包中，并在包上注明日期、金额、班次、工号等，并加盖私章。

②收费班长仔细核对收费员所填写的现金交款单，确保各项填写正确。

③收费班长将填写正确的交款单和现金专用包一起投放进电子钱柜中。

4）通行费票据的核销

①收费员准确填写票据核销单各项，确保账、票、款相符。

②票据员根据监控室值班员提供的报表，核对票据核销单。确认核销无误后，由票据员在票据核销单上签字确认。

5）与银行的解交

①票据员将上日通行费收入解交银行，确保解交款与报表金额相符。

②票据员清点上交包数，与银行收款人员各自签字确认。

③票据员清点银行现金交款回单数量，并签字确认。

2. 票、卡、款的安全规定

通行费票据、通行卡、通行费的安全管理是整个通行费征收管理工作的一项重要内容，是收费员岗位必须掌握的一项基础技能要求。规范票、卡、款的安全管理，是确保通行费征收工作顺利进行的一项基础性保障工作，全体收费征管人员必须按照各岗位安全职责，落实好票、卡、款日常安全管理的各项要求，确保票、卡、款整个运作流程的安全。

（1）票据、通行卡的安全管理

①收费站票据、通行卡的保管必须严格落实“三专”要求。专人，是指收费站必须对票据、通行卡管理实施专人负责，建立票证管理岗位责任制。专房，是指收费站必须设立票据专用库房，为票据、通行卡保管工作提供硬件保障。专柜，是指票据保管必须按照票据、通行卡的种

类，各类票据、通行卡设立专门的票据保管柜，实施分类保管。

②收费站票据、通行卡保管要抓好日常“六防”工作。防火，是指收费站票据库房、票据专柜的设置，应该符合消防安全管理要求，配合必须的消防器材，票据、通行卡保管人员熟悉票据火灾的种类和相关的防火知识，掌握基本的消防技能。防霉，是指收费站票据库房、票据专柜应保持整洁、通风，按照票据保管的要求控制好相应的温度和湿度要求，经常性检查票据、通行卡的保管情况，确保不发生票据、通行卡霉变情况。防盗，是指收费站票据、通行卡保管要符合单位财务内保管理要求，配备相应的内保防范措施，建立相关票据安全保管制度，确保不发生票据、通行卡被盗事件。防蛀，是指抓好票据、通行卡的日常防蛀工作，收费站票据库房、工作室等场所应保持整洁通风，根据各种季节的特点，组织必须的防虫检查工作，防止发生票据、通行卡虫蛀现象。防鼠，是指票据保管的防鼠工作，票据库房、工作柜的设置上注意密封，票据库房内严禁出现零食等现象，抓好日常的防鼠检查工作。防丢，是指票据、通行卡的整个运行必须严格履行各种领用、核销等手续，明确各岗位的工作职责，防止发生票据、通行卡丢失的情况。

③收费站应建立票据管理岗位责任制，设立票据、通行卡账本，对各种票据、通行卡的领入、保管、使用、稽核、结存等情况进行详细登记，保证账票相符，账表相符。票据员要每月定期对库存票据、通行卡进行检查，不定期对收费员保管的票据、通行卡进行抽查，并与相关记录进行核对，确保票据、通行卡的完好性、正确性。

④票据、通行卡实行按人发放，双方核查无误后，共同签字完成发放、领用手续。票据、通行卡的领用、发放记录是记录票据、通行卡运行的基本凭证，双方必须严格履行手续，并做好相关记录的保存。

⑤票据、通行卡实行每班核销制。为准确掌握票据、通行卡的运行情况，票据、通行卡实行每班核制度。收费员完成一个班次的工作后，应立即到票据室进行票据、通行卡使用情况的核销，票据员应核对收费员票据、通行卡的领用、使用、积存等情况，并做好相关信息的检查核对工作。

⑥收费站票据员应建立健全票据、通行卡账目。按照收费员的工号分别建立明细账，并做到日清月结，要做好与收费站各类工作报表的核对，发现问题要及进查找，并向领导报告。

⑦收费员领用票据、通行卡后，必须存入专用工作箱，妥善保管，相互之间不得擅自借用、调配票、卡。收费站票据、通行卡为专用票证，未经同意，任何人不得将票据、通行卡带出收费站工作区域。

⑧收费站内部应加强站内票据、通行卡领用、使用、保管情况的检查，发现异常情况应及时查找问题，必要时应向上级部门报告。

⑨票据、通行卡的差异调剂由上级通行费征管部门统一负责，收费站间不得擅自调剂。收费员间票据、通行卡的差异由站票据员负责统一调剂，收费员不得擅自借调票据、通行卡。

⑩票据使用或保管的相关责任人变动时，必须办理有关交接手续。

(2)通行费的安全管理

通行费的安全管理是一项政策性和严肃性很强的工作，是维护国家财经纪律和法律法规的一项重要工作，任何单位和个人不得违反征收政策，私自侵占、挪用和贪污通行费收入。通过加强通行费的安全管理，可以检查通行费征收工作是否严格执行财经纪律及有关法律法规，是否全额上交通行费，有无侵占、挪用和贪污等行为，从而防止违法乱纪、损害公共利益的行为发生。

①收费站通行费保管必须严格落实“三专”要求。专人，是指收费站必须对通行费管理实施专人负责，建立通行费管理岗位责任制。专房，是指收费站必须设立专门用于存放通行费保险柜（箱）或电子钱柜的房间，为通行费保管工作提供硬件保障。专柜，是指用于通行费保管的保险柜（箱）或电子钱柜必须实行通行款专用原则，其他票款不得占用。

②收费站通行费保管要抓好日常“六防”工作。即防火、防霉、防盗、防蛀、防鼠、防丢，具体要求与票证管理“六防”要求相同。

③收费站应建立通行费管理岗位责任制，设立通行费专用账本，对各种收入、解交等情况进行详细登记，保证账票相符，账表相符。

④通行费出入保险柜（箱）或电子钱柜的手续。通行费出入保险柜（箱）或电子钱柜坚持双人入柜，双人出柜，无关人员不得进入钱柜工作区域，

⑤票据员、会计员必须将通行费凭证、账本核对相符，与通行费日报表核对无误后，将通行费投入到电子钱柜，或通行费专用保险柜。

⑥保险箱和保险柜应按规定使用，严禁将库房和保险柜钥匙交他人代开、代锁、代管，更不得互借、互换、互用。

⑦坚持通行费核查制度，每班通行费的收交情况，核销票前必须进行核对，核对无误后方可进行通行费解交手续。

⑧会计和票据部门必须安装报警装置，保险柜要专人保管、专人使用，做到“三铁一器”，铁门、铁窗、铁栅栏，报警器。要建立值班制度，会计员、票据员下班前，要认真检查办公室、库房的六窗、报警器是否完好，

⑨严格通行费的解交程序。通行费清点完毕，核对一致的通行款，按照券别扎把后，放入点钞机进行复点，复点准确后扎把装入通行费交款专用袋，用通行费专用封条封包。封包完毕，将通告费专用封条上加盖收费员私章，在班长的集中组织下，将通行费专用袋投入通行费专用保险柜。

⑩严格与银行的解交程序。收费站会计员与银行解交通行费时，要坚持双现当面开箱，当面清点，当面办理解交手续。

模块四　长短款的管理

长短款是指收费员收费过程中，因各类情况出现的通行费实际征收金额与应收通行费征金额差异的情况。实收通行费多于应收通行费的情况为长款，实收通行费少于应收通行费的情况为短款。

长短款的管理是指，为保证通行费的足额征收，足额解交，对收费过程中出现长、短款情形进行核查，按照规定要求进行处理，并监督检查长短款处理的管理过程。

1. 收费员长款的形成情形

①驾驶员在交纳通行费过程中，通行款中夹带小面额人民币，收费员在清点过程中未全面清点，造成通行费长款。

②驾驶员在交纳通行费过程中，出现现金遗漏在收费车道，收费员当场未发现，车辆离开收费道口时由亭外值勤人员发现，出现通行费长款。

③收费员在收费过程中错误清点，实际收款比应收通行款多，出现通行费长款。

④收费员在收费找零过程中出现少找驾驶员零钱，形成通行费长款。

⑤驾驶员因其他原因，交纳通行费后未等收费员找零驶离车道，形成通行费长款。

2. 收费员短款的形成情形

①收费员在收费中错误清点通行费，实际收款比应收通行费少，形成通行费短款。

②收费员在收费找零过程中出现多找驾驶员零钱，形成通行费短款。

③收费员收费过程中，由于假币识别不清，造成收取假币情形，形成通行费短款。

④收费员在收费过程中，由于现金清点不全面，造成收取残币情形，形成通行费短款。

⑤收费员在收费过程中，因其他原因造成通行费丢失，形成通行费短款。

3. 长、短款的处理

长、短款的处理，应严格执行国家财经纪律和相关法规，应本着实事求是、客观公正的原则做好通行费长、短款的处理工作。

①收费员在收费过程或通行费清点过程中，发现长、短款情形的，应立即向监控室报告，具体报告产生长、短款的时间、原因、车号等相关要素，不得瞒报、漏报。监控室应做好相关记录，以备核查。

②收费员在通行费的清点过程中与《通行费收入班报统计表》核后，确认出现长、短款后，应立即报告班长和监控室。监控室应做好相关长、短款日期、班次、工号、金额的记录，对当班期间的录像进行核查。

③收费出现长款，能查明原因的，通过收费现场录像能够找到车主的，应及时退还原主。如确实无法退还车主的，由监控室作为"长款"录入当班通行费收入班报表，并注明长款时间、工号、原因、金额等。

④通行费发生短款，核对短款金额，由收费员自行补齐差额，填写《通行费交款单位》。监控室应对收费现场录像进行审查，查明原因，能够及时追回的，追回款项退还收费员，确实无法追回的，短款差额由收费员自行负责。

⑤通行费清点过程中出现假钞的，由收费员自行负责补齐，出现残币的情形的，由会计员到银行进行兑换，兑换金额差异由收费员负责补齐。

4. 长、短款的预防措施

①收费站监控室应严格执行收费数据保密制度，不得在收费当班过程中，私自与收费员进行收费数据的核对，在收费员未完成通行款全部清点之前，不得向收费人员透露任何收费信息。

②收费员在收费作业期间，应准确、全面清点通行费，通行费清点准确后操作打印功能，放行车辆，防止收费差错的发生。

③收费员应掌握假币、残币识别的基本知识，收费作业时注意对假币和残币的识别，防止出现因收取假币、残币形成金额差错。

④收费员应注意对通行费的整理，对主币整理后应及时装入工作箱，对辅币按照面额进行分类，防止收费找零差错。

⑤发生长短款后，应立即上报，以便迅速查找长短款原因，为长款清退和短款追回提供有效信息。

模块五 点钞方法

点钞是一项专业技术，是出纳人员必须掌握的基本技能。由于我国地域辽阔，各地自然流传的点钞方法很多，常用的点钞方法有 20 多种。但从总的发展趋势来看，手工点钞基本上形成了两大体系，即手持式点钞和手按式点钞，手持式点钞优于手按式点钞，且手持式点钞的速度均高于手按式点钞。

另外，在指法上，人们正在挖掘五个手指的全部潜力，通过在指法上的巧妙变化，不断有所突破，提高点钞速度。目前点钞方法虽然很多，但归纳起来可分为手工点钞和机具点钞两种。

1. 手工点钞

所谓手工点钞，顾名思义就是不依靠任何机具，而全部运用手指技术清点钞票的方法。手工点钞是一种最原始、最基本的点钞方法。在手工点钞方法中，有些是根据各地区的习惯自然形成的，有些是经过相互学习、研究，在原基础上提高创造的。如扇面点钞主要流传于东北地区；三指、四指推动点钞主要流行于西北地区；而手持式单指单张点钞法和手持式四指拨动点钞法均已打破了地区界线，流行于全国。

(1)手持式单指单张点钞法

①持钞姿势。持钞用左手，中指和无名指中间分开，夹住钞票左端(图 2-33)，小指、无名指和中指向手心弯曲，食指伸直托住钞票背面，拇指放在钞票上面，将钞票向后压弯移到钞票侧面 1/2 处，向前稍推，使钞票微成扇形，斜面正对胸前(图 2-34)。

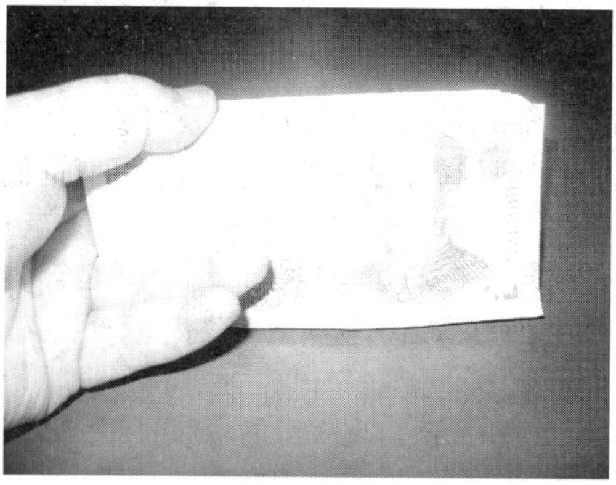

图 2-33

图 2-34

②点钞。点钞用右手，拇指在上，食指、中指在下，捏住钞票右上角(图 2-35)。用拇指向右下方将钞票捻起一张，接着用无名指将捻开的钞票向里弹出(图 2-36)，这样一捻一弹，连续动作，直至点完。

图 2-35

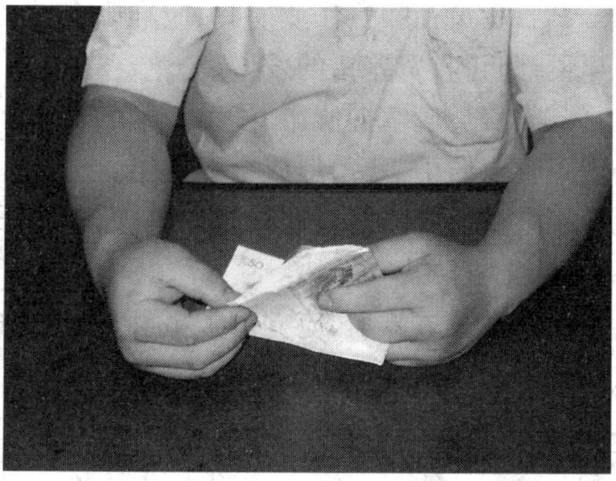

图 2-36

③记数。手持式单指单张点钞，采用逢十进一为记数法。即

1 2 3 4 5 6 7 8 9 1；

1　2　3　4　5　6　7　8　9　2；

1　2　3　4　5　6　7　8　9　3；

1　2　3　4　5　6　7　8　9　4；

1　2　3　4　5　6　7　8　9　5；

1　2　3　4　5　6　7　8　9　6；

1　2　3　4　5　6　7　8　9　7；

1　2　3　4　5　6　7　8　9　8；

1　2　3　4　5　6　7　8　9　9；

1　2　3　4　5　6　7　8　9　10。

按照每一百张为一把的规定，数到第十个“10”为止。

④点钞技巧。学练手持式单指单张点钞法，应重视两个环节：第一个环节是拇指捻钞时，肌肉要放松，拇指捻钞的快慢，直接影响点钞的速度，因此，要加强拇指部位耐力的练习；第二个环节是记数，这种点钞方法的速度和质量往往受到记数的制约，捻钞速度越快，记数的难度越大，一般应掌握记数的节奏，逢五逢十或二十，在意念上应有停顿，以控制准确性。

⑤特点。这种点钞方法姿势优美，操作轻松，在单指单张系列中速度较快，准确性高，适用面广，票面能见度较大，易挑残和识别夹版。熟练掌握这种点钞方法，时速可达1800张左右。

(2)手持式一指多张点钞法

①持钞姿势。一指多张点钞法持钞姿势与单指单张点钞法相同(图2-33)。

②点钞。点钞用右手，点钞动作基本同前，所不同的是拇指每次可捻出两张以上的钞票，最多可捻出5张，捻钞时间拇指尖伸出钞票右上角，用拇指肚先捻钞。

每次点一指两张时，拇指肚先捻第一张，指尖捻第二张(图2-37)。

每次点一指三张时，拇指肚先捻第一、二张，指尖捻第三张(图2-38)。

每次点一指四张以上，拇指肚均衡用力，捻出多张(图2-39)。每点完一组，用右手无名指弹出。

图　2-37

图　2-38

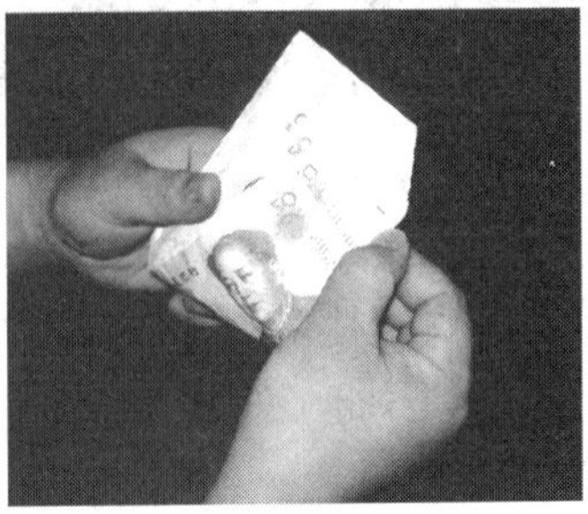

图　2-39

③记数。采用分组记数法，一指两张点钞以每次点两张为一组，每组记一个数，点到50组为100张。一指三张点钞以每次点三张为一组，点到33组剩L张为100张。一指四张点钞以每次四张为一组，点到25组为100张。

④点钞技巧。一指多张点钞法，要以拇指肚发挥作用，根据每组点钞张数的不同，拇指尖伸出钞票右上角的长短应有所不同。捻钞的同时，眼睛要看清张数，看钞票突起的地方，准确无误后再弹出。

⑤特点。一指多张点钞法是由单指单张点钞法发展而来的，属多指范畴，速度较快，也能减轻劳动强度，一般在收付、整点款中均可运用。若能熟练掌握其技巧，时速可达20000张以上。

(3)手持式中指单张点钞法

①持钞姿势。左手持钞，先将五指伸直，手心向下，中指向手心弯曲(图2-40)，夹住钞票扎纸条的一端，中指在里，食指、拇指、无名指、小指在前，拿起钞票，食指、拇指将钞票向外压，使之弯曲成半圆形，食指放至钞票左侧，拇指放在钞票上端(图2-41)。

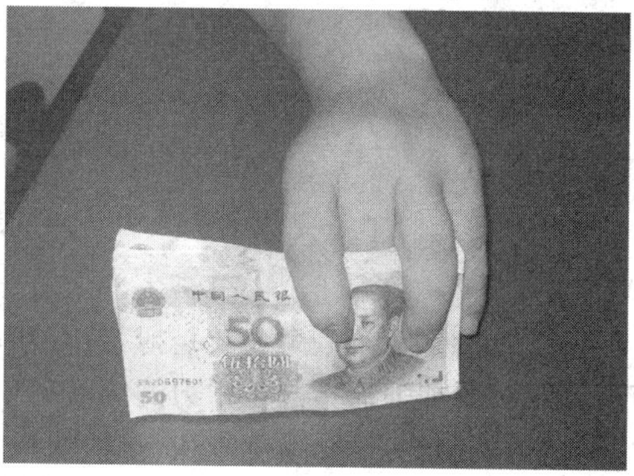

图 2-40

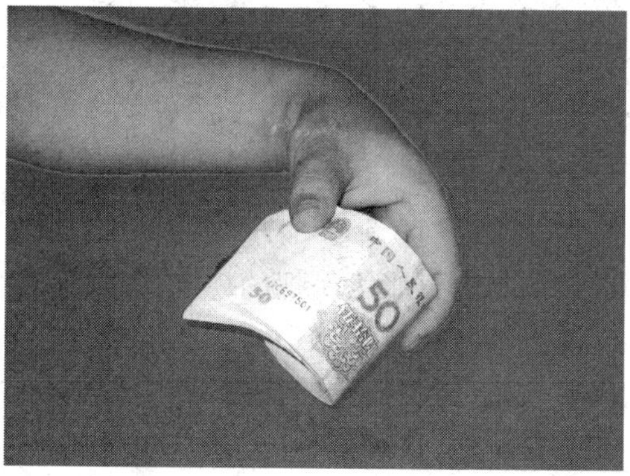

图 2-41

②点钞。点钞用右手，拇指伸直托住钞票右侧上角，用中指捻钞(图2-42)，向里拨，将钞票捻开第一张，当中指抬起捻第二张时，第一张自然落下来，这样用中指连续捻钞，直至点完(图2-43)。

图 2-42

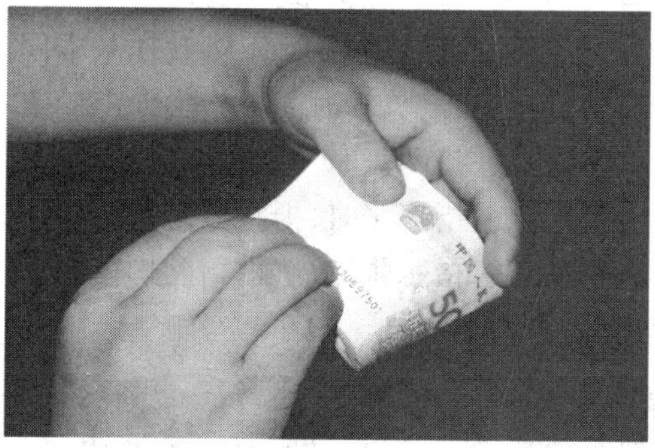

图 2-43

③记数。记数方法与手持式单指单张点钞法记数方法相同。

④点钞技巧。这种点钞方法主要用中指捻钞，中指尖用力要均匀，每次捻钞部位要固定，由于钞票捻起后直接落下，比其他单指少一个动作，因此，要用眼睛看清每次捻起的张数，防止双张落下。

⑤特点。这种点钞方法吸收了手持式四指四张点钞法持钞的特点，又发挥了中指比拇指灵活的特点，速度较快，易学，劳动强度小；中指疲劳时，还可更换食指或无名指点钞，适用于纸质较新钞票的清点。熟练掌握点钞技巧，时速可达18000张以上。

(4)手持式四指四张点钞法

①持钞姿势。持钞用左手，与手持式中指单张点钞法持钞姿势相同(图2-40)。

②点钞。点钞用右手，拇指伸直，托住钞票右侧上角微扇形的下面，食指、中指、无名指和小指弯曲(图2-44)，先由小指从钞票上角捻开第一张，其余三指依次捻起第二、第三、第四张(图2-45)，这样连续反复清点，左手拇指和中指随着右手清点逐渐移动，食指稍推票把右侧，以适应钞票逐渐减少的厚度。

③记数。采用分组记数法，每次点 4 张为一组，记一个数，点 25 组为 100 张。

④点钞技巧。点钞时要求右手四指并拢，不要伸直，要练习手指关节部位的灵活性，尽量减少腕部动作，右手拇指与食指要密切配合，用力得当，拇指压得过紧，票子不易捻开，过松则易出双张。

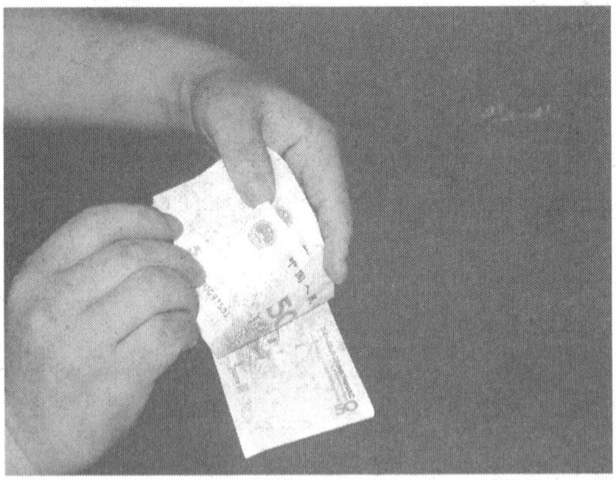

图 2-44

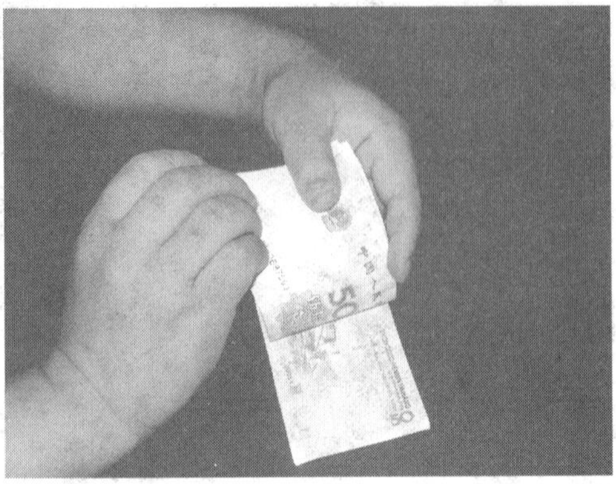

图 2-45

⑤特点。这种点钞方法是近年来普及较快的一种方法，姿势灵活，点数轻松，票面能见度较大，对主币的清点适用性最佳，在四指四张点钞诸多方法中占有一定的优势，高时速可达 30000 张以上。

(5)手持式五指五张点钞法

①持钞姿势。左手持钞，先将钞票侧面横放在点钞台上，票面朝里，左手小指在前，无名指在后，夹住钞票左端，中指、拇指扶住钞票上端两侧（图 2-46），使钞票向后弯曲成弧形，食指顶住钞票背面上端中间（图 2-47）。

图 2-46

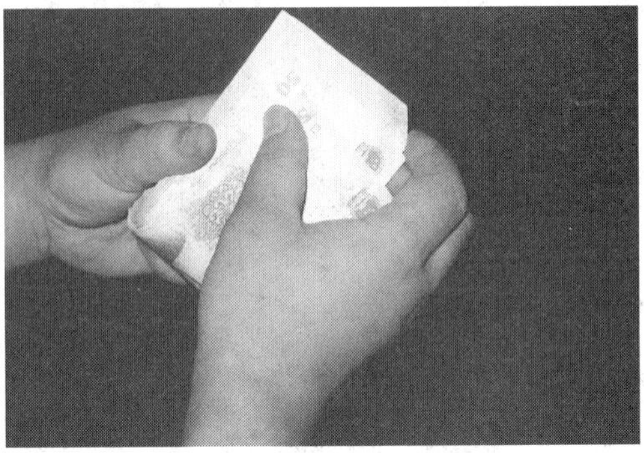

图 2-47

②点钞。点钞用右手，先由拇指开始，从左上角向右下方拨起第一张（图 2-48），接着用食指、中指、无名指、小指依次从右上角向左下方拨起第二、第三、第四、第五张（图 2-49），然后再由拇指开始，循环操作，直至点完。

③记数。采用分组记数法，每次点 5 张为一组，记一个数，点 20 组为 100 张。

④点钞技巧。手持式五指五张点钞法，要求拇指配合好，动作协调，用手指侧面捻钞。左手食指要将钞票背面顶起，便于右手捻钞。

⑤特点。五指五张点钞法，能发挥拇指的作用，但由于摩擦性差，主要依靠右手五指拨钞用力均匀，手眼配合密切，适用于复点主币。熟练掌握这种点钞方法，时速可达 25000 张左右。

(6)手持式五指十张点钞法

①持钞姿势。持钞用左手,小指在钞票左端前面,无名指在后面,夹住钞票,中指、拇指扶住钞票上端,食指顶住钞票背面中间,拇指稍用力向上推起钞票下侧的边缘,使钞票向上弯成带斜面的弧形(图 2-50)。

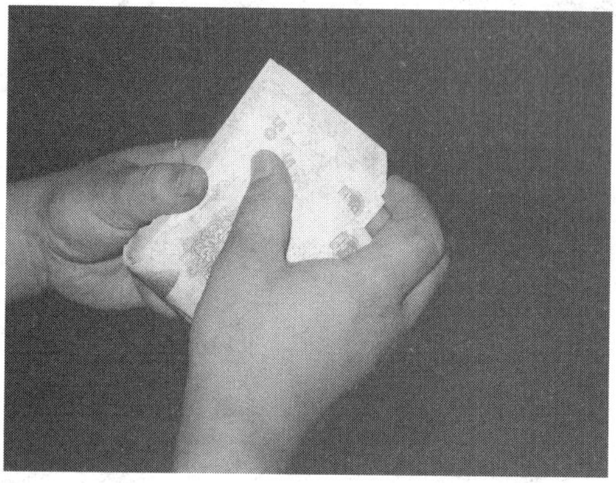

图 2-48

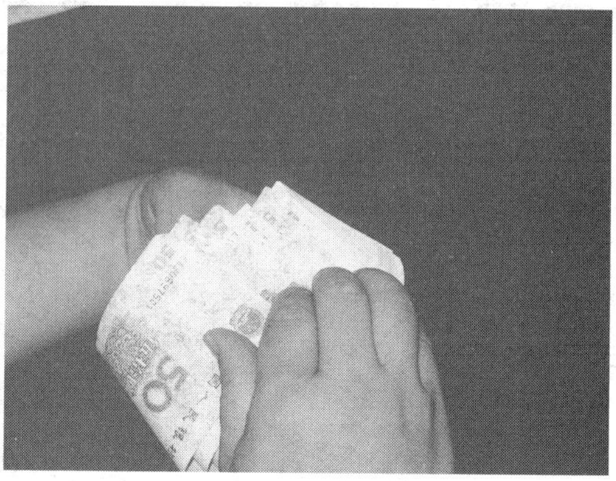

图 2-49

②点钞。点钞用右手,先用拇指触及钞票右上角的外侧,向里拨第一张,紧接着用食指拨第二张,中指拨第三张,无名指拨第四张,小指拨第五张(图 2-51),然后用无名指、中指、食指依次各拨一张(图 2-52),接着再用中指、食指各拨一张(图 2-53)共计 10 张,这样连续循环操作,直至点完。

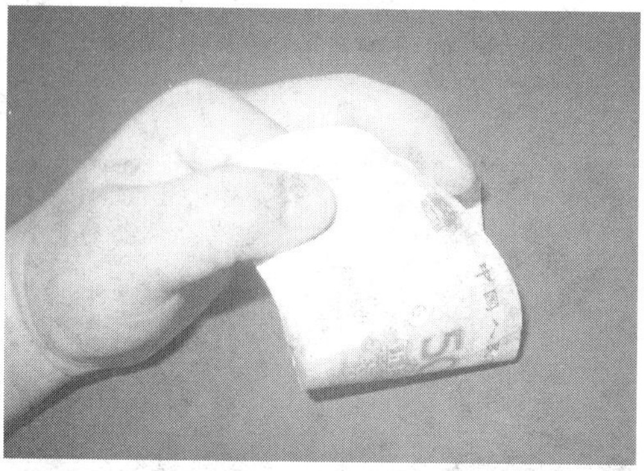

图 2-50

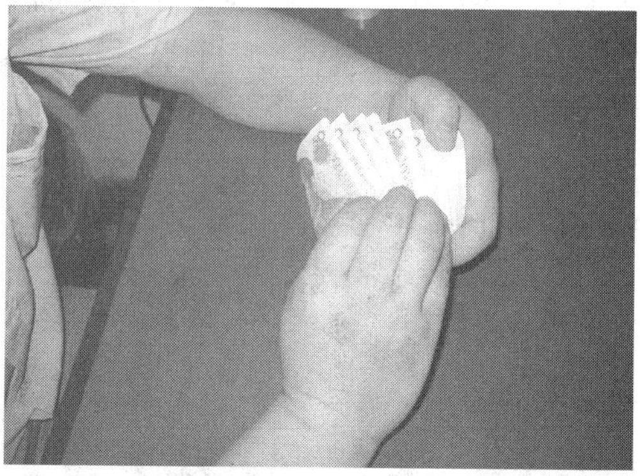

图 2-51

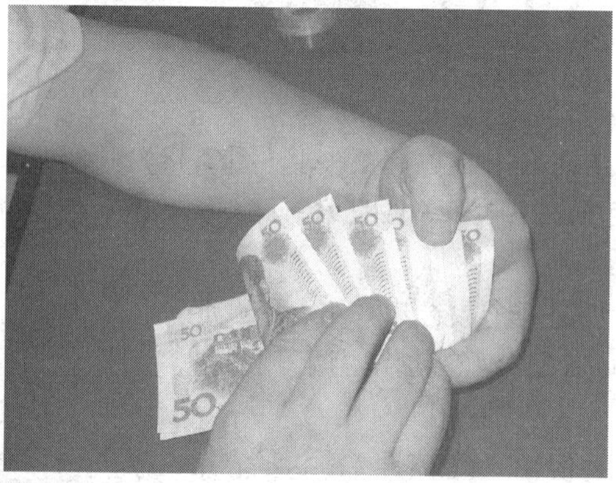

图 2-52

图 2-53

③记数。采用分组记数法，每次点10张为一组，点10组为100张。

④点钞技巧。五指十张点钞法，要充分发挥五指连续拨动钞票的作用，其中，拇指和小指各拨一次钞票，无名指拨两次钞票，中指和食指拨三次钞票，因此，要熟记每指捻钞次数和程序，每点10张要一气呵成。

⑤特点。五指十张点钞法，能够扬长避短，使中指食指发挥主要作用，每次点10张只记一个数，在多指点钞诸方法中占有一定的优势，若能熟练掌握这种点钞方法，时速可达36000张以上。

(7)手持式扇面点钞法

①开扇姿势。左手持钞，将钞票竖拿，拇指在钞票前，食指、中指在钞票后，捏住钞票左下角(图2-54)，其余两指向手心弯曲。右手拇指摸附在左手食指、中指上面(图2-55)。开扇时先以左手两指为轴心，右手食指、中指将钞票向左下方压弯(图2-56)。左手拇指同时向左捻动钞票，再用右手拇指将压弯的钞票由里向左上方推捻，食指、中指、无名指逆轴心向右捻动钞票，与此同时左手拇指配合右手捻动，右手拇指接替左手拇指轴心，由外向里捻动，使钞票成扇形(图2-57)。接着将捧在两手的扇形钞票不均匀或重叠的地方抖开，右手将左半部向左抖，右手将右半部将右抖，使扇面外圈开到25cm左右为宜(图2-58)。

图 2-54

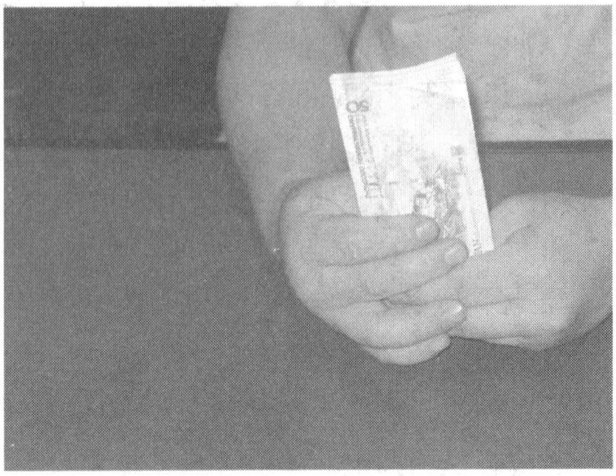

图 2-55

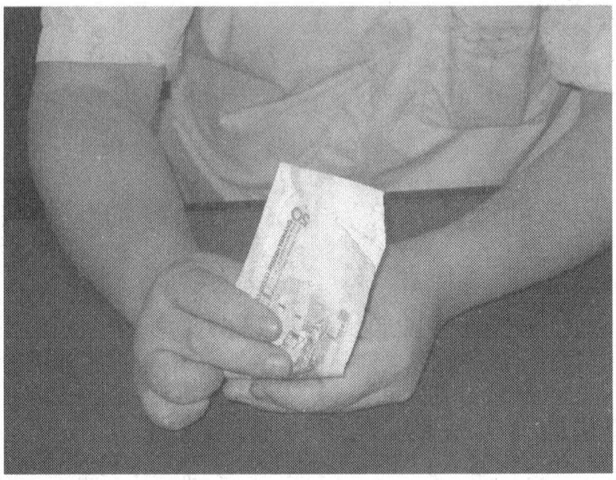

图 2-56

图 2-57

②点钞。点钞用右手，中指、无名指、小指托住钞票背面，拇指在钞票右上端，每次向下按5张或10张，按下后用食指压住，这样连续操作，直至点完(图2-59)。如果用四指交接清点时，先确定每组要清点的张数，一般点5张、7张、14张、16张均可。

以每次点5张为例,右手拇指先点第一组,按在扇面外圈2cm处,然后食指沿着扇面由右向左移动按第二组,中指、无名指依次按第三组、第四组,再重新交替到拇指,这样不停的交替清点,直至点完(图2-60)。

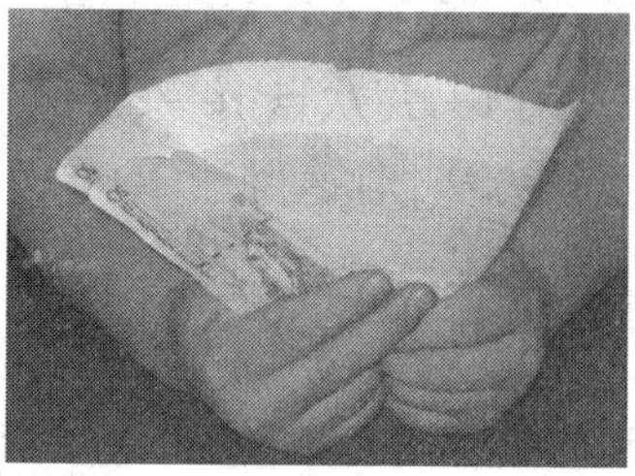

图 2-58

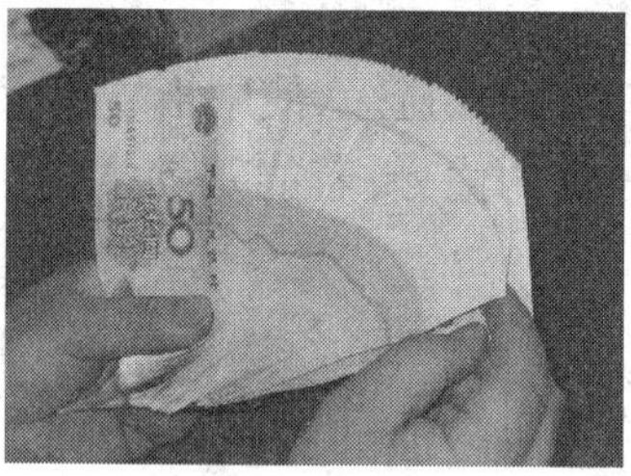

图 2-59

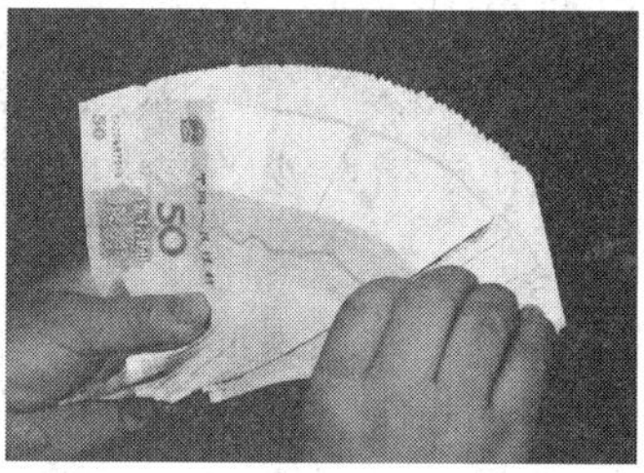

图 2-60

③记数。采用分组记数法,每组点5张,点20组为100张;每组点10张,点10组为100张;每组点14张,点7组剩2张为100张;每组点16张,点6组剩4张为100张。

④点钞技巧。扇面点钞法由两大部分组成。第一是开扇,开扇动作要快,拿、拧、抖三个环节一气呵成,达到一次开扇。打开的扇面每张钞票之间的距离要均匀,以便于清点。点数时左手要将扇面持平,并随着右手点数的速度,腕部稍向内转。同时右手和肘部也要随着点数的速度自然向左前方移动,使双手始终保持适当的距离,以不影响点数速度为宜。其次要看清张数,如点14张为1组,可看两个7张,这样使视力容易达到。

⑤特点。扇面点钞法主要流行于我国东北地区,目前已在全国大部分地区推广。扇面点钞在指法上也各有不同,一般运用四指交替清点较为普遍,它适用于清点较新的钞票和复点款项工作。

2. 机器点钞

(1)准备工作

①点钞机置于距点钞台边20~30cm之间为宜,一般放在操作员正前方或稍右边。

②检查是否漏电。

③按合电源开关,使整机运转,进行试机,看下钞是否准确、通畅、整齐。

④根据清点钞票面积大小,移动拨杆,调整好接钞斗。

⑤待点的钞票放在点钞机右边,按票面大小依次排放整齐,以免在连续紧张的操作出错。

⑥图章、纸条等用具靠点钞机内侧摆放定位。

(2)点钞

①点钞时将计数器开关按合,看记数器显示数码管的读数是否为“00”,有数字时须按“清零”开关清除。

②右手捏住钞票,左手拆去纸条,大拇指稍用力下掀侧面,使钞票成微梯形,放入点钞斗,不可用力往下压挤钞票,要让钞票自动下滑。

③下钞时目光要集中在输钞带上,监视钞票的票面有无夹版,发现后及时挑出。

④滑钞板内的钞票清点完毕,要看计数器读数是否正确,若发现有误码率,应再复点。

⑤左手将钞票由接钞台取出时,要看有无掉张,防止串把。无误后将钞票墩齐,及时扎把。右手放入另一把钞票清点。

⑥每笔款点完后要检查机器周围有无掉张。

(3)操作技巧

国产统一型号的点钞机，目前还达不到全自动化的要求，除分张、计数外，识别真伪和夹板、墩齐、扎把等就要依靠操作员的手、眼、脑配合去完成，因此，机器点钞的快慢和质量，不仅要看机器的性能和转速，主要还取决于人的因素，要求操作员的技术熟练，人机配合默契。要求做到：

机器点钞要仔细，准备工作莫大意；
钞票摆放要定位，点前看准计数器；
右手放进整点钞，纸条顺序勿乱遗；
输钞带上看票面，夹版假钞莫放弃；
余光扫过计数器，有疑即复紧迫之；
左手拾净点毕钞，墩齐扎把分秒逼；
质量第一须牢记，操作熟练最适宜。

课题五　维护与保养设备

模块一　计算机屏幕和键盘清洁

显示器是计算机重要的输出设备，是人与计算机对话，即人机界面的载体。车道计算机显示器通常采用 CRT（Cathode Ray Tube，阴极射线管）显示器（图 2-61）和 LCD（Liquid Cristal Display，俗称液晶显示器）显示器两种（图 2-62）。

图 2-61　CRT 显示器

图 2-62　LCD 显示器

1. 显示器的清洁保养和清洁保养中的注意事项

公路收费系统中车道计算机显示器显示车型、收费金额、车辆图像等重要信息，在收费员收费操作中起着重要作用。但由于收费亭承受的灰尘、车辆尾气较重，显示器也极易受污染。因此，经常性清洁保养显示器对于延长显示器使用寿命来说显得十分重要。作为公路收费员，必须掌握显示器日常清洁保养的科学方法。

（1）显示器清洁保养需要的工具

①专用清洁剂或清水；

②柔软的绒布或擦镜纸；

③毛刷、吸尘器等。

(2)显示器的清洁保养步骤

①关闭电源。关闭显示器电源按钮,拔下显示器电源线和信号电缆线。

②清洁显示器屏幕。使用专用的镜面擦拭纸、干面纸或柔软的棉布小心地从屏幕中心向外擦拭。如果条件允许,可使用专用清洁剂清洗镜面。如没有专用清洁剂,可用软棉布蘸上少量清水擦拭。

③清洁显示器外壳。使用毛刷或小型吸尘器,去除显示器机壳上的灰尘。如果还有一些不易擦除的污垢,可用干绒布或用干绒布稍微沾湿,进行擦拭。

(3)显示器清洁保养和使用中的注意事项

①不要使用酒精之类的化学试剂擦拭显示器,避免造成涂层脱落或镜面磨损。也不要使用粗糙、质地较硬的布、纸张之类的物品进行擦拭,以免划伤显示屏。

②不要将水、专用清洁剂等液体直接喷洒到屏幕、机壳上,以免水气侵入显示器内部。

③显示器内部有高压。即便断开电源,显示器内部高压包上仍有余电。因此非专业人员不要拆开显示器外壳进行内部的除尘。

④使用中应避免指甲、钮扣、表带、皮带扣环等硬物触碰显示器屏幕,尤其是金属物体。

⑤不要在显示器机壳上方堆放物品,以免造成显示器内部散热不良或物品掉落损伤操作台上其他设备。

⑥茶水等液体尽量远离显示器。如果水分等进入显示器内部,应迅速关闭显示器电源,将显示器放置在干燥环境,待水分蒸发掉再使用。

⑦使用过程中避免晃动操作台,保持显示器的平稳。剧烈抖动或震动都可能伤及显示器,特别是危及液晶显示器的液晶分子。

⑧显示器长时间工作,特别是长时间固定在一个画面,会加速显示器的老化。因此,如有可能,可设置屏幕保护程序和显示器休眠,以保护显示器。

⑨如车道计算机长时间不用,可关闭计算机和显示器电源,用软布遮盖在显示器,避免其沾染灰尘。

⑩温度、湿度、强光直射和磁场都会影响到显示器的正常使用。应此,应参考显示器的使用说明,保持显示器良好的工作环境。

2. 键盘的清洁保养和清洁保养中的注意事项

键盘是计算机重要的输入设备,是计算机操作中使用最频繁的设备。车道计算机键盘在按键设置和外观尺寸上不同于常见的计算机标准键盘。它一般是根据收费道路收费系统操作软件的需求而定制的(图2-63),但基本原理与标准键盘相同。

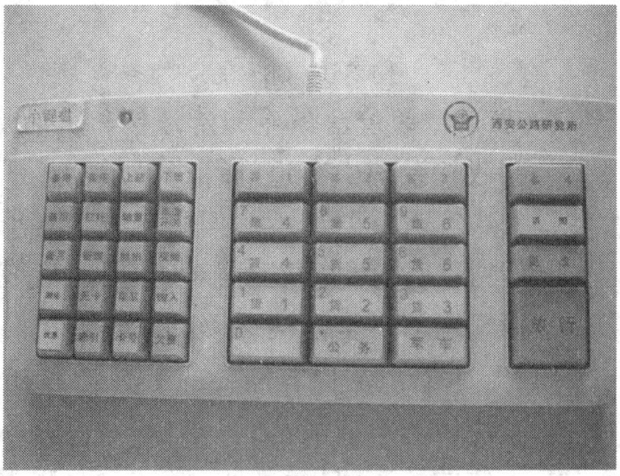

图2-63 车道计算机键盘

车道计算机键盘是收费员收费操作中使用最频繁的外设之一。受灰尘、车辆尾气和手指上汗液的侵蚀,键盘极易污损。因此,清洁保养键盘,保证其工作正常,对于促进收费工作正常进行很重要。

(1)键盘清洁保养需要的工具

①螺线刀(平口、十字各1把);

②软刷；

③清洗剂；

④柔软绒布；

⑤橡皮擦。

(2)键盘的清洁保养步骤

①关闭车道计算机电源，拔下键盘与计算机连接的接头。

②用平口螺丝刀或其他合适的工具，轻轻将键帽往上抬松，取下每个键帽。

③用螺丝刀卸下键盘背面底板上的螺丝，拆开底板。

④取下电路板上的按键胶垫。

⑤用毛刷去除电路板上的灰尘。难以去除的杂物可用橡皮擦擦拭。

⑥将所有按键胶垫按原位放回各字键位置。

⑦将键盘底板盖上，上好螺丝完成键盘内部电路板的清洁工作。

⑧使用柔软绒布蘸上专用清洁剂或清水擦拭拆下的键帽和键盘底板、面板。

⑨将擦拭干净的键帽对准它对应的键座摁下，完成键盘的清洁工作。

(3)键盘清洁保养和使用中的注意事项

①清洁键盘前必须关闭计算机电源，拔下键盘插头。

②切勿将水等液体残留在键盘电路板或键帽上，以免腐蚀电路板或引起电路短路故障。使用过程中如有液体进入键盘，应当迅速关闭计算机，将键盘插头拔下。去除内部积水或充分晾干后再使用键盘。

③在键盘的拆装过程中，动作要轻，以免螺丝滑牙或键帽下机械装置损坏。

④在操作键盘时，按键力度要适当，不要用力过大，以防键的机械部分受损而使按键失灵。按键时间要短促，如按键持续时间过长，车道计算机将会收到连续触发该按键的信息。

模块二 票卷及色带更换

公路收费员在收取车辆通行费后，应向驾驶员出示打印票据。公路收费站除使用印制好的定额通行费票据外，大多采用票据打印机即时打印的通行费票据。因此，掌握打印票卷、色带的安装和更换是公路收费员的必修课。

1. 打印票卷的安装

公路收费系统中的打印票卷一般都为连续纸。打印机类型的不同或者纸张类型不同，打印票卷的具体安装方法也略有区别。下面以STAR SP320票据打印机为例，说明打印票卷的安装及其注意事项。

(1)打印票卷的安装步骤

①关闭打印机电源。打开打印机上面板(图2-64)。

②将打印票卷的第一张打印票据的顶端(即塞入打印机的一端)用手捋平整如图2-65 a)所示。将打印票据塞入进纸槽，并使票据两侧的齿孔对准，如图2-65b)所示。

③旋转打印机左侧面的旋钮，使打印票据进

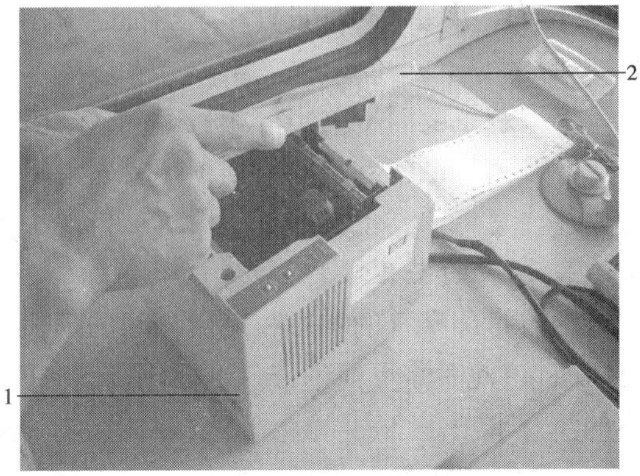

图2-64 打印票卷安装示意图(一)

1-打印机电源开关；2-打印机上面板

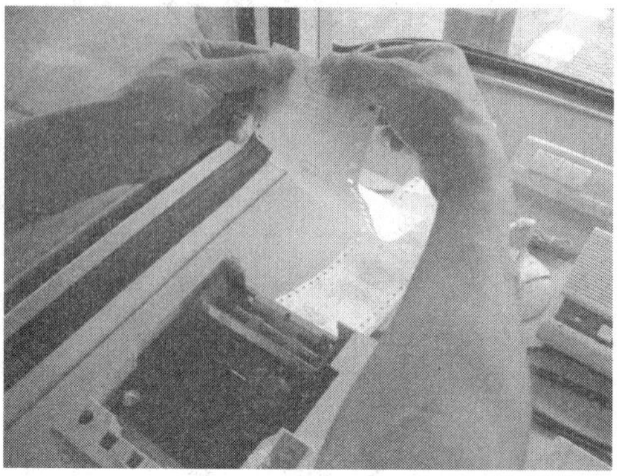

a)

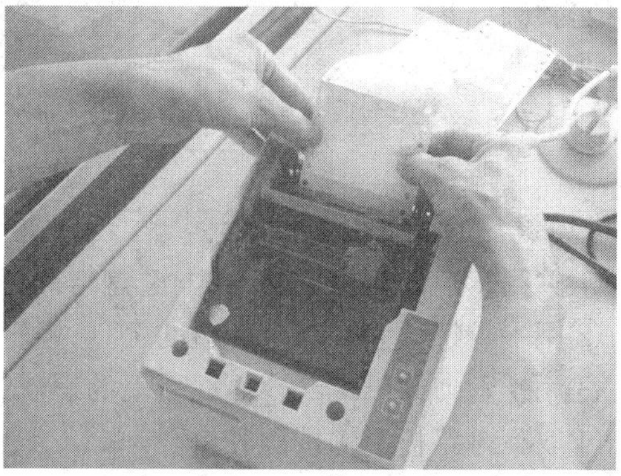

b)

图 2-65　打印票卷安装示意图(二)

a)捋平票据;b)将票据塞入进纸槽

入到合适位置,保证票据位于色带和打印辊之间,如图 2-66 所示。

④调解纸厚调节杆(图 2-67),使打印头与打印票据之间保持合适的间隙。

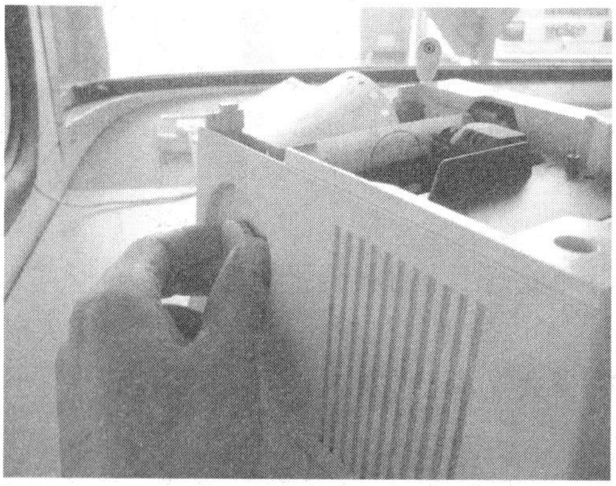

图 2-66　打印票卷安装示意图(三)

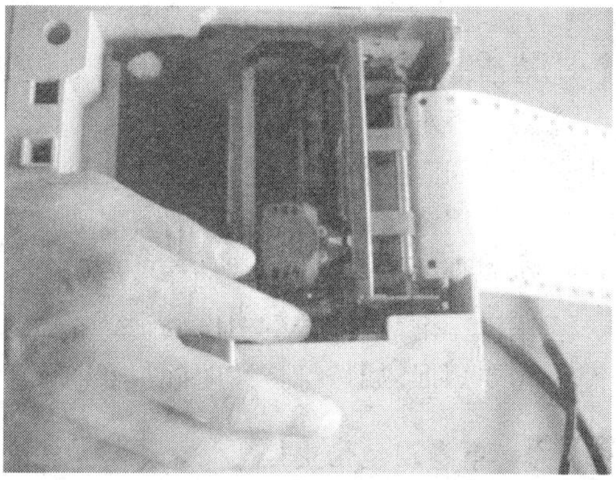

图 2-67　打印票卷安装示意图(四)

⑤盖上打印机面板,观察票据顶端是否与撕纸口齐平。如果不齐平,旋转左侧面的旋钮进行调整。

⑥打开打印机电源开关。

(2)打印票卷安装中的注意事项

①打印票卷中的每张打印票据都有印制好的发票号码。安装票卷时应将号小的一端装入打印机。

②安装票卷时应关闭打印机电源,以免带电旋转进纸旋钮而损伤电机。

③塞入进纸槽的打印票据顶端要光滑平整。如有毛边,一定要撕掉。

④注意将票据正面即打印面对准打印头,以免将字符打印到票据背面。

2. 色带的安装

随着打印字符的增加和使用时间的延长,打印机打印出的字符颜色会逐渐变淡。为保证打印质量,此时需更换色带。下面仍以 STAR SP320 打印机为例,说明色带更换的步骤和更换中的注意事项。

(1)色带更换的步骤

①打开打印机上面板,取出原色带盒。

②将新色带盒按照原色带盒位置装入打印机，并使驱动色带旋转的齿轮，如图2-68所示，与色带盒下方齿轮孔（图2-69）啮合。

图2-68　驱动色带旋转的齿轮

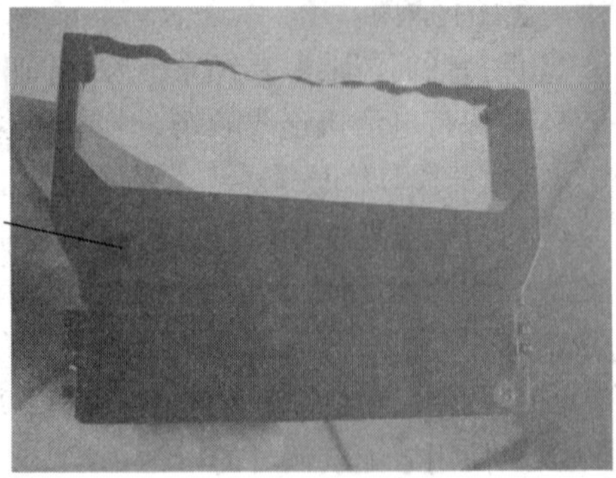

图2-69　色带盒上的齿轮孔

③色带盒安装到位后，将色带平整地嵌入打印头和打印票据之间的间隙，如图2-70所示。

④旋转色带盒上方的旋钮，拉直色带，如图2-71所示。

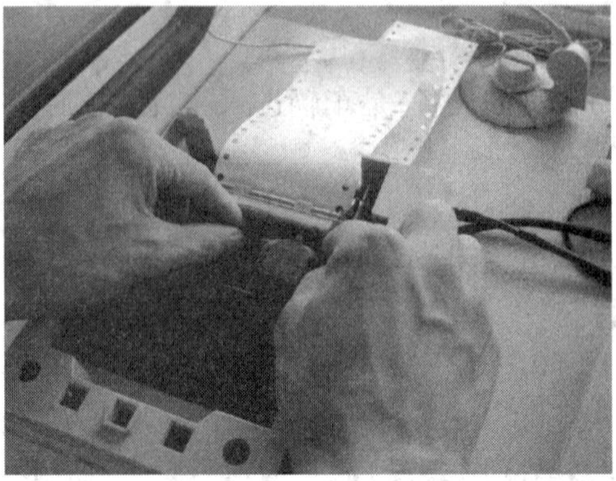

图2-70　将色带嵌入打印头和票据之间的间隙

图2-71　旋转色带盒上的旋钮，拉直色带

⑤盖上打印机上面板。

（2）色带更换过程中的注意事项

①色带上由油墨。更换完色带后，如果手上沾有油墨，应先清洗双手，避免将油墨沾染到键盘、打印机外壳表面。

②色带安装好后，应注意调节纸厚调节杆，以免造成打印头与色带之间间隙过小，引起色带缠绕打印针。

③安装色带盒时，一定要保证驱动色带转动的齿轮（图2-68）与色带盒上的齿轮孔（图2-69）啮合紧密。否则，在打印过程中，色带将不走带，导致色带被打穿。

模块三　电话、对讲机与信号灯的维护

电话、对讲机是收费员相互之间、收费员与监控员之间进行信息通信的语音设备。

电话、对讲机的维护主要是表面除尘和掌握日常使用中的注意事项。

1. 电话机的维护保养

①要注意防湿、防晒、防高温。平时不要将电话机放在阳光直射处、潮湿处、空调或暖气片旁。

②要注意防尘。电话机表面要经常用软布擦拭,保持清洁。特别是电话机话柄、按钮这些手经常接触的部位,要重点清洁。对这些部位的清洁可以用软布或棉球蘸上无水乙醇进行擦拭,以免滋生病菌。

③保持话筒清洁。要经常清除话筒上的水气,以免因受潮而声音失真。

④要保持电话机连线顺畅,不要反复扭折连线和碰撞电话机。

2. 对讲机的维护保养

①对讲机长期使用后,按健、控制旋钮和机壳很容易变脏。此时,可用中性洗剂和湿布清洁机壳。注意不要使用诸如除污剂、酒精、喷雾剂或石油制剂等化学药品,以免对对讲机外壳造成损坏。

②日常使用中,应轻拿轻放对讲机,切勿手提天线移动对讲机。

③应使用原配或认可的电池。

④注意不要将珠宝首饰、钥匙等随身佩带的金属物件触及电池的裸露电极,以免造成人身伤害。

⑤对讲机的充电应在合适的环境中进行。如果超过规定的温度范围,电池寿命将受到影响,同时有可能充不满额定容量。

3. 通行信号灯的维护保养

通行信号灯是标示公路收费站车道开通或关闭状态的设备,是车辆进入收费区域后行驶方向的引导标识。

(1)通行信号灯的状态

通行信号灯一般采用红绿两色指示。红灯表示车道关闭,车辆在该车道禁行。绿灯表示车道开通,车辆可以进入该车道或车辆此时可以通行。

(2)通行信号灯的分类

1)按发光材料分类

按发光材料分类,通行信号灯可以分为 LED 信号灯(图 2-72)和灯泡信号灯。LED 信号灯采用高亮度发光二极管作为发光材料,灯泡信号灯则采用特制灯泡作为光源发出不同色彩的灯光,从而指示车道状态。目前,公路收费站常见的主要为 LED 信号灯。

2)按安装位置分类

按照安装位置的不同,通行信号灯可以分为雨棚信号灯(图 2-73)和车道地面信号灯(图 2-74)。

图 2-72 LED 信号灯

图 2-73 雨棚信号灯

3）按是否能移动分类

按照信号灯是否能移动，可分为固定式信号灯和移动式信号灯（图 2-75）。

图 2-74　车道地面信号灯

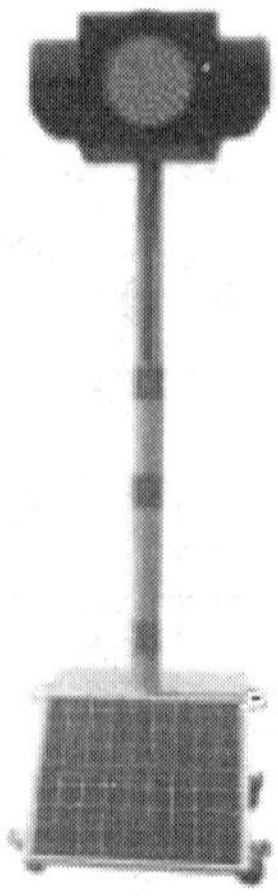

图 2-75　移动式信号灯

4）按控制方式分类

按照控制方式分类，通行信号灯可以区分为手工控制信号灯和自动控制信号灯。雨棚式信号灯一般采用手工控制方式。安装在地面的信号灯，一般将其与车道栏杆机配合使用，其状态由栏杆机控制。

（3）通行信号灯的使用和控制方式

通行信号灯是车道开通状态的重要标志。公路收费员应及时转换通行信号灯指示状态，正确引导车辆。一般公路收费站信号灯的使用方法分为两种：一是手动转换；二是自动转换。

1）通行信号灯的使用

①手动转换。一般公路收费站在收费雨棚上均安装雨棚信号灯。收费员在处理完车道最后一辆车后，手动切换信号灯开关，将其转转成红色禁行信号。当接班收费员完成交接，车到手动栏杆开启后，将其转换成绿色通行信号，指示车辆可进入该车道。

②自动转换。当车辆交费完毕，驶出车道，电动栏杆机栏杆落下时，栏杆机控制地面信号灯变为红色禁行信号，告知后车此时需交费。当车辆交费完毕，栏杆抬起时，栏杆机同步转换地面信号灯呈绿色通行状态，示意车辆可以驶出车道。

2）通行信号灯的控制方式

通行信号灯的转换由 3 种控制方式。前面已提到手动控制方式（图 2-76）和栏杆机控制

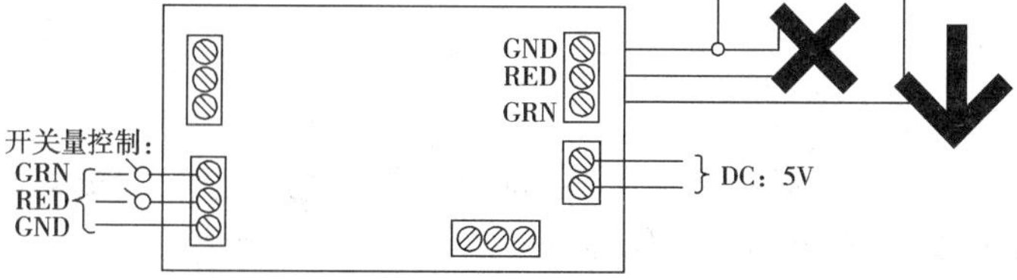

图 2-76　开关控制方式接线图

方式（图 2-77），除此之外，还有一种计算机串口控制方式（图 2-78）。

（4）通行信号灯的维护

通行信号灯的维护日常主要采取一些保洁措施。对于雨棚信号灯，由于其露天安装，需要

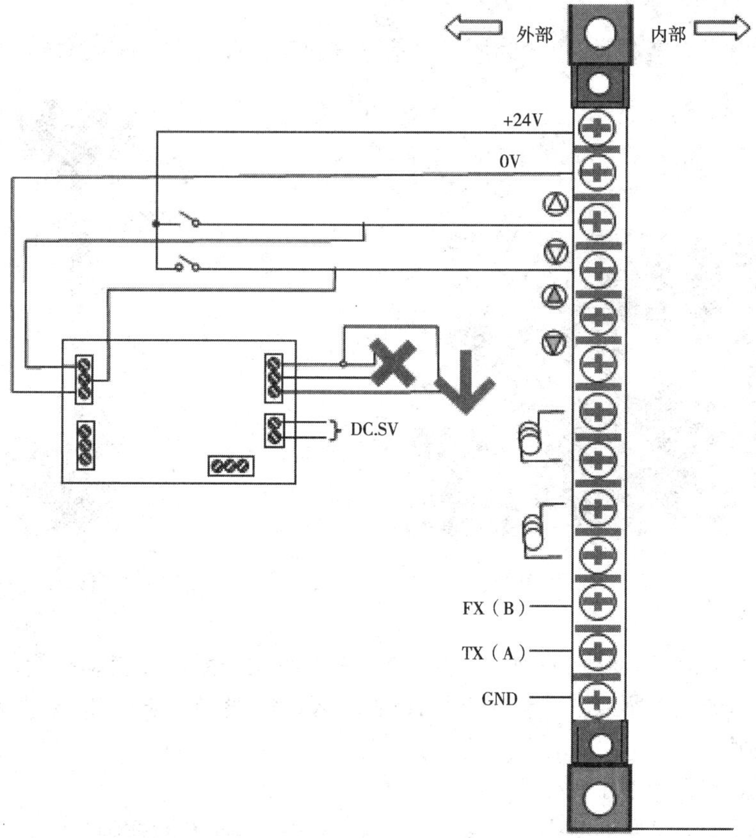

图 2-77　栏杆机控制方式接线图

经常检查其安装的密封性，防止雨水侵入，造成线路腐蚀或短路。

下面，列举几个通行信号灯故障现象及排除方法。

1）雨棚灯不亮

排查方法主要有：

①检查信号灯电源是否接通；

②检查开关电源是否有故障；

③检查 LED 与开关电源连线是否有断点。

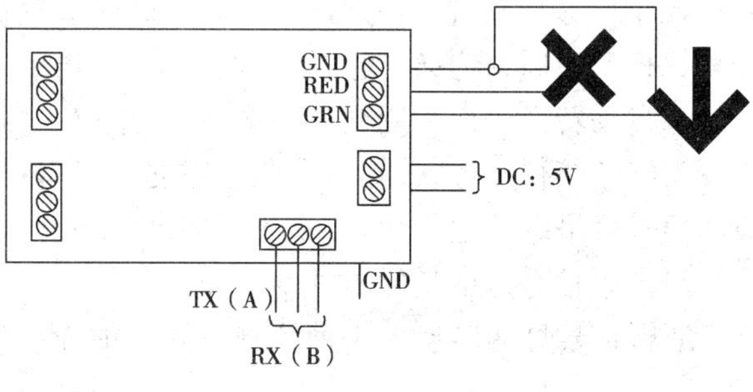

图 2-78　计算机串口控制方式

2）部分 LED 灯不亮

排查方法主要有：

①检查连接电路是否有虚焊现象；

②检查 LED 是否有损坏。

以上故障需要收费站专业电工进行测试、排除。但作为公路收费员需要掌握通行信号灯的一些基本常识和使用方法，了解其工作原理。

模块四　用电安全基本知识

电是收费系统机电设备运转的动力。收费员在日常工作中接触的计算机、打印机、栏杆机等设备都是用电设备。掌握用电安全基本知识和一些基础的急救方法十分必要。

1. 电流对人体的伤害

当电流流经人体时，人体会产生不同程度的刺痛和麻木感，并伴随不自觉的肌肉收缩。所谓触电，就是指电流流过人体时对人体产生的生理和病理伤害。这种伤害可以分为电击和电伤。

(1)电击

电击是电流通过人体内部，对人体所产生的伤害。电击是最危险的触电伤害。一般来说，触电死亡事故中的绝大多数是由于电击造成的。它主要是破坏了人体的心脏、呼吸和神经系统的正常工作，危及人的生命。

(2)电伤

电伤是指电流的热效应、化学效应、机械效应等对人体造成的外伤。电伤往往在肌体上留下伤痕。严重时，也可致人死亡。

2. 影响电流对人体伤害程度的因素

电流对人体伤害的程度与通过人体的电流大小、电流通过人体的时间、电流的频率、人体的健康状况、电压的高低及电流通过人体的途径等因素有关。

3. 人体触电的方式

触电的方式多种多样，一般可分为直接触电和间接触电两种类型。

(1)直接触电

人体直接触及或过分考进电气设备及线路的带电导体而发生的触电现象称为直接触电。单相触电和两相触电都属于直接触电。

1)单相触电

人体直接触碰带电设备或线路的一相带电导体(图2-79)时，电流通过人体而发生的触电现象称之为单相触电。

2)两相触电

两相触电是指人体同时触及带电设备或线路中的两相导体(图2-80)而发生的触电方式。

图2-79 单相触电示意图

图2-80 两相触电示意图

(2)间接触电

人体触及正常情况下不带电，而故障情况下变为带电设备外露的导体，所引起的触电现象，成为间接触电。可分为跨步电压触电(图2-81)和接触电压触电。

4. 电急救知识

触电者生命能否获救，在绝大多数情况下取决于能否迅速脱离电源和正确地实行心肺复苏法进行抢救，拖延时间、动作迟缓或救护不当，都可能造成人员伤亡。

(1)脱离电源的方法

①发生触电事故，应立即切断电源。

图 2-81 高压跨步触电示意图

②当有电的电线触及人体引起触电，不能采用其他方法脱离电源时，可用绝缘的物体，如干燥的木棒、竹竿、绝缘手套等将电线移开，使人体脱离电源。

③必要时可用绝缘工具（如戴绝缘柄的电工钳、木柄斧等）切断电线，以切断电源。

④防止人体脱离电源后造成的二次伤害，如高处坠落、摔伤等。

⑤对于高压触电，应立即通知有关部门停电。

（2）触电后紧急救护的基本常识

根据触电者的情况，进行简单的诊断，并分别处理：

①病人神志清醒，但感乏力、头昏、心悸、出冷汗，甚至有恶心或呕吐现象。对此类触电者，应使其就地安静休息，减轻心脏负担；情况严重的，应立即小心送往医院救治。

②触电者呼吸、心跳尚存，但神志昏迷。此时，应将触电者仰卧，保持周围空气流通，并注意保暖；除了密切关注外，还要做好人工呼吸和心脏挤压的准备工作。

③若经检查发现，病人处于“假死”状态，则应立即针对不同类型的“假死”进行对症处理；如果呼吸停止，应用口对口的人工呼吸法来维持气体交换；如果心脏停止跳动，应用体外人工心脏挤压法来维持血液循环。

④口对口人工呼吸法。触电者仰卧，松开衣物，病人鼻孔朝天，头后仰。救护者对触电者贴嘴吹气，再放开嘴鼻以换气。如此反复进行，每分钟吹气 12 次。

⑤体外心脏挤压法。将触电者仰卧，救护者用手掌紧贴触电者胸口凹膛，掌根用力向下慢慢压，然后突然放开。连续操作，每分钟进行 60 次。

⑥有时触电者心跳、呼吸停止，而救护者只有一人时，必须同时进行口对口人工呼吸和体外心脏挤压。此时，可先吹两次气，立即进行挤压 15 次。然后再吹两次气，再挤压，反复交替进行。

模块五 消防器材的使用

公路收费员在通行费征收工作中接触最多的是收费系统中的机电设备和过往车辆。机电设备用电线路短路、负载过大、过往车辆机械传动部件摩擦生热等原因都可能引发火灾。安全生产是永恒的主题。因此，掌握常见消防器材的适用火灾类型和具体使用方法，对于在第一时间消除火情，保障系统安全和人民生命财产安全来说十分必要。

1. 公路收费站配备的常见灭火器类型

根据收费站收费现场可能发生的火灾类型，一般来说，公路收费站主要配备泡沫灭火器、二氧化碳灭火器、干粉灭火器等。

2. 常见灭火器的适用类型和灭火方法

(1)泡沫灭火器

泡沫灭火器主要用于扑救油类、可燃液体和可燃固体物质的初起火灾。泡沫灭火器一般有手提式、手提舟车式和推车式三种。

1)手提式泡沫灭火器

它主要有筒身、瓶胆、筒盖和提把等组成。

使用时将灭火器的筒盖朝下，使瓶胆内的药液与筒体里的药液混合，立即发生化学反应，产生化学泡沫，筒体内产生很大的压力，泡沫便从喷嘴处喷出。

在提取泡沫灭火器奔赴火场时，要注意筒身不要过度倾斜，更不能扛在肩上，以免两种药液混合，还未到达火场药液就喷光。使用时还要注意不要将筒体、筒盖对着人体，以防灭火器爆炸伤人。

2)舟车式泡沫灭火器

舟车式泡沫灭火器多用于车、船上。在此不再赘述。

3)推车式泡沫灭火器

使用时，首先将灭火器推到火场，一人放喷射管，手握喷枪，对准火场。另一人逆时针方向旋转手轮，开启胆塞，然后将筒身放倒，摇晃几次，使拖杆触地，打开阀门，将泡沫液喷出。

(2)二氧化碳灭火器(图2-82)

二氧化碳灭火器适用于扑救图书档案、珍贵设备、精密仪器、电压在660伏以下的电器设备以及其他一般物质的初起火灾。

二氧化碳灭火器按移动方式可分为手提式和推车式两种；按开关方式有手轮式和鸭嘴式两种。二氧化碳灭火器由筒身、筒盖、虹吸管和喷头组成。

使用时，如鸭嘴式开关，只要拔去保险销(图2-83)，将鸭嘴压下，二氧化碳即能喷出灭火。如手轮开关，将手轮逆时针旋转即可喷出二氧化碳。

图2-82 二氧化碳灭火器

1-喷头;2 鸭嘴

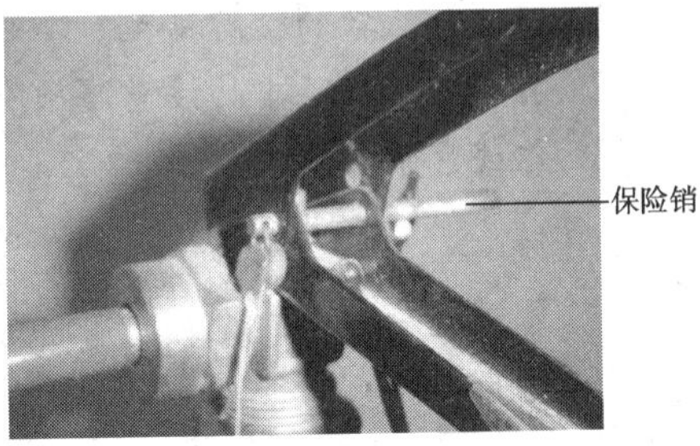

图2-83 二氧化碳灭火器鸭嘴保险销

二氧化碳灭火器喷射距离只有2~3m，灭火时，喷头应尽量接近火源，动作要迅速。另外，虹吸管在喷头喷射时，表面温度很低，手千万不要接触管体，而应捏住喷头，防止手被冻伤。

(3)干粉灭火器

干粉灭火器是以高压二氧化碳气体作为动力，喷射干粉灭火剂的灭火工具。适用扑救石油及其产品、可燃气体和电器设备的初起火灾。干粉灭火器有手提式、推车式、背负式三种。

1)手提式干粉灭火器

使用手提式灭火器时,打开保险销,把喷管喷口对准火源,拉动拉环,干粉即喷出灭火。

2)推车式干粉灭火器

推车式干粉灭火器根据其结构的不同,使用方法也有差异。以 MFT35 型为例。遇火灾时,将灭火器推至失火地点附近,后部向着火源(室外应置于上风方向)。这时,现取下喷枪,展开出粉管(注意切不可有拧折现象),再提起进气压杆,使二氧化碳气进入贮罐。当表压升至 $7\sim11kg/cm^2$ 时($8\sim9kg/cm^2$ 的灭火效果最佳),放下压杆停止进气。接着,两手持喷枪,双脚站稳,枪口对准火焰边沿根部,扣动扳机(开关),将干粉喷出,由近至远将火扑灭。如扑救油火时,干粉气体不要直接冲击油面,以免油液溅起引起火灾蔓延。

灭火后,必须将管内、枪内余粉认真清除干净。不可泄气留粉,以防堵塞胶管。

3)背负式干粉灭火器

公路收费站使用较少,在此不再赘述。

思考题

1. 简述票款卡的管理规定。
2. 简述出口特殊情况通行卡的种类及处理规范。
3. 简述上班操作流程。
4. 简述发卡操作注意事项。
5. 叙述 IC 卡读写操作规范。
6. 收费站出口特殊情况有哪些?
7. 收费员当班填制的单据有哪些?
8. 简述通行费清点程序。
9. 叙述票据台账填写的基本要求。
10. 简述票据的结算流程。
11. 叙述长短款的预防措施。
12. 打印票卷安装中的注意事项有哪些?
13. 叙述色带的更换步骤。

单元三　公路监控

学习目标

通过本单元的学习，了解收费监控和交通量基本知识，掌握监控系统软硬件基本结构和系统实现的功能，能正确操作监控系统设备进行公路（收费）监控，并能对监控系统一般设备进行日常保养。

知识要求

1. 公路监控员职责；
2. 收费监控组成及主要设备；
3. 恶劣天气及突发事件处置；
4. 交通量、道路环境知识和桥梁监控知识；
5. 设备日常维护常识和操作规程。

技能要求

1. 能处理简单的特殊车情、填写监控记录公路收费基本知识；
2. 了解监控员日常工作内容，熟练操作监控设备；
3. 能检测交通量参数、气象信息和采集正常道路养护信息；
4. 能进行文字输入，能根据上级指示正确发布指令；
5. 能进行监控设备内部清洁和滤网及散热系统除尘，能进行设备常规检查。

课题一　监控收费

模块一　公路监控人员职责

1. 收费站监控操作人员职责

①熟悉收费监控系统的各项功能，熟练掌握各项操作规程及收费业务。

②坚守岗位，忠于职守，严格监控车道营运情况，及时处理所发生的异常情况，如实填写监控记录，发现问题及时向站领导汇报。

③协助收费员处理报警、军免等各种特殊情况，并做好相应的书面记录。

④下达收费员上、下岗，开放、关闭车道的命令，监督收费员文明服务。

⑤负责收费设备及监控设备的日常检查和养护，设备出现异常时，协助维修人员做好维修工作。

⑥严格监控收费广场的收费秩序，负责全天候车道、广场、收费亭情况录像，未经允许不得向被监视对象提供录像资料和私自销毁证据。

⑦负责各种微机统计报表的打印输出工作，为当班期间收费、发卡情况提供核对依据。

⑧负责填写《收费监控值班记录》、《收费特殊情况记录》等。

⑨严格遵守各项监控纪律和制度，爱护监控设施，保证监控工作的正常运转。

⑩负责监控室的管理和日常清洁工作。

⑪协助做好收费稽查工作。

2. 道路监控操作人员职责

①熟悉监控系统的各项功能，熟练掌握各项操作规程。

②利用监控系统，监控道路交通状况，收集交通量、能见度、气象等各种交通信息，通过信息发布系统，向过往驾乘人员发布交通信息。

③做好交通调度日常值班业务，接听 SOS 紧急求助电话，按照规定要求和程序做好各类信息的上传下达。

④遇有恶劣天气，协助交巡警、路政部门等有关部门做好道路交通管制。

⑤遇有交通事故（包括重特大、危险品事故等），按照相关预案，通知和协助有关部门及时处置。

⑥定期检查监控、通信系统设备设施的运行情况，设备故障时，协助维修人员做好维修工作。

⑦负责填写《监控值班记录》等

⑧负责各种生产报表的统计、打印和呈报。

⑨严格遵守各项监控纪律和制度，爱护监控设施，保证监控工作的正常运转。

⑩负责监控室的管理和日常清洁工作。保持监控室良好环境和正常工作秩序。

3. 监控员上、下班和交接班

(1)上班

设备检查和日常保养，核对上一班次移交的设备运行记录，对存在设备故障要及时维修，不能解决的经站领导同意后，上报处有关部门进行维修，填写设备运行记录（检查情况、保养情况、维修情况、报修情况）。检查内容主要有：

①检查监控室的照明灯光、应急灯是否能正常使用。

②检查通信系统：内部对讲机、内线电话、外线电话、接入网、光传输设备等运行情况。

③检查监控系统的内容有：

a. 出口、入口的广场摄像机、车道摄像机、收费亭摄像机等的运行情况。

b. 多媒体计算机、监视器、监听器的运行情况。

c. 检查视音频切换矩阵、录像机的运转情况。

d. 收费亭内的脚踏报警器的运行情况。

④检查收费系统：网络设备（路由器、交换机）、收费服务器、各种管理计算机打印机 、UPS 电源等的运转情况。

⑤检查收费道口设备：收费计算机、栏杆机、通行灯、计重设备等。

⑥检查和清洁设备设施：监控室的地板、窗户、桌椅表面以及电视墙、电脑表面等。

⑦检查监控室的温度和湿度，如果超过规定范围应开启空调进行调温和抽湿。

⑧了解收费员上班情况和各收费车道开启情况，并做好记录。

⑨了解遗留业务情况，并做好记录。交班监控员应把上级的通知、文件的传达情况和上班次没有完成的工作及待处理的业务等注意事项与接班监控员交接清楚。

(2)下班

①在每班次下班后，监控员打印《通行费收入班次统计表》、《通行卡发放班次统计表》、《通行卡发放班次统计表（环检表）》、《收费站出口车道通行卡回收班报表》，交由票据员核销票、卡。

②在每一天收费结束后，一天收费夜班值机员打印《通行费收入日统计表》、《收费站出口车道通行卡回收日报表》、《通行卡发放日统计表》一式两份，交票据员做账；联网收费系统，监控员还需要统计《收费站通行费拆账最终结果日报表》，完成收费拆账。

③将需要班长和站长签字的记录，交班长和站长签字审核。

④将需移交的事项移交下一班上班人员。

4. 督促收费员的行为规范（礼仪和文明服务）

①督促各收费员按规范的上下班交接程序逐一交接，利用电视监控系统和收费监控系统，保证各收费员正确无误地输入“班次”，读写“身份卡”、防止上错班。

②督促收费员按照着装要求，统一着装。

③查看收费员证、监督卡是否摆放到位，收费员收费时是否面对驾驶员。

④利用监控网络和对讲系统，监督收费员文明用语，及时制止收费期间收费员与机动人员闲聊。

⑤根据收费情况，监督收费员遵守工作纪律情况。

⑥对以上检查内容，及时记录。

5. 督促收费员收费业务

①协助收费员做好特情车辆处理。

②及时记录上级的指令和指令的落实情况，认真记录通知事项，并记录通知时间、通知人。

③加强对监督投诉电话的管理，无论白天还是夜间，认真受理投诉情况，并将投诉人的姓名、投诉内容、车牌号码、联系电话、工作单位认真记录清楚，并及时向值班领导报告。

④值机员做好当班特情汇总，利用收费管理机中的“检索”和图像采集系统中的“抓拍”功能，数据核对后将收费员上报特情与值机记录进行汇总（内容有正常车按军车、军车货车、客车变档、长距离空货车、短距离超限货车、“轴重”键使用情况、有无无重收费等）。

⑤打印当班次的收费员报表，做好当班次的数据结算工作，核对报表。将电脑报表数据与收费员实际收费额、用票量进行核对，若电脑数据与收费员实际的数据不相符的，应认真分析原因，发现有疑问的，立即报告值班站长。

6. 收费广场监控

主要是监控收费广场秩序，包括拥堵、收费站车辆冲卡、收费站车辆拒交通行费等。

①收费站车辆冲卡：尽可能调整广场摄像机，对车辆进行抓拍和录像。在值班记录上记录冲卡时间、冲卡车辆特征（车牌号、颜色、车类）、逃往方向、设施是否有损坏等信息，并将这些信息通知值班站长和相关收费站或中心监控室，协助处理。

②收费站车辆拒交通行费时，及时调整摄像机镜头，尽可能把驾驶员与收费员纠纷声音录好，并对事件的全过程进行录像，向值班站长汇报。如需路政协助，立即通知路政部门。值班记录上记录事情处理过程及处理结果。

③由于道路事故或天气原因，在接到主管部门通知，需要交通管制时，及时通知值班领导，并协调做好道口的开放和关闭工作，同时对广场的情况进行监控和录像，记录事件的开始和结束时间，通知人员，处理结果等。

④当发生拥堵事件时，如需要免费放行，需通知值班站长，及时请示，同时，对广场情况录

像，记录拥堵情况，在值班记录上记录免费放行原因、请示过程、放行时间、放行车辆数等。

模块二 特情处置及监控记录

1. 特情处置类型

①车型/车种变更

②驾驶员持无效通行券（卡）；

③通行券（卡）不可读；

④无通行券（卡）；

⑤超时——收费车辆到出口时，已超过系统设定的旅行时间；

⑥"U"形转弯——通行券上所显示的入口地址和出口地址相同；

⑦"J"形转弯——根据通行券上所显示的入口地址判断其出口地址和入口地址不是处于同一行驶方向；

⑧免费车辆；

⑨其他特殊车辆；

⑩欠费车辆；

⑪违章处理；

⑫采用计重收费的收费网络还存在以下特殊操作：

a. 计重重量不准；

b. 无收费数据；

c. 轴型不正确。

以上特殊情况处理，参照特情处理规定，监控员需要和收费员协调处理，监控员负责上报收费车辆情况，请示处理办法，并向收费员下达处理指令，监控员同时需要将处理过程、参加处理的人员、车辆情况、车道、收费员工号、车辆入口等信息记录在值机记录中，根据需要，抓拍车辆图像和录像。

2. 监控记录

收费监控记录很多，收费管理部门不同，管理方式不同，记录类型也不相同，但收费监控记录至少包括以下几种。

（1）设备运行记录（表3-1）

设施设备运行检查记录 表3-1

年			设施设备名称	运行情况	处理情况	检查人	记录人
月	日	时间					

《设施设备运行检查记录》填写说明如下：

①严格按照台账栏目顺序填写。

②每天检查的设施设备应包括三大系统设备、道口设施、称重系统设备、照明设施、信号灯、栏杆机等。

③运行情况栏如设备有异常应说明部位、故障类型和原因等。

④处理情况栏如设备异常并已处理应注明处理人及处理结果。

⑤检查人和记录人栏应由当班监控员据实记录。

⑥用黑色水笔认真填写，页面无污染，字体工整、规范。

⑦监控班长负责对《设施设备检查记录》定期进行督查。

（2）特情处理记录（表3-2）

车道特殊情况处理记录

表3-2

序号	收费员工号	车道	时间	特殊情况		确认人
				类别	处理过程和处理结果	

收费班长：　　　　值机员：　　　　年　月　日

《车道特殊情况处理记录》填写说明如下：

①每一特殊情况均须记录：序号、收费员工号、车道、时间、类别、处理过程、结果和确认人等。

②下班后由当班收费班长签字确认。

③当班监控员（值机员）签字确认，注明日期。

④如有需值班站长签字确认的特殊情况，由值班站长签字确认。

⑤用黑色水笔认真填写，页面无污染，字体工整、规范。

（3）值机记录（表3-3）

值 机 记 录

表3-3

值机员	值机班长	值机时间
		___年___月___日___时___至___年___月___日___时
记录内容		
移交事项		
办理情况		

《值机记录》填写说明如下：

①交接班日期、时间、班次、班名、当班人信息等如实填写。

②记录基本情况，如上下亭等要记清上下亭时间、离亭收费员及顶岗收费员工号、离亭事由。

③记录文明用语监听情况时应记录时间、车道、收费员工号、文明用语内容（不得以“良好、符合要求”等评价性语言概括）等。

④非监控人员进入监控室时，应记录时间、人员姓名、事由等内容。

⑤上级或本站领导进行收费稽查或审查时，应记录时间、人员姓名、检查内容等。

⑥记录特殊情况时，要记录事件的归类如轴重、U行、无卡等，事件经过要用简练且能真实反映当时事件原因、处理情况的语言，并写明确认人。

⑦用黑色水笔认真填写，页面无污染，字体工整、规范。

⑧值机员、值机班长、值机时间每页记录都要认真填写。

模块三 监控设备名称及用途

图像监控系统主要是实施对收费亭收费过程、通往车辆及广场交通情况进行实时监控，防止收费舞弊现象发生，对违规行为进行录像或抓拍，使公路收费严格按照正常标准作业。

1. 收费站监控管理功能

①与收费亭摄像机相对应的监视器可以显示收费亭的工作情况，这样监控管理人员可及时了解每个收费亭每个收费员的工作情况。

②车道监视器除了显示车道车辆通过情况外，还可通过视频叠加卡叠加相应的收费信息，包括车型、车种、车道号、时间、金额等，送到站级监控室的电视墙上。这样监控管理人员可对照通过车辆的类型与收费员实际收费类型是否一致，以防止作弊情况的发生。

③监控室可通过云台控制安装于收费广场上的云台摄像机，通过改变摄像机角度和镜头焦距来控制图像信息采集的目标和范围，并在控制室的彩色监视器上显示。

④系统通过接在画面分割器上的两台延时录像机对收费作业情况、车辆通过收费车道情况、收费广场情况作录像处理。连在画面分割器上的一台延时录像机通过控制线与收费车道的计算机接口相连，用于对免费车、闯关车及更改车型的录像取证。对免费车、违章冲卡车辆及更改车型，收费员键入免费键、冲卡键及更改车型键，系统自动启动录像机进行录像取证。另一台延时录像机应进行24h全部录像。

⑤站级监控室的图像信息经编码器编码后通过SDH光传输系统数字通道传送到中心的监控室，图像信息经解码器解码送到视频切换矩阵，中心的监控管理人员可通过图像切换监视全线不同收费站的工作情况。

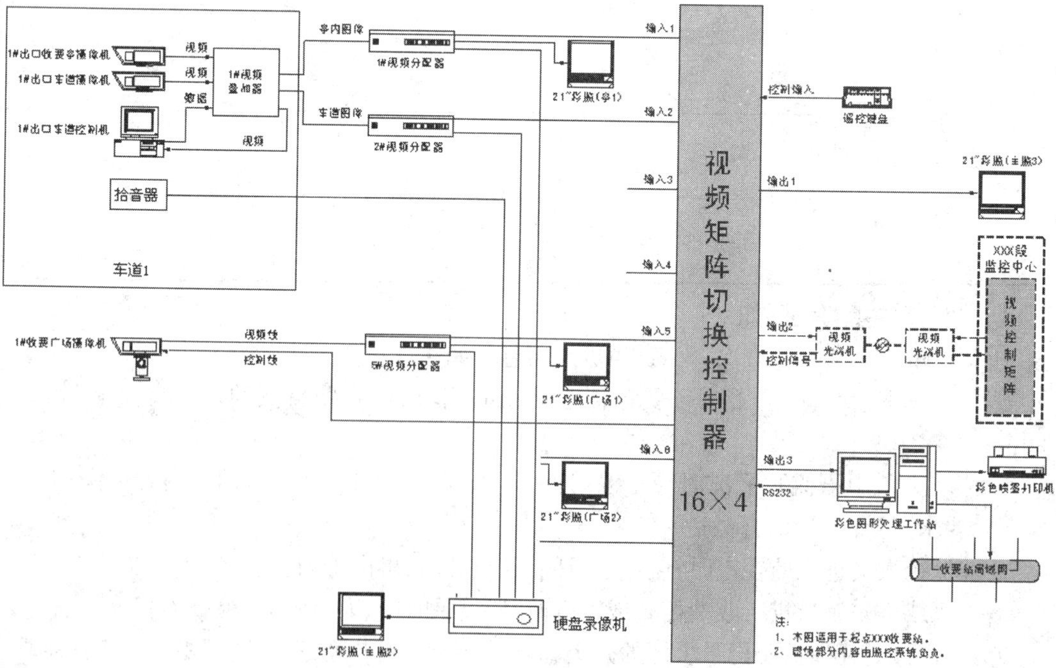

图3-1 常见的收费站图像监控系统

2. 收费站闭路电视监控系统组成

常见的收费站图像监控系统如图 3-1 所示，该图只包含一个收费车道和一个广场摄像机，具体的监控点数量，根据收费站规模确定。

通过收费站图像监控系统实施对收费员的收费过程及收费广场的车辆进出情况进行全面监视、录像、录音以及图像采集（抓拍），以杜绝漏收和贪污现象。亭外摄像机（车道摄像机）实施对收费车情的监视，亭内摄像机实施对收费员收费过程的监视，每个收费亭内通常还安装有一个拾音器，实时记录收费员与驾驶员的对话，收费亭图形和声音一一对应，保证监控信息直观和全面。摄像机的图像经过字符叠加器（VDM），在图像增加收费车辆车及收费员班次、工号、时间等收费信息，便于图像检索和取证。

含有收费信息的车道摄像机和亭内摄像机图像通过视频电缆传送到监控室，经过视频分配器，分成多路视频信号，分别送到矩阵切换器、电视墙及录像机等。

通常要求录像机进行 24h 不间断录像，录像保留时间不少于 15 天。通过矩阵切换器，可以实现对图像的切换和控制。对于比较重要、需要实时观察的图像直接送到电视墙，直接进行监视，如广场摄像机信号。

对重要车辆如军车、车队、公务车等免费车辆，有争议的收费车辆等，需要在车辆通行时进行图像抓拍，以便于实现收费稽查。抓拍的方式有两种：一是手动抓拍。手动抓拍通过监控室图像采集计算机实现，由监控员根据道口情况进行控制，主要是针对有争议的收费车辆。二是自动抓拍。自动抓拍是通常由车道计算机实现，主要是针对一些减免收费的车辆。抓拍的图像存储在图像数据库，通过图像检索，可以实现对特种收费信息车辆的查询、分析及归档管理。

3. 收费站监控系统

（1）摄像机

摄像机是拾取图像信号的设备，摄像机将光信号（画面）变为电信号（图像信号）的。目前绝大部分采用彩色 CCD 摄像机，CCD 是 Charge Coupled Device（电荷耦合器件）的英文缩写，CCD 摄像机采用半导体成像器件，与以前的电子扫描真空管相比，具有灵敏度高、抗强光、畸变小、体积小、寿命长、抗震动及不受电磁干扰等优点。

摄像机工作原理是：被摄物体的图像经过镜头聚焦至 CCD 芯片上，CCD 根据光的强弱积累相应比例的电荷（光电转换），各个像素积累的电荷在视频时序的控制下，逐点外移，经滤波、放大叠等处理后，形成标准视频信号输出。视频信号连接到监视器或电视机的视频输入端便可以看到与原始图像相同的视频图像。

（2）硬盘录像机

硬盘录像是采用数字记录技术，将数字化图像存储在硬盘上的一种高速图像记录方式。它可以对收费监控系统中所有摄像机摄取的画面进行数字压缩并录制存档，更可以根据任意检索条件对所记录的图像进行随机检索。

由于采用了数字记录技术，使得录制图像的抗衰弱、抗干扰能力大大增强，且无论多少次的检索或录像回放都不会影响图像的清晰度。另外，数字方式记录下的图像不存在复制劣化问题，可实现零成本复制，较之磁带录像有很大的优势。

硬盘录像机是基于 PC 系统结构的，它使标准的 PC 部件得以更充分利用。但是，它又不同于一般的 PC，它是专门为数字视频监控应用而设计的，为了将视频图像以数字信号方式记录于存储媒体，该录像系统提供了集成 PC 网络的性能，并基于新的 JPGE 视频图像压缩方式，可通过 PC 或网络传输视频数据，集成了活动视频检测和视频交换矩阵，将多个单机系统连接到一个包含中央数据库服务器的网络系统，进一步优化存储体和传输带宽的利用，非常适合高速公路收费站监控系统的需求。

硬盘录像机的特点如下：

①实时录像、清晰度高；

②有效的安全管理；

③全双工多画面处理；

④即时记录图像检索；

⑤多路录像功能；

⑥集成的视频矩阵；

⑦远端维护与设置、网络收看。

(3)矩阵切换器

矩阵切换器专门用于视频信号的切换和分配，可将多路信号从输入通道切换输送到输出通道中的任一通道上，并且输出通道间彼此独立。矩阵切换器带有断电现场保护功能，能够自动保存设备上次关机时的状态。

模块四　硬盘录像机操作

硬盘录像机除了提供普通磁带录像机常见的录像、回放等功能外，还具有多画面监视、多画面同时录像、按时间检索、数据方式备份等功能，因而比普通磁带录像机操作更复杂。为了便于理解，我们以两款嵌入式录像机为例，介绍硬盘录像机常见功能及操作方式。

1. 嵌入式录像机面板

如图3-2和图3-3所示，嵌入式录像机前面板通常包括电源开关键、数字键区、录像控制键区、光标控制键区等。

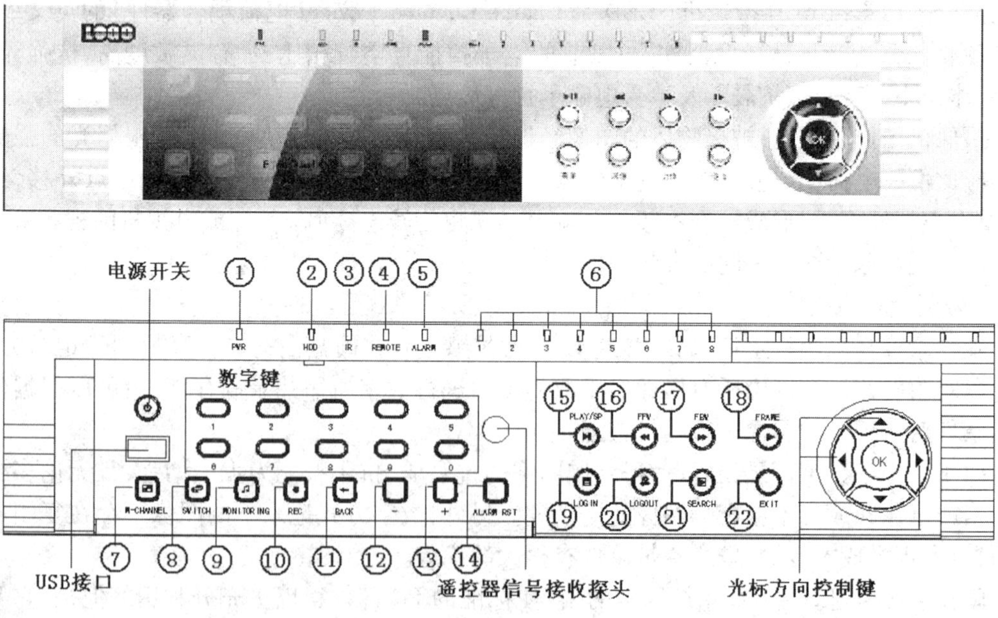

图3-2　外观图(一)

①数字键区：用来实现密码输入、通道切换、数字录入等功能。

②方向键：控制光标移动，激活当前图像上的菜单控件；辅助对摄像机云台进行控制，如控

制摄像机云台上、下、左、右动作。

③录像控制键:用来控制录像操作,包括录像(REC)、快进、快退、播放、暂停、停止等。

④其他功能键:如多画面键、菜单控制键等大部分硬盘录像机还提供路鼠标、键盘以及遥控器接口。

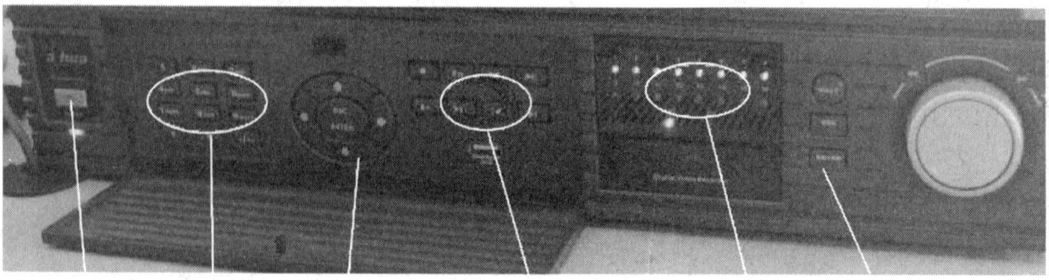

图3-3　外观图(二)

2. 常用功能及操作

(1)开机

开机模式有两种,分别为密码开机和无密码开机。

在开机之前,必须保证接线正确。然后按下面板的电源开关,电源指示灯亮,录像机开机,系统正式启动,启动后视频输出默认为多画面输出模式。

需要开机密码的录像机,电源打开后,界面上会弹出密码输入的提示框,提示用户输入登录密码。键入该密码后,如密码正确,系统开始正式启动。若系统在规定时间内未检测到密码输入操作,将自动关闭主机电源。为防止非法用户的登录,如输入错误密码,主机端发出报警信号,并自动关机。

(2)关机

正常的关机模式有下列两种:

①需要密码关机:按下录像机电源键,界面上会跳出输入密码的提示框,提示用户输入密码。键入密码、如录像机检测密码正确,系统停止当前所有任务并关闭系统。

②不需要密码关机:按下录像机电源键,系统停止当前所有任务并关闭系统。或通过画面菜单,进入"主菜单"→"关闭系统"中选择"关闭机器"。

(3)断电恢复

当系统正处于正常工作状态下被强行切断电源造成关机,重新来电后,系统将恢复断电前保存的文件,并且自动进入最后一次保存的状态继续工作。

(4)用户管理和用户登录

1)用户管理

与计算机用户管理一样,为了保证硬盘录像机的操作安全,硬盘录像机提供了对操作人员及操作人员的操作权限进行管理的工具。根据用户权限,通常有3种不同的用户:超级管理员用户、管理员用户及操作员用户。

与计算机用户管理类似,超级管理员操作权限大于管理员,管理员操作权限大于普通操作员。超级管理员可以使用硬盘录像机提供的所有功能;管理员用户只能操作硬盘录像机的部分功能,有一些超级管理员才能操作的功能不能操作,如用户管理,包括增加和删除用户,更改用户密码等。普通操作员通常只能进行手动录像、录像回放、录像备份等操作。

2）登录

正常开机后，为了能进行操作，需要按照操作权限，登录系统，通常是按 Enter（输入）确认键（或单击鼠标左键）弹出“登录”对话框，用户在输入框中输入用户名和密码。如正确，便可以进行相应的操作。图 3-4 是一个登录界面，可以通过鼠标或键盘来移动光标，输入用户和密码。

如当前权限不能进行相关操作，需要更换更高权限的用户时，需要先注销当前用户，然后用更高权限的用户登录。

3）注销

按“确认”键，进入系统“主菜单”，选择“关闭系统”，出现如图 3-5 所示的关闭系统对话框界面，在下拉区选择“注销菜单用户”，然后“确定”，即可以注销当前用户。

用户设置操作完毕后，为了保证系统安全，防治别人操作录像机，需要及时注销。

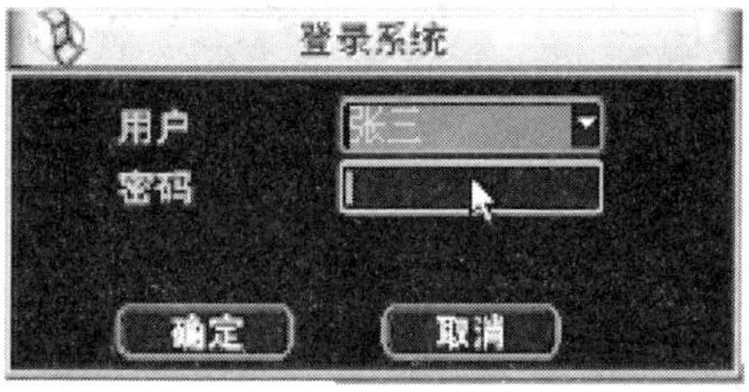

图 3-4　登录界面

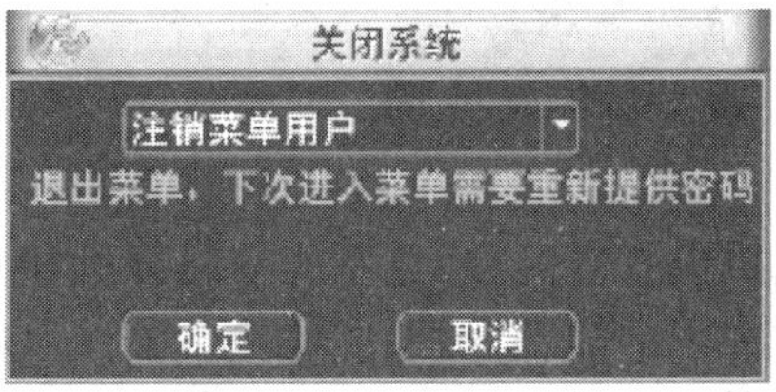

图 3-5　关闭系统界面

4）账号管理

与 WINDOWS 操作系统类似，账号管理包括增加用户、修改用户密码、修改用户属性等。

首先，用具有用户管理权限的用户名登录，然后通过系统提供的菜单，进入用户管理界面，如图 3-6 所示。

其次修改密码。类似密码修改界面如图 3-7 所示，对用户进行密码修改，选择用户名，在新密码中输入新的密码及再次确认密码值。按保存按钮进行密码修改确认。

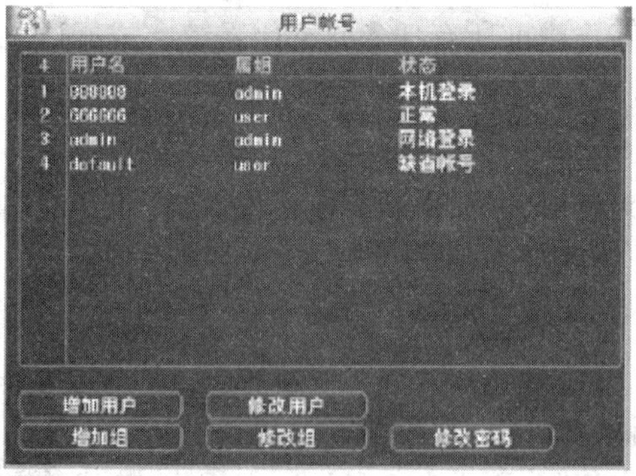

图 3-6　用户管理界面

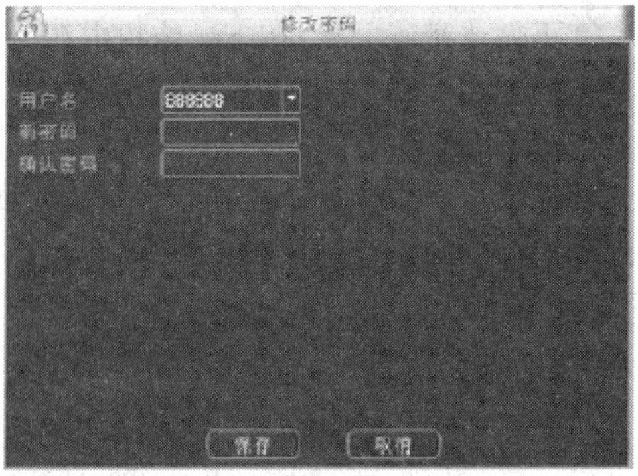

图 3-7　修改密码界面

最后增加用户。进入增加用户的菜单界面，如图 3-8 所示，输入用户名和密码，选择属于哪个组，一旦选择所属的组，则用户的权限只能是该组的子集，不能超越该组的权限属性，例如 ADMIN 组，具有超级用户权限，具有该权限的用户可以增加和删除用户等。

（5）录像操作

1）预览画面

设备正常开机，登录后，直接进入预览画面。在每个预览画面上可以看到叠加的日期、时间、通道名称。

如图 3-9 所示，在画面的右上角显示了时间，在单个画面的左下脚，显示了通道号，如“通道一”，该名称可以更改。例如，可将“通道一”改成“车道一”具体操作，可以参考相应的设备使用手册。

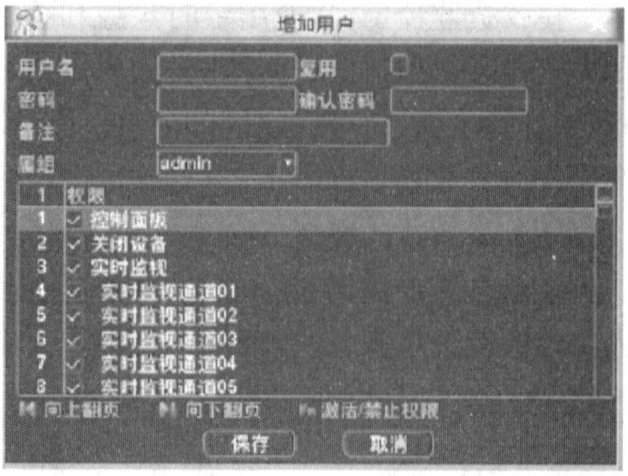

图 3-8　增加用户界面

在预览画面上，还可以看到每个通道的状态，如上图的表示该通道正在录像。

预览画面可以切换，如 16 通道录像机中，可以支持 1、4、9、16 画面显示切换。

图 3-9　预览四画面

2）画面切换

①单画面快捷切换：直接按数字键（见数字键区），切换到相应通道单画面图像，如图 3-10 所示，显示了单画面。

②多画面切换：通过操作“多画面”按键（图 3-11），实现单画面→4 画面→9 画面→16 画面之间切换，也可以通过菜单选择，如图 3-10 中，可以选择单画面、4 画面、9 画面显示。

3）录像

①录像方式及设置

硬盘录像机提供了多种录像方式，需根据具体的环境和录像策略进行选择和配置，在录像时间和占用硬盘空间之间取得最佳平衡，常见的录像方式包括定时录像、报警录像、普通录像。

在收费监控中,常使用定时录像和普通录像,报警录像很少使用。

定时录像即根据时间区间,如 8 点到 12 点之间对某个通道进行录像,当时间到了设定区间时,开始录像,超过设定区间时,停止录像。

普通录像是根据需求,进行录像,通常需要手动操作,才能开始和停止录像。

②录像方式的设置

录像方式的设置,需要操作用户具有相应的权限,操作用户登录后,通过操作面板或鼠标,进入录像设置界面,进行录像方式设置。图 3-12 是大华录像机,录像设置的一个界面。

图 3-10　单画面预览

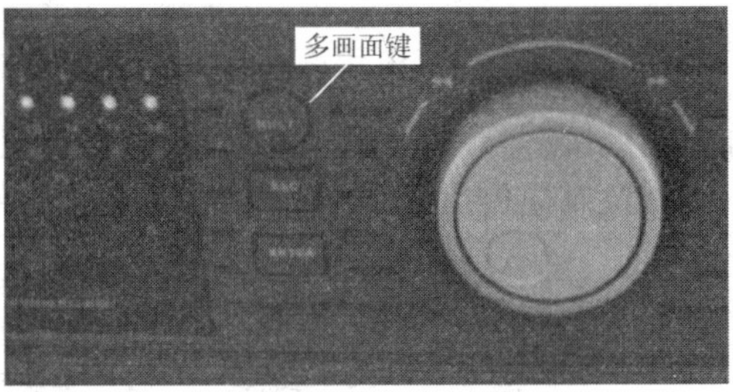

图 3-11　多画面切换键

“通道”通过选择下来按键,可以选择相应的通道号进行通道设置。

“时间段”表示当前通道在该段时间内进行某种状态录像,将光标移动到时间段,通过键盘(数字键)输入时间。“■”反显设置普通、动态检测、报警录像状态,可以单选或多选,6 个时间段可供用户设置。同一种录像状态在不同时间段设置的时间允许重复,时间设置范围为 00:00 ~ 24:00。所有通道设置完毕后请按保存键做保存确认。页面下方显示的是时间段示意图,颜色条表示该时间段对应类型的录像是否有效。绿色为定时录像,黄色为动态检测录像有效,红色为报警录像有效。

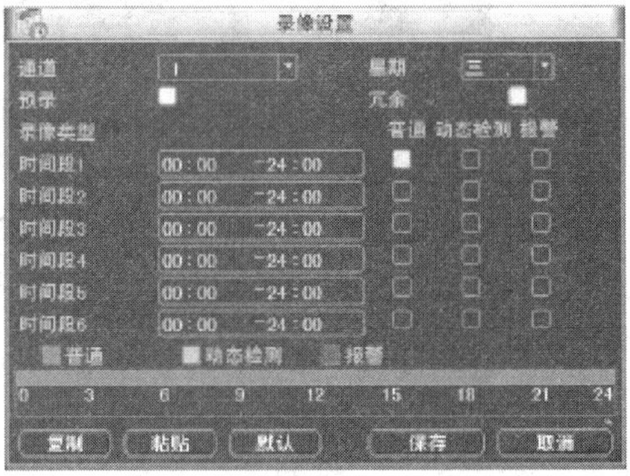

图 3-12　录像设置界面

3. 录像操作

为了更利于理解手动操作方式,仍以大华录像机操作来说明操作过程。

1)手动录像操作要求用户具有“录像”操作权限。当前用户没有录像权限时,可以先注销,再重新以具有权限的用户进行登陆。

2)进入手动录像操作界面

在具有操作权限后,可以通过多种方式进入操作界面,通常有两种方法:

①单击鼠标右键或在菜单“高级选项” >“录像控制”中可进入手动录像操作界面。

②在预览模式下按前面板“录像/●”键或遥控器上的“录像”键可直接进入手动录像操作界面。图 3-13 是录像控制界面。

3)手动录像操作界面说明

通道:图 3-13 中显示的是具有 16 个视频输入的硬盘录像机,录像控制画面列出了设备所有的通道号(1～16),通道号的多少与设备支持的最大路数一致。

状态:图3-13中,同时列出了对应通道目前所处的状态。有三种情况:自动、手动、关闭。水平方向表示状态,垂直方向是通道号,如水平和垂直交叉位置是“●”,表示该通道处在相应的状态,如图中通道1、2、3选择了自动,表示在自动录像状态,通道4、5、6、7选择了关闭,表示4个通道在停止录像状态,通道8～12选中了手动,表示在手动录像状态。

手动:优先级别最高,不管目前各通道处于什么状态,执行“手动”按钮之后,对应的通道全部都进行普通录像。

自动:设置通道录像由录像设置里设置的定时、动态检测和报警的设置条件进行录像。

关闭:所有通道停止录像。

全部启动:可以启动全部通道的录像。

全部停止:可以停止全部通道的录像。

4)操作

①启动/关闭某个或某些通道录像

要启动/关闭某个通道的录像,首先查看该通道录像所处的状态,状态是处于“○”状态,还是处于“●”状态(“○”状态表示该通道不在录像状态,“●”状态表示该通道处于录像状态)。然后使用鼠标或方向键移动光标至该通道,点击鼠标或使用相应的数字键,可切换本路录像开启/关闭状态。

使用上述同样的操作方法可以启动/关闭其他通道的录像状态。

②启动全部通道录像

启动全部自动录像:将自动对应的“全”通道处于“●”状态即可(图3-14)。启动全部自动录像后,录像机会根据用户在录像设置里设置的定时、动态检测和报警的设置条件进行录像。

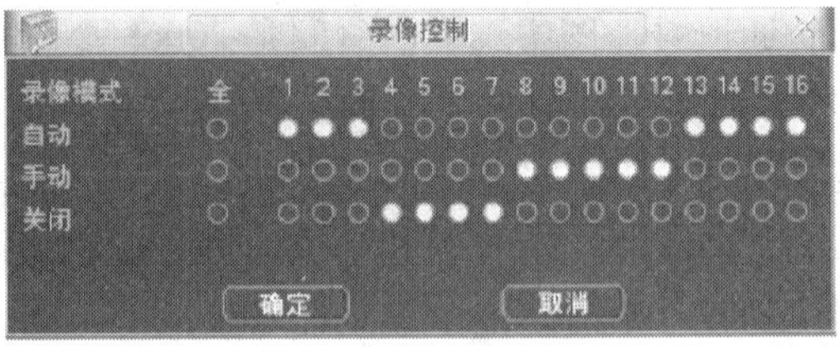

图3-13　录像控制界面

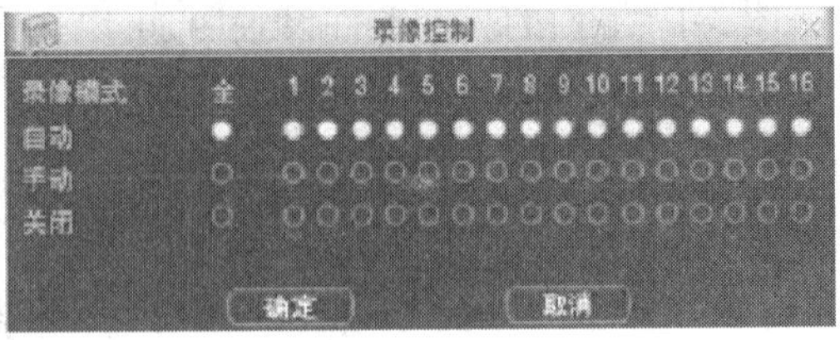

图3-14　启动全部自动录像

启动全部手动录像:将手动对应的“全”通道处于“●”状态即可(图3-15)。启动全部手动录像后,不管用户在录像设置里设置了什么样定时录像,都将停止。此时前面板通道的指示灯全部变亮。录像机处于普通录像方式。

③停止全部通道录像

将关闭对应的“全”通道处于“●”状态即可(图3-16)。不管目前各通道处于什么状态

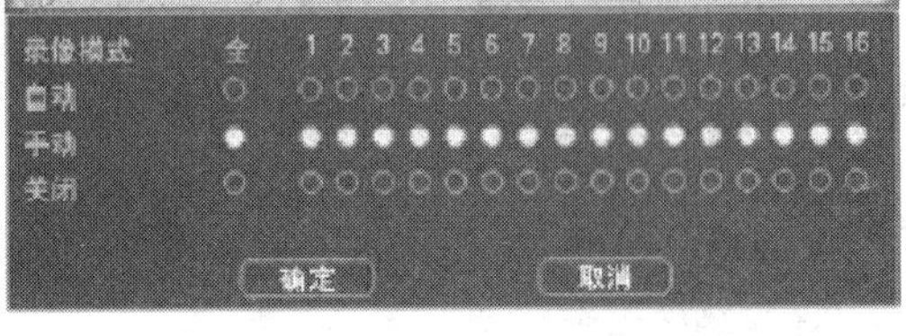

图3-15　启动全部手动录像

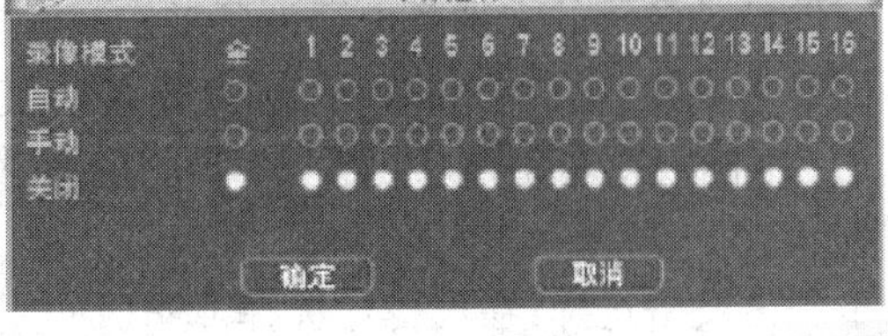

图3-16　停止全部通道录像

（自动录像状态或普通录像状态），执行“关闭”按钮之后，所有的通道停止录像。

④录像回放

录像的查询（回放）可以通过选择通道号，需要查询的时间段来选择回放，这是磁带录像机没有的功能。图 3-17 是大华录像机回放选择的一个界面。

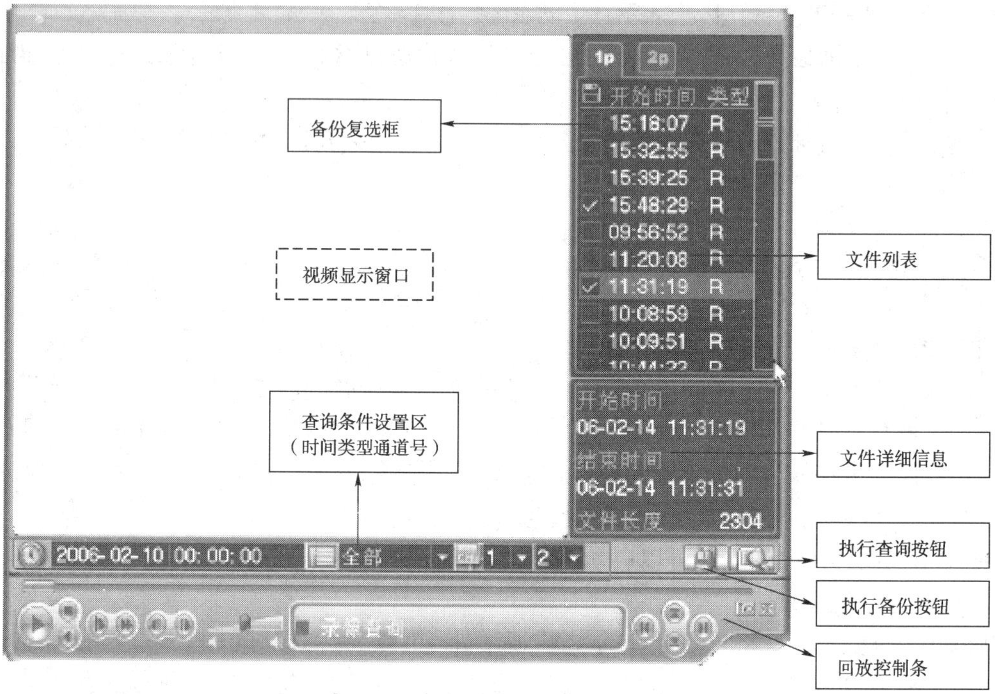

图 3-17　录像回放

图 3-17 下面的查询条件设置区，可以选择时间，通道号。图中选择的时间是 2006—2—10 日零点开始，选择的通道号是通道 1 和 2（该录像机可以同时播放两个画面），然后选择查询，在视频显示窗口的右侧，显示查询结果。硬盘录像机存储的录像资料是以文件的方式存放的，在右侧显示的就是一个个文件，包括文件的详细信息（录像的开始时间和结束时间，文件长度等）。选中所需录像文件，按 ENTER 键或鼠标双击左键，开始播放该录像文件。

在图 3-17 的下面，有一个回放控制条，在硬盘录像机的面板上，也有类似的控制键，可以对录像回放的进度进行控制，包括“快退”、“快进”、“播放”、“暂停”等、还可以同时通过音量控制条，控制输出音量的大小。

⑤录像备份

硬盘录像机可以通过 CD-RW、DVD 刻录光驱、USB 存储设备、移动硬盘、网络下载等方式实现录像文件的备份。

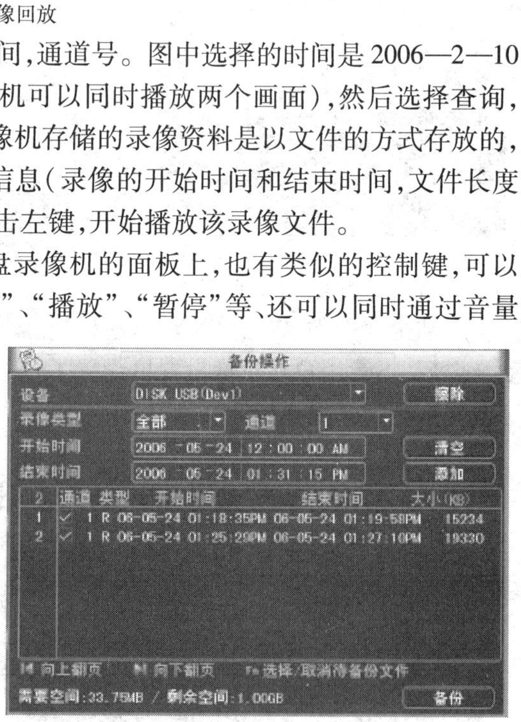

图 3-18　录像备份

硬盘录像机的文件备份到设备操作通常包括下面几个步骤：选择备份设备，选择要备份文件，备份文件。以图 3-18 为例，说明备份的操作过程。

备份设备选择：在设备栏选择 USB（Dev1）。

备份文件选择：从下面三个方面选择备份

文件：

a. 录像类型，选择全部，即包括普通录像、报警录像、定时录像。

b. 录像通道号，图中选中通道1。

c. 录像开始和结束时间。如图中选择了2006-5-24日12:00AM~01:31:15PM。

在选择了以上内容后，点击“添加”按钮文件搜索。符合条件的录像文件列出，图中有两个符合条件的文件，同时还列出了文件的大小。如只需要备份第一个文件，只需要打勾选中第一个文件，图中选中了两个文件。开始备份后，在备份过程中页面有进度条提示。备份成功系统将有相应成功提示。

在开始备份前，如发现选择的备份文件不正确，可以通过菜单提供的功能，重新选择。如本例中，操作界面提供了清空建。选择清空后，文件列表中的内容将全部清空，需要重新开始备份文件选择。

以上操作都可以通过面板和鼠标操作。

⑥备份录像的播放

备份后的文件与平常DVD文件一样，在计算机上就可以播放，惟一不同的是，有些品牌的硬盘录像机备份文件由于采用了专用的文件存储格式，必须采用厂家提供的专用播放工具才能播放。

⑦系统工具

硬盘录像机通过菜单，可以提供硬盘信息和信息查询等系统工具，如图3-19所示。

系统升级功能主要是升级硬盘录像机的软件版本，该功能需要专业人员操作，因为如果升级文件有误或升级过程中断，硬盘录像机就不能重新启动，有些录像机提供了系统恢复功能，有些录像机没有系统恢复功能，需要送厂家维修。

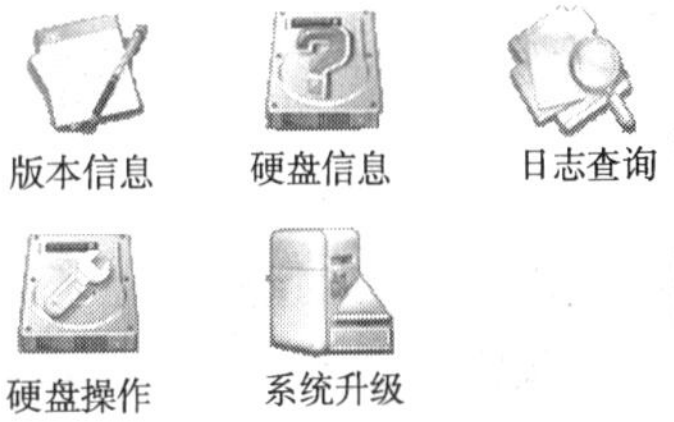

图3-19　系统工具

硬盘录像机除了以上常用功能外，还能通过硬盘录像机串口，实现对摄像机操作。如控制云台上下左右动作，控制摄像机镜头变焦等，另外，硬盘录像机还具有视频区域报警、报警联动等功能。

课题二　监控道路通行状况

模块一　适时调整监控范围

1. 高速公路交通监控手段

交通监控一般包含两个方面的含义，即监视与控制。

(1)监视手段

1)CCTV闭路电视监控系统

这是高速公路监控中心内最显眼的设备之一。设置在道路上的闭路电视监控系统的摄像头通过专用线路，将道路的实时运营图像传输到监控中心的监视器上。交通监控管理人员(以下简称“监控员”)通过对图像的监视，以发现问题、制定应对方案并通知相关部门处理。

2)车辆检测器

车辆检测器主要用于测量高速公路道路主线上和收费站出口车道行驶车辆的交通参数，

如交通量、平均车速、车道占有率、车头时距等，作为交通监控指挥中心采集、分析、判断、提出交通管制方案的重要依据。

3）气象和环境检测器

高速公路自动气象监测系统由分布在高速公路沿线的若干个高速公路自动气象站联网组成，对高速公路沿线的能见度、风向、风速、气温、湿度、雨量、路面状况（表面温度、干湿状况、结冰）等数据进行自动监测，并将监测信息及时传送到交通监控指挥中心，供高速公路交通安全管理系统参考，在恶劣或极端气象条件下能及时发出告警信息，以多种方式告知管理人员和驾驶员，以提高高速公路的安全行车水平。

4）SOS 紧急求助电话

作为 CCTV 闭路电视监控系统的补充，SOS 紧急电话是设置在高速公路两侧，为求救者提供应急呼救的专用通信设备。行驶在高速公路上的车辆出现故障或发生交通事故时，可以及时通过紧急电话向高速公路经营管理单位寻求救援。监控员在接报后可通过专用计算机系统查询求助者的具体位置，并及时通告相关部门前往施救。

5）人工巡查系统

高速公路交（巡）警、路政、清障、养护等单位一般都建立了各自的日常巡查制度。巡查中发现特情应及时上报道路监控部门，并由监控部门统一调度人员、设备前往处理。

6）其他信息提供方式

包括高速公路客服中心、收费员向驶离高速的驾驶员口头询问、地方公安 110 的通报、交通广播电台等媒体的通报等，都是监视手段的必要补充。

（2）控制手段

1）可变情报板

主要用于向道路使用者提供各种实时交通情报信息，包括影响车辆正常行驶的恶劣天气、交通拥堵、交通事故、各类紧急情况及道路施工等信息。

2）可变限速标志

高速公路上设置可变限速标志，一是用于警示车辆按要求限速行驶，力求降低车速，确保恶劣天气、交通拥堵、各类紧急情况的处置、道路养护施工作业等条件下的行车安全；二是可以显示“3×3”或“2×2”汉字模块的限速标志可以在一定程度上作为可变情报板的有力补充，精炼而及时的发布交通管制信息。

3）入口匝道控制

即通常所说的“封路”、“封道”。即利用信号灯、电动栏杆等设施设备封闭收费站入口车道，禁止车辆进入高速公路。在恶劣天气、交通堵塞或其他各类紧急情况时可及时有效的控制进入高速公路的车流量，从而达到预防事故发生的目的。

4）主线交通控制

当高速公路主线车流量很大且因突发事件必须立即控制主线交通流时，通常采取主线交通分流或交通截流管制，以达到迅速中断交通、防止事态恶化的目的。

5）相邻路网单位的联动处置

当某高速公路因恶劣天气实施交通管制时，邻近的道路可能并未出现恶劣天气，部分车辆不明情况从互通匝道驶入，亦有发生交通事故的可能。因此，交（巡）警、路政、高速公路经营管理单位应联动处置，及时将管制信息各自分别通报相邻路段对应的职能单位，协调采取措施确保其辖段内的车辆不驶入处于封闭管制状态的高速公路。

2. 高速公路交通监控中心的作用及构成

我国很多的高速公路,道路监控部门的日常职能一般是由交通监控中心完成的。交通监控中心又称交通调度指挥控制中心,它是高速公路交通安全管理、日常营运管理的神经中枢,在交通管理系统中起到承上启下的枢纽作用,具有汇总处理各类道路交通信息、决策制订交通管制措施以及指挥协调的职能。

日常营运管理中,监控中心收集、存储、汇总各类交通数据与信息,分析道路交通情况,及时调整交通管制措施;当高速公路发生交通事故时,监控中心既要通过外场设备及时了解事故现场情况,又要协调指挥交(巡)警、路政、清障等部门到现场处理事故、实施救援。交通监控中心行使其交通管理职能的能力,对于高速公路经济效益与社会效益的发挥,起着相当重要的作用。

需要特别指出的是,交通监控作为高速公路经营管理单位的重要职责,需要牵涉到交(巡)警、管理处、路政、清障、养护、服务区、收费站等单位,是一项综合性很强的跨部门工作。目前,采用“公司制”管理模式的高速公路经营管理单位,一般多由公司的安全营运部或综合部负责此项工作;采用事业单位管理模式的高速公路则多由处机关所辖的信息科室负责。受资源、人力等诸多因素的影响,负责交通监控的部门在实施具体的交通安全管理处置措施时往往会遇到很多棘手的情形,容易造成“指令到而执行不同步”的情况。因此,要履行好交通安全管理的职能,切实做到调度指令达到“令行行止”的效果,必须有一个管理层的分管领导来专门负责此项工作。在机构的设置上务必使交通监控部门相对独立,只对管理层的分管领导负责。此外,我国的高速公路多采取一路三方(即交(巡)警、路政、高速公路经营管理单位)或一路两方(即交(巡)警与交通厅下辖的事业单位性质的管理处)的形式。交通部门在高速公路管理方面往往都有一个专门的单位负责,如采用“公司制”的高速公路公司或采用“事业单位制”的高速公路管理处。交(巡)警部门则往往采用属地管理与省厅直管相结合的方式,即按高速公路所经路段的城市分别成立××高速×市交(巡)警大队而不专门设立支队,由省公安厅交(巡)警总队高速公路支队与属地交(巡)警支队双重管理。在这种管理体制下,各大队的自主性较大,协调与相邻路段交(巡)警的联动处置的任务有时需要高速公路经营管理单位来完成。若某一高速公路跨越的城市较多,一个监控中心要同时负责与多个交(巡)警大队协调,往往会应接不暇。因此,必须按辖段设立数个独立的监控分中心来分散工作量,并设立一个总的调度指挥中心来协调各监控分中心的工作。

3. 高速公路交通监控工作中的注意事项

(1)及时切换摄像监控窗口,对关键路段进行录像取证

发生交通事故或其他特情后,为配合地方人民政府、安全监督等相关部门做好突发事件的处理工作,监控人员应及时对事故相关路段的图像进行记录取证。已实现全程监控的高速公路,应将摄像设备调整至事件处理现场,对事件处理全过程进行跟踪记录;未实现全程监控的高速公路,应对事件地点上下游的图像进行记录,以便提供参考信息。监控中心还应通知相关收费站对事件处置相关部门车辆进出高速公路的图像(含时间等信息)进行备份备查。

(2)判断道路是否堵塞

发生交通事故或其他特情后,当交(巡)警、路政等部门的处警人员尚未到达现场时,可通过 CCTV 闭路电视系统判断道路交通是否完全中断。已实现全程监控的高速公路可通过调取事故所在地 CCTV 图像得知道路交通是否完全中断。未实现全程监控的高速公路,可观察事故地点下游的 CCTV:若长时间无车辆通过,则表示道路交通完全中断;若车流量较小表示事

故地点通行不畅，但尚能勉强通行；若车流量较大则表示事故地点通行顺畅，但流量较大，应要求交（巡）警、路政、清障等部门快速处置。

（3）GPS 卫星定位系统

发生交通事故或其他特情后，配有 GPS 卫星定位系统的监控中心应立即调出相关路段信息，迅速查明特情所涉路段清障救援设备的分布情况，根据事故处置的实际需要，迅速调派相应设备、人员赶赴现场施救。

（4）编制交通指挥调度作业指导书

高速公路管理部门应根据本省、本单位的实际情况，编制《交通指挥调度作业指导书》，规范特情监控处置流程，使监控工作有章可依，逐步走上科学化、规范化的轨道。

（5）高速公路特殊车道的使用规定

高速公路实施的是全封闭全立交的渠化交通，对向及垂直交通流与直行车辆互无干扰，因而可取得较高的通行效率。另一方面，由于行驶在高速公路上的车辆车型不一车速不一，同向行驶时相互间可能出现干扰，如：车速较慢的货车长时间占据超车道导致车速较快的小车超车困难，冒险走“S”型路线，往往容易导致交通事故发生；一些驾驶员在高速公路出现道路拥堵时往往违章占用应急车道行驶，一旦通行不畅，将导致救援车辆受阻，施救人员、设备无法及时抵达现场，耽误宝贵的施救时间，给抢险救援工作造成极大的困难。因此，以法律形式科学的对高速公路车道使用进行规定，进一步提高道路使用效率已成为高速公路管理部门所必须解决的一道课题。

《中华人民共和国道路交通安全法实施条例》第 78 条明确规定：高速公路应当标明车道的行驶速度，最高车速不得超过每小时 120 公里，最低车速不得低于每小时 60 公里。

在高速公路上行驶的小型载客汽车最高车速不得超过每小时 120 公里，其他机动车不得超过每小时 100 公里。

同方向有 2 条车道的，左侧车道的最低车速为每小时 100 公里；同方向有 3 条以上车道的，最左侧车道的最低车速为每小时 110 公里，中间车道的最低车速为每小时 90 公里。道路限速标志标明的车速与上述车道行驶车速的规定不一致的，按照道路限速标志标明的车速行驶。

第 82 条明确规定：机动车在高速公路上行驶，不得有下列行为：倒车、逆行、穿越中央分隔带掉头或者在车道内停车；在匝道、加速车道或者减速车道上超车；骑、轧车行道分界线或者在路肩上行驶；非紧急情况时在应急车道行驶或者停车。

模块二 接听和记录救援电话

1. 受理电话

接听和记录救援电话是高速公路监控员重点业务内容之一。在工作内容上，类似于秘书工作；在工作对象方面，求助对象多为交通事故当事人，心理处于恐慌状态，通话过程存在一定的不确定性。因此，监控员必须具备良好的心理素质与职业素养，热情、认真、耐心的接听、处理、记录每一次业务电话。

（1）监控员工作要求

监控中心应制定严格的岗位责任制，做到职责分明，奖罚分明。监控员必须做到以下几点：

①接待求助电话要热情。

②敬业精神与高度责任心。

③时刻保持警惕、遵守值班纪律。

④认真做好保密工作。

⑤要认真学习业务知识，提高业务水平。

⑥填写值班日志，做好交接工作。

(2)值班记录

填写值班记录应注意以下事项：

①填写值班者的姓名和值班时间。

②填写值班记录做到内容简明扼要，语言规范，字迹清楚，不加评论，不带个人感情，实事求是。

③注意做好交接班工作。

(3)通话要求

①态度：耐心、热忱、真情；禁忌不耐烦，不热心。

②语言：文明、规范，普通话标准，吐字清楚，言词得当，简洁明了；禁忌使用不文明用语。

③声音：响亮，清晰。

④语调：平缓。

⑤语气：温和。

(4)常用文明用语

①您好！

②请问您需要什么帮助吗？

③很抱歉！

④对不起，让您久等了。

⑤谢谢您的合作。

⑥再见。

(5)禁忌用语

①喂！什么事啊。

②喂，你叫什么？干什么的？

③你打错电话了(挂电话)。

④真啰嗦。

2. 监控员接听和记录救援电话记录注意事项

监控员在接到特情信息报告时，应保持镇定，注意问清事故(事件)情况，内容包括：事故发生时间、事故地点、事故所在车道方向、人员伤亡情况、有无装载易燃易爆或有毒物品、车辆有无发生火灾、事故类型、事故原因、车型、车辆牌号、事故车所属单位、占道情况、可否在30分钟内疏通道路、是否需要相关路网单位的可变交通信息发布系统配合、是否需要相邻路政清障大队支援、需要调派清障设备的类型与数量等。通话时，建议在稿纸上做好速记，随后认真誊写在记录本上。为做好取证工作，监控员还应视情对通话内容进行录音备查。

监控员应根据事件处置的实际需要，及时通知相关领导及交(巡)警、路政、清障、养护、收费站、服务区等相关部门赶赴现场进行处置，并根据信息报告制度向上级有关部门汇报。

由于信息报告者受教育程度不一，报告时可能出现方言、俚语甚至是外语通话等情况，高速公路经营管理单位应根据所辖道路交通流特点，因地制宜的做好监控员的语言培训(特别是做好英语口语培训),使其适应岗位工作需要。

考虑到求助者的心理状态,监控员在与对方通话时应多给其积极心理暗示以稳定情绪,防止出现意外。

3. 受理客户投诉

随着道路使用者维权意识的日益增强,客户投诉受理工作也成为高速公路监控员日常业务的热点之一。

客户投诉受理应遵循“首问负责制”原则。可以明确答复的,应立即答复客户;不能及时答复的,应耐心向客户做好解释工作以取得其理解,并在投诉事项调查核实处理完毕后立即向投诉人做出回复。监控中心应设置专用客户投诉受理记录,详细记录投诉内容及处理情况等。监控员在接听投诉电话时,应注意礼貌礼节,使用文明用语,讲普通话,做好与举报人的沟通,稳定其情绪,尽力取得对方信任,防止其再向其他单位或机构投诉。同时,应详细询问举报人姓名、举报内容、联系方法,并做好相关记录及电话录音备查。

模块三 重大突发事件的处治和危险化学品的事故处理

1. 重大突发事件的常规处置流程

高速公路交通监控工作所面临的突发事件情况不一,处置的具体方案也不尽相同。总的来说,有一套相对固定的处置思路,大致如下:

①监控员接到突发事件报告后应保持镇静,注意问清情况,详细记录事件发生时间、所涉路段、事件类型、事件可能造成的后果、是否需要实施交通管制、需要何种清障设备救援、是否需要相关路网单位可变交通信息发布系统配合等情况,并对通话内容进行录音。

②监控员根据有关报告,及时将事件情况通报交(巡)警、路政、经营管理单位,并向相关领导汇报。

③突发事件处置需实施交通管制的,应立即协调交(巡)警、路政、经营管理单位组织实施。

④突发事件处置期间,应在相关路段的可变情报板、可变限速标志上发布相关警示信息。

⑤特情现场未恢复正常通车条件期间,应定时与现场人员联系,及时了解最新情况,并适时报告有关部门、领导。监控员应及时分析相关资讯,并适时向有关部门提出处置建议。

⑥当特情现场恢复正常通车条件后,应及时与交(巡)警、路政等部门协调解除交通管制措施或采取借道行驶。若同意解除管制或实施借道通行,应及时协调相关部门组织实施,并将情况向有关领导汇报。

⑦当特情现场恢复正常通车条件后,应及时报告有关部门、领导,撤除可变情报板、可变限速标志上的警示信息。牵涉到相关路网单位的,应及时协调撤除警示信息。

2. 危险化学品事故处置

高速公路危化品事故发生后,驾乘人员必须根据承运危化品货物的性质,按照规定要求,采取相应的应急措施,防止事态扩大,并及时通过电话或 SOS 紧急求救电话向交(巡)警、路政、高速公路经营管理单位报告。

监控员在接到事故报警后应保持冷静,尽可能详细的向当事人询问事故地点、事故所在车道方向、事故发生时间、危化品类型及毒性、是否发生泄漏、车辆有无发生火灾、车型、车牌、事故原因、人员伤亡情况、道路堵塞情况等信息,并对通话内容进行录音备查。监控员应据情通知事故所在地人民政府、危化品事故清障指挥办公室、公安、消防、交(巡)警、路政、清障、环保、卫生防疫、急救等部门事故的有关情况，并根据实际情况向公安交管部门提出交通管制建议。当危化品事故所在路段已经形成严重交通堵塞或危化品事故处理要求必须立即实施交通管制的，监控中心值班人员应通知所辖收费站关闭入口，同时在事故路段的可变情报板上发布“前方危化品事故+请就近下高速！”（+表示换行显示）类的警示信息。若危化品事故未造成交通堵塞且危化品事故处理对交通未产生影响的，则应在事故路段的可变情报板上发布相应的警示信息。当事故处理可能需要相邻高速公路配合共同实施交通管制措施的，监控中心应及时向当地公安交管部门反映实际情况，并提出交通管制的参考方案，由公安交管部门负责协调交通管制措施的实施。若事故发生在夜间，还必须打开事故路段的所有高、低杆灯，以预防二次事故的发生。

课题三　采集与发布信息

模块一　交通流知识与检测交通流参数

1. 交通流知识

(1)交通流特性

在公路上行驶的车辆群称为交通流，不同的交通流表示车辆群体的不同运行状态。车辆运行状态往往随车辆的技术状况、驾驶员特点和交通环境（道路条件、气象、车辆相互影响和交通管制等）而变化。高速公路交通流状态变化具有如下特点：

①易变：干扰容易激发状态变化。如一辆车驾驶失误，可以引起后随车辆车速和车间距离出现很大改变。

②变化幅度大：沿高速公路不同路段和不同时间，交通流的状态可能相差很大。

③随机性：状态变化无法准确预测，但是具有一定的特征倾向。描述这种变化特征的物理量服从一定条件下的统计规律，可用统计方法研究其分布特性。

(2)交通流分类

交通流运行状态的定性定量特征称为交通流特性，常用各种物理量描述交通流特性，并称它们为交通特征变量或简称交通流参数。交通流状态可分为稳态和动态两类。前者指不考虑各参数随时间的变化，只沿公路长度方向有不同分布；后者则既随空间也随时间变化。

(3)交通流参数

1)交通量 Q

交通量是指在单位时间段内，通过道路某一地点、某一断面或某一条车道的交通实体数。按交通类型分，有机动车交通量、非机动车交通量和行人交通量，一般不加说明则指机动车交通量，且指来往两个方向的车辆数。

在交通量观测和统计分析及实际应用中，常见的交通量有以下几种：

①平均交通量：交通量时刻在变化，在表达方式上通常取某一时间段内的平均值作为该时间段的代表交通量。

②高峰小时交通量：指一天内的交通高峰期连续 1h 的最大交通量。

③第 30 位小时交通量：将一年当中 8760h 的小时交通量，按大小次序排列、从大到小排序号为第 30 位的小时交通量。

2)速度

设行驶距离为 s，所需时间为 t，则车速可用 s/t 形式表示。按 s 和 t 的取值不同，可定义各种不同的车速。

影响车速变化的因素主要有：

①驾驶员对车速的影响

汽车行驶速度除众所周知的与驾驶员的技术水平、开车时间长短有关外，还与驾驶员的个性、性别、年龄和婚姻状况有关。一般开新车、长途旅行的人比短途出行的人开得快，车上无乘客时比有乘客时开得快，青年、男性、单身驾驶员要比中年、女性、已婚的驾驶员开得快。

②车辆对车速的影响

车型和年龄对地点车速有显著影响。小汽车快于专用大客车，货车最慢，新车快于旧车。运货汽车的平均车速按轻型车、中型车、中型组合车、重型单辆车的次序依次降低。单辆车和组合车的平均车速随总重的增加而降低。

③道路对车速的影响

驾驶员采用的实际车速不是根据车道的等级，而是根据车道的实际状况，如车道类型、车道数和路面类型等对汽车行驶的影响。

④交通条件对车速的影响

如平均车速随交通量增加而降低；多种车辆混合时，互相干扰使车速降低，当机动车和非机动车分开行驶或用隔离带分开时，车速增高；时间、气候、地理环境同样对车速产生影响。

2. 检测交通参数

在交通检测的各种信息中，交通参数的检测是最重要的。表征高速公路运行情况的最直接的变量就是以交通量、速度、密度为集中代表的交通参数，只有更准确地测定和计算出这些参数，才能清楚地了解当前时段公路的交通状况，以便实施更有效的控制。交通参数的检测具有较为广泛的实用性和重要性，是高速公路监控的基础。

交通检测设备用来检测交通量、车速、占有率、车头时距、车辆存在、车重和排队长度等，国外常称它为车辆检测器。

检测设备一般包括传感和处理两部分。传感器是将被检测量（非电量）转换为电量；处理器负责电量采集、处理、存储和输出（显示、打印或通信）。

常用的检测设备有感应线圈检测器、视频车辆检测器、超声波检测器、微波检测器、红外检测器、车重检测器、电磁检测器等。

模块二　道路环境知识与检测气象信息

1. 道路环境知识

道路环境对交通有比较大的影响，任何管理决策都是在一定的条件下作用的，因此，对于监控系统，了解道路环境知识是十分必要的。

一般所说的道路环境包括气象条件、道路状况及道路环保条件。

（1）气象条件

浓雾、暴雨、大雪、强烈侧风和雷击等气象环境都将严重影响交通流，导致高速公路上的交通拥挤甚至交通事故。在这些因素中，不同的气象环境对交通的影响方式和影响程度不同。

1）大雾

为了保证行车安全，车辆行驶过程中驾驶员应该在一定的距离外就能清晰地确认前方车道上的障碍物。对于单向行驶车道，这个距离称为停车视距。它对于行车安全、行驶速度和通过能力等都有很大影响。

当能见度小于行驶车速下的停车视距时,则尾撞的危险加大,雾越浓,能见度就越小,驾驶员可用反应时间越短,尾撞的概率就越大。为了预防浓雾天气出现交通事故,应该检测能见度,把检测结果视为停车视距,并找出相应的行驶车速作为车速限值,通知公路上的行驶车辆在新的限速值内行驶。

大雾天气应立即关闭高速公路相关路段,由专车引导车辆下路绕行,或停放在安全地点。亦可间隔放行,控制车流密度,由专车引导车辆保持间距慢行。

2)大雨与大雪

大雨与大雪给车辆行驶带来双重不利影响:一是显著降低能见度;二是润湿或冻结的路面使车辆轮胎的附着系数大为减小,路面抗滑能力大幅度下降。这种气象环境不仅给行车安全带来危害,也给视频检测监视带来困难。

3)侧向风

强烈的侧向风会使车辆在行驶过程中产生不可控制的侧向移动,例如侧向风速为22m/s时,车辆向前行驶60m,可能产生1.2~1.5m侧向移动。这个数据可以使车辆身不由己地从一个车道转移到另一个车道,导致交通流混乱和诱发交通事故。高速公路隧道出口处、大型桥及高路堤处有时横向风力较大,面包车、大型客车、篷布载货车侧面受横向作用力较大,易出危险。因此,有必要对高速公路沿线地区进行常规气象监测和预报,特别是对大气能见度、相对湿度和降雪量更应实施布间断监测。

(2)道路状况

当道路的路面出现冰冻、积雪等现象时,往往不能引起驾驶员的足够重视,从而导致较严重的交通事故和制动失效引起的尾撞事件。

路面湿润、结冰和积雪对车辆行驶的危害是很大的,车速越高,危害程度越大。

(3)道路环保条件

大量车辆沿公路高速行驶,对公路附近地区的生态、大气和声环境产生污染。其中对人的生存和人民的生活影响较大的是大气污染和噪声。汽车排放的一氧化碳(CO)、氮氧化物(NO_x)、总悬浮颗粒物和柴油车排放的可吸入颗粒对人类身体健康造成损害。噪声对人的健康和工作、生活产生严重影响。

2. 检测气象信息

根据上面对气象环境的分析可知,能见度、湿度、风速等气象参数对交通有较大的影响。由于在气候恶劣的天气中,交通事故出现的频率较高。因此,根据需要可检测风速、风向、温度、湿度、能见度、黑冰、雨雪等气象状况,并据此配备检测器如温度检测器、湿度检测器、风速风向检测器、雨量检测器、能见度检测器等。故气象检测器能够对风速、风向、气温、相对湿度、能见度、降雨量等进行检测,并能够将检测参数送入监控中心。

模块三 采集正常道路(隧道)养护信息

1. 采集正常道路养护信息

为及时发现道路及其附属设施的病害及损坏,对出现的路况不良情况应进行记录,并迅速做出判断和处理。掌握、收集道路路况和交通信息,为制订养护对策提供帮助,并通过及时掌握道路的使用状况,建立养护日志,为建立完善的养护管理系统、编制养护计划积累资料,为建立科学的路况评价体系提供基础资料。

2. 采集正常隧道养护信息的方法

隧道养护信息的范围包括土建结构、机电设施以及其他有关设施。

(1)采集土建结构养护信息

养护信息应通过日常检查、定期检查、特别检查和专项检查来采集。

(2)采集机电设施养护信息,包括日常检查、经常性检查、定期检查与应急检查等。

模块四 信息发布

对于监控员来说,首先应掌握在计算机中进行文字输入与编辑的方法,然后掌握发布文字信息的方法。

可变信息的标志(以下简称CMS)具有动态、实时显示交通信息的特性,通过发布CMS信息,能够及时地向高速公路使用者提供充分、可靠的交通信息,从而减少高速公路的重现性拥挤、堵塞,降低高速公路非重现性事故发生的概率,提高高速公路营运的安全性。

发布CMS的文字信息公告主要通过安装在高速公路两旁的门架式可变情报板和小型可变情报板发布信息,也可利用可变限速标志和固定式指示牌发布信息,还也可利用Internet网络进行信息发布,还可以在服务区内通过信息查询机了解道路实时的状况。

发布CMS的信息时,应做到以下几点:

①发布CMS的信息时,应首先调用相应信息库中的预存信息,也可以根据具体情况确定编辑临时文字信息及时发布。

②发布行车须知信息和特殊路段信息时,应综合考虑CMS显示屏所处的地理位置,邻近构造物和道路线形等因素,以及多坡CMS组合显示信息的问题。

③对于道路状况信息和天气预警信息,应根据事件地点、范围等,迅速确定需要具体发布的CMS信息代码,发布相应信息。

④当同时有一条以上的信息需要发布时,CMS信息的显示应按下列优先发布顺序进行管理:

a. 道路状况信息以及事故信息;

b. 天气预警信息;

c. 特殊时段信息;

d. 行车须知信息;

e. 其他信息。

课题四　维护保养设备

模块一 清洁用品用具的功能与使用常识

1. 清洁用品用具的使用功能

清洁用品用具包括清洁卡、清洁盘、清洁巾、清洁套装、清洁专用工具等。计算机等仪器设备在使用了半年左右,在其表面上就会有一层灰尘、油腻等。例如打开主机箱,机箱内部也会有很多灰尘。电源风扇、CPU风扇等处的灰尘特别多。此时,要是不注意清洗的话,就会造成灰尘阻塞风扇导致风扇停转。轻则造成计算机在运行程序时经常死机或者重新启动,引起数据资料的损失。重则导致烧毁机器硬件,引起经济上的不必要损失。使用清洁用品用具能迅速清除电脑、程控交换机、数据通信、主控数据中心、自动化等各种精密电子仪器、设备上的灰尘、油污、盐分、湿气、饰面静电、金属粉末等有害物质。

由于程控交换机、移动通信设备、微波通信设备、无线寻呼设备、电脑系统、自动化控制设备等设备在运行过程中时刻受到污秽及静电的侵害，形成电路（板）漏电电化学腐蚀静电放电引起的元器件击穿，造成元器件介质硬击穿、烧毁或永久性失效，软击穿则是造成器件性能劣化或参数指标下降。清洗用品应用可以迅速、彻底清除各种精密设备电路表面及深层的灰尘、油污、炭渍、盐分、潮气、金属尘埃及各种带电粒子，有效消除"软性故障"，避免造成设备电路短路、电弧、散热不良，影响信号的准确性和稳定性，保证设备最佳工作状态和稳定运行，防止重大恶性事故发生等，有着极其重要的作用。

2. 清洁用品用具的使用常识

（1）擦拭显示器外壳

大多数显示器的外壳都是乳白色的，长时间使用后不仅会积累一些灰尘，还容易沾染一些杂物。笔者使用的是 CRT 显示器，由于工作时会散热一些热量，所以显示器的后面的外壳上有不少散热孔。这些散热孔通常会积累做多的灰尘，是清洁的重点部位。笔者先将抹布浸湿，然后拧干到不再滴才用它擦拭显示器的外壳。拧干是尤其重要的步骤，千万不要让水从散热孔滴到显示器的内部。擦拭完外壳之后，笔者再用洗耳球来清洁散热孔沾染的灰尘。清洁显示器的时候千万不要打开显示器的外壳，CRT 显示器内阴极射线枪的电压非常高，擅自拆开是相当危险的。清洁显示器的时候必须关闭电源，最好是将插头也拔下来，以免清洁过程中误碰到开关。

（2）键盘清洁

键盘的清洁要视使用情况而定。如果仅仅是按键的表面附着了一些灰尘，那么可以用洗碗用的老丝瓜沾一些去污粉擦拭键盘。但如果键盘的只是略微有些灰尘，并不算严重话，可以不拆卸键盘，只将个别的按键撬下来，然后用洗耳球清除里面的灰尘等。不过这种方法也有一些弊端，首先按键并不是很容易撬下来，而且像空格，SHIFT 这样较大的按键在撬下来的过程中有可能会损坏。笔者建议使用这种方法的时候最好谨慎一些。

（3）鼠标清洁

目前的鼠标主要分为机械鼠标和光电鼠标，这两种鼠标的清洁方式是有较大区别的。机械鼠标的清洁最主要的就是鼠标里面滚珠。通常机械鼠标在长时间使用后，滚珠上都会沾染大量的灰尘，影响到鼠标的正常工作。其实只需要打开机械鼠标的底盖，将滚珠倒出来。使用酒精仔细擦拭，然后晾干。接着再使用棉花棒沾上酒精擦拭鼠标里面的滑轨，通常这里也会积累不少灰尘。擦拭之后等酒精完全挥发，然后再将滚珠装入鼠标就可以了。如果实在太脏，清洁起来很困难的话，也可以将滚珠放到沸水里煮 5 ~ 10min。对于光学鼠标来说，清洁过程更简单一些。用户可以用棉花棒沾清洁剂或者酒精清洁鼠标的光头。

（4）光驱清洁

光驱的清洁主要包括托盘和激光头两个部分。使用时间较长的光驱通常托盘上都会积累一些灰尘，这时可以将光驱拖盘弹出来，然后用酒精或清洁剂擦拭托盘，等托盘完全晾干之后，再让托盘缩回光驱。

（5）清洁拖盘

激光头沾染灰尘会影响读盘。如果你的光驱读盘有些困难的话，则很有可能是激光头较脏造成的。这时就需要购买专门的 CD 机或 DVD 机用的激光头清洗设备，然后拆开光驱，按说明书上的方法清洁光头。

(6)机箱与板卡清洁

机箱的清洁比较简单,主要是使用洗耳球将机箱内部、主板、显卡等设备上的灰尘吹走,如果灰尘较多的话,建议将机箱内的板卡全部拆下来清洁,这样效果更好。机箱外壳使用湿抹布清洁就可以了,但注意抹布尽量拧干,不要让水流到机箱内。

主板上有较多的接口,这些地方很容易沾染灰尘,尤其是一些空置的接口。例如主板上未使用的 PCI 接口或内存插槽。将来在已进入灰尘的插槽中安装板卡,很容易导致系统不稳定。笔者推荐使用洗耳球将插槽内的灰尘吹出来,而不要使用棉花棒或者其他牙签等来清洁。使用棉花棒或者牙签很可能导致插槽里面积累更多杂物。

在清洁插槽的同时,最好也同时清洁板卡的金手指部分。笔者建议使用干净柔软的抹布或者是橡皮擦擦拭板卡的金手指接口部分。这样不仅可以保证板卡更稳定的工作、消除隐患,还可以保护金手指,延长板卡寿命。

金手指沾染了不少灰尘,笔者使用橡皮擦。板卡风扇和电源风扇也是最需要清洁的地方之一,尤其是电源风扇。不少机箱的设计都将电源作为出风口,这会导致大量灰尘积累在电源风扇上。在不拆开电源的情况下,可以使用洗耳球吹掉风扇上的灰尘。显卡风扇和处理器风扇上通常也会积累不少灰尘。可以直接将风扇拆卸下来清洁。不少风扇在使用时间较长后常常会发出一些噪声,大多数情况下是因为轴承老化,一般在风扇的轴承里面上一点油就可以降低风扇的噪声。

(7)外置接口清洁

大多数的外置接口都比较小,不容易沾染灰尘也不容易清洁,因此大多数接口没有清洁的必要。惟一有必要清洁的可能就是 USB 接口了。笔者建议使用洗耳球吹掉里面的灰尘,而不要使用酒精或棉花棒等工具来清洁。这样反而容易损坏接口。

模块二 常用软件的安装、升级、补丁与查杀病毒的知识

1. 软件的安装

微软的 Office 系列办公软件的安装过程基本上包括了目前现行软件的安装过程,因此以其为例介绍软件安装。

1)将 Office 安装光盘放入 CD/DVD-ROM,如图 3-20 所示,选择“安装 Office 2003”;如果使用的是后缀名为“. exe”的可执行文件,则直接双击源程序文件进行安装。

2)进入到第二个画面,如图 3-21 所示,用户在这里所填写的用户名、缩写、单位将会出现在你以后所创建的 Office 的文档信息里面。

3)最终用户协议。如图 3-22,弹出了“最终用户许可协议”。最终用户许可协议主要包含了软件的版权声明以及用户协议等。当没有选中“我接受《许可协议》中的条款”的时候,“下一步”是灰色的,处于不可选状态。

选中“我接受《许可协议》中的的条款”,然后点击下一步,如图 3-23 所示。

4)选择安装类型及安装路径

安装路径的选择可以分为默认和新建。

图 3-20 安装 Office 2003

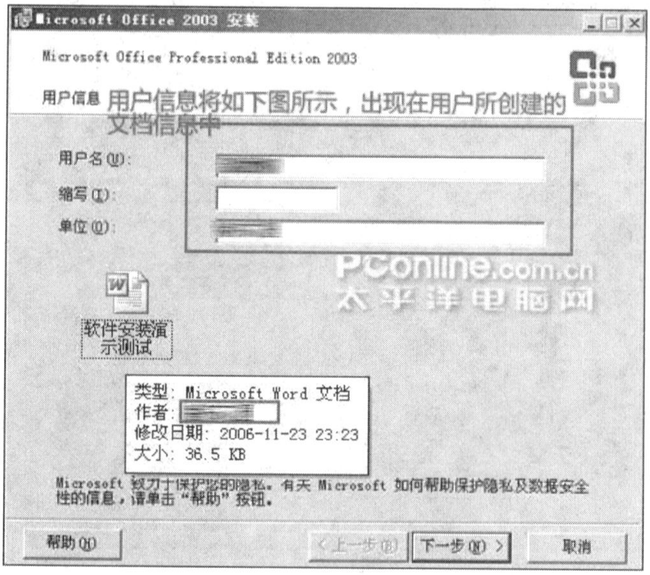

图 3-21　用户信息

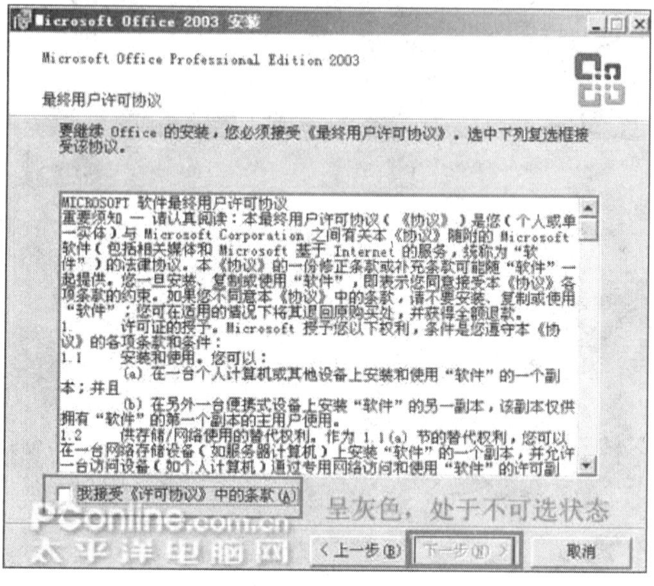

图 3-22　最终用户许可协议

①默认安装

一般软件安装的时候，都会给出软件的默认安装路径：C：\Program Files\＊＊＊，只要一路点击“确定”、“下一步”即可完成软件的安装。

②新建安装路径

a. 输入法、杀毒软件一般安装在 C 盘。

b. 一般的应用软件安装在 C 盘以外的目录下面，如笔者的软件安装目录为“E：\Program Files”。把软件安装到其他盘的好处是不言而喻的，重装系统之后，许多软件尤其是绿色软件都还能够正常使用，如 QQ、WPS 等。即使是不能使用，那么重新安装该软件，然后选择与以前相同的安装位置的时候，用户所做的设置将重新生效，这点对于使用 Photoshop、Dreamweaver、

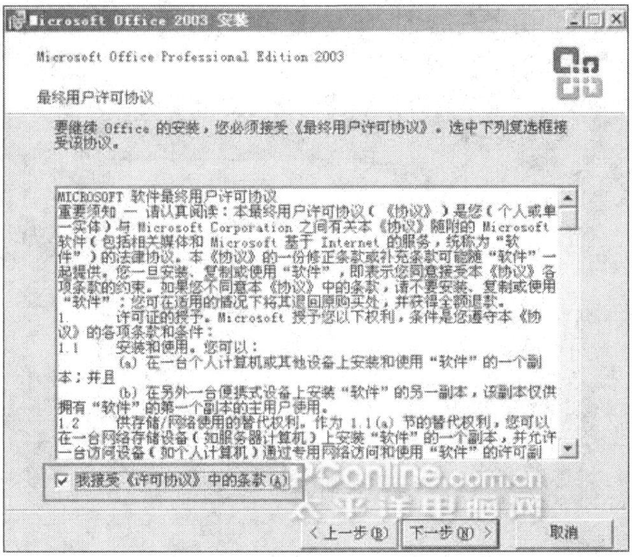

图 3-23　接受最终用户许可协议

世界之窗浏览器等软件的用户来说,就能够保存重装系统前的设置和所装的插件等。

如图 3-24 所示,将安装位置改为“E:\Program Files\Microsoft Office\ ”。当然用户还可以点击“浏览”,选择其他的安装位置,如图 3-25 所示。

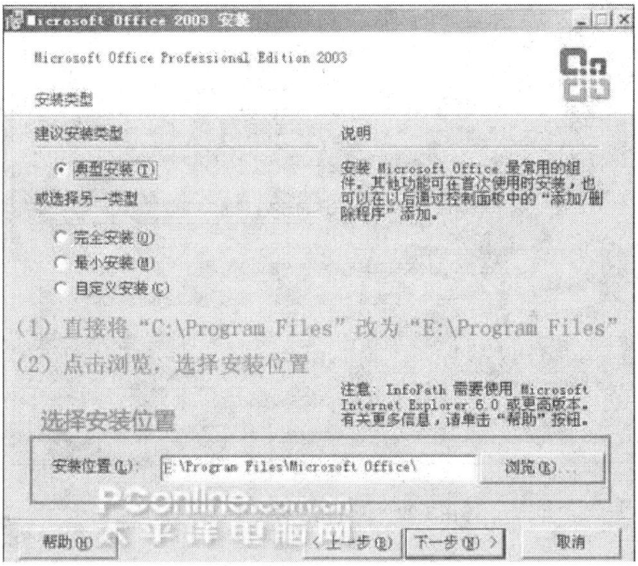

图 3-24　改变安装位置

2. 软件的升级、补丁和查杀病毒的知识

(1)软件的升级

各种软件的升级界面不同,但基本步骤基本一样,下面以江民杀毒软件升级为例介绍一般软件的升级方法。

①选择“工具”、“设置”。

②在打开的设置的对话框里选择“升级”。

③然后勾选使用代理服务器。

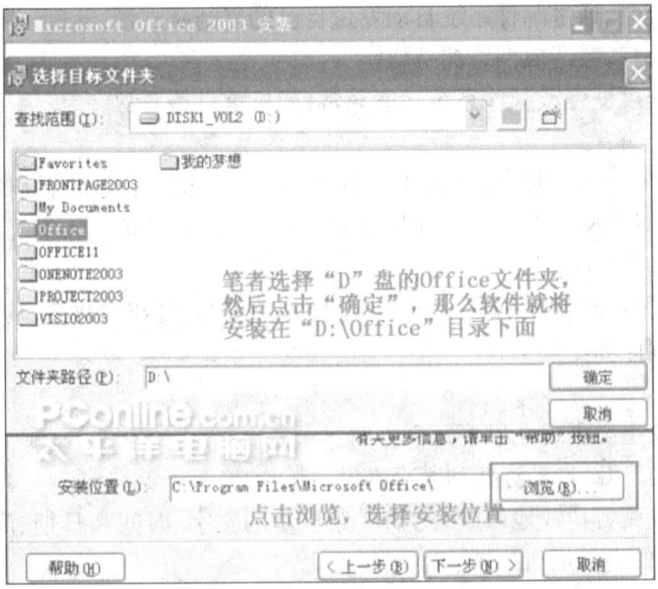

图 3-25　选择安装位置

④在代理服务器地址处填入“update. 2dai. com”,在端口处填入“3636”。

其他留空,然后确定,就可以实现全面自动升级了。

(2)常见病毒类型及查杀办法

1)引导型病毒

表现现象主要有以下几个方面:

①隐藏于硬盘或软盘的引导区中,当计算机从感染了此类病毒的磁盘引导时,病毒驻留到内存中,之后向其他所有可写磁盘复制传播。

②发作时可导致系统不引导,分区表被破坏等现象。

利用干净的(确保无毒)软盘或光盘引导机器,利用 dos 版的杀毒软件进行查杀。杀毒后有可能导致硬盘不引导甚至分区丢失等现象,因此建议杀毒前,备份重要数据。用命令“fdisk/mbr”尝试清除或者用杀毒软件查杀,查杀前建议备份引导扇区和分区表。

2)文件型病毒

表现现象主要有以下几个方面:

①大多寄生在可执行文件上,使文件字节数变大,劫夺用来启动主程序的可执行命令,用作它自身的运行命令。

②同时还经常将控制权还给主程序,伪装计算机系统正常运行。一旦运行被感染了病毒的程序文件,病毒便被激发,进行自我复制。

③会使系统出现运行速度变慢,数据丢失,死机等现象。

利用干净的(确保无毒)软盘或光盘引导机器,利用 dos 版的杀毒软件进行查杀。杀毒后可能会导致某些程序无法运行甚至无法进入系统,建议杀毒前重要数据先备份,出现这类情况可覆盖安装(9x、me 或应用程序)或修复安装(2k 或 xp)尝试修复,系统文件可用 sfc 修复。如果无效建议格式化重装。

3)蠕虫病毒

病毒出现现象主要表现在以下几个方面:

①通过网络复制,通过邮件系统自动发送自己的复制品。

②传播速度极快,会造成网络拥挤瘫痪。

③主机运行速度变慢或某些系统功能异常,死机重启等异常。

杀毒办法主要有:

①如果病毒严重影响操作系统,导致系统无法运行,如出现关机、重启等现象,像冲击波和震荡波,出现倒计时关机提示框时,应用“shutdown /a”命令结束重启,然后上网升级病毒软件或下载补丁程序和专杀工具。

②如果病毒对系统运行影响不严重,仅是出现速度慢、死机等现象,应尽快上网升级病毒软件或下载补丁程序和专杀工具。

4)木马

感染病毒现象主要表现在以下几个方面:

①浏览器自动打开,自动连接到某个网站。

②系统配置被莫名其妙地修改,比如屏保显示的文字、时间和日期、声音大小、鼠标灵敏度,还有CD-ROM的自动运行配置。

③运行中莫名其妙的弹出出现警告框或者是询问框,问一些莫名其妙的问题。

④机器启动时异常缓慢,很长时间恢复正常;网络连接状态时,大批量接收发送数据包;鼠标指针时而没缘由的成沙漏状态;屏幕无缘故黑屏又恢复正常;硬盘老是没理由地读盘写盘;软驱灯经常自己亮起来;光驱自己弹开关闭。

⑤QQ、MSN等登陆时输入账号密码的登陆框连续出现两次,或者输入正确的密码后提示不正确。

根据木马的启动运行原理,可先利用msconfig关闭启动项中的可疑程序,重启后上网升级病毒软件或下载补丁程序和专杀工具杀毒。

模块三 设备日常维护常识和操作规程

1. 监控设备内部清洁和滤网及散热系统除尘

(1)选择清洁工具

设备的清洁不需要很复杂的工具,一般的除尘维护只需要准备十字螺丝刀、平口螺丝刀、油漆刷或者油画笔就可以了。电吹风、无水酒精、散热硅油、脱脂棉球、钟表起子、镊子、皮老虎也是必备的工具。如需简单维护,还需要尖嘴钳、试电笔、万用表等设备。

(2)机房除尘

灰尘是机房设备的最大杀手,定期给服务器除尘是必不可少的工作。尤其是未经特殊规划和处理的普通存放环境,使用一段时间后,服务器中会沉积大量灰尘。此时就需要定期为服务器清理灰尘,这一点在夏季尤为重要。事实上除尘方法与普通PC除尘方法相同,但是作为一个系统工程同样需要注意一些技巧。

1)设定合理的除尘周期

根据机房的具体情况设定合理的除尘周期,并按照机房内部、机房外部、机房设备内部三部分进行分别清洁。以一个中等校园机房为例,机房内部卫生应每三天清理一次,每半个月进行一次彻底清洁;机房外部卫生应每天清洁,每周对设备吸附尘土情况进行检查,对有必要清洁的设备每月进行一次清洁;每两年根据实际使用情况对机房设备和机房进行中修;每五年对机房及设备进行大修。

2)谨防静电危害

拆机清理设备时,首先要避免人员带电对设备造成损害。在清理前应当先穿好防静电服,佩戴除静电环等设备。避免带电拆机,必须在完全断电、服务器接地良好的情况下进行,即使是支持热插拔的设备也是如此,以防止静电对设备造成损坏。对于显示器等设备应首先做放电处理。

(3)设备清洁

1)主板的清洁

作为整个设备的基础硬件,主板堆积灰尘最容易引起问题,主板也最容易聚集大量灰尘。清洁主板时,首先要取下所有的插接件,拔下的设备要进行编号,以防弄混。

然后,拆除固定主板的螺丝,取下主板,用羊毛刷子刷去各部分的积尘。操作时,力量一定要适中,以防碰掉主板表面的贴片组件或造成组件的松动以致虚焊。灰尘过多处可用无水酒精进行清洁。对于主板上的测温组件(热敏电阻)要进行特殊保护,如提前用遮挡物对其进行遮挡,避免这些组件损坏而引发主板出现保护性故障。主板上的插槽如果灰尘过多可用皮老虎或吹风机进行清洁,如果出现氧化现象,可以用具备一定硬度的纸张,插入槽内来回擦拭(表面光滑那面向外)。

2)插接件的处理

插接件表面可以用与清理主板相同的方法清理,插接部分出现氧化现象的,可以用橡皮仔细把金手指擦干净,插回到主板后,在插槽两侧用热熔胶填避缝隙,防止在使用过程中灰尘的进入和氧化情况出现。

3)风扇的清洁

风扇的叶片内、外通常也会堆积大量积灰,我们可以用手抵住叶片逐一用毛刷掸去叶片上的积灰,然后用湿布将风扇及风扇框架内侧擦净。还可以在其转轴中加一些润滑油以改善其性能并降低噪声。具体加油方法是:揭开油挡即可看到风扇转轴,用手转动叶片并向转轴中滴入少许润滑油使其充分渗透,加油不宜过多否则会吸附更多的灰尘,最后贴上油挡。

对于风扇与散热片可分离的结构,可以拆下散热片彻底用水清洗,灰尘少的可以用软毛刷加吹气球的方法清理;对于不可分离的散热片,可以用硬质毛刷清理缝隙中的灰尘,同时辅以吹风机吹尘。清洗后的散热片一定要彻底干燥后再装回,重新安装散热片时建议抹上适量导热硅脂增强热传导性。

4)箱体表面的清洁

对于机箱内表面上的积尘,可以用拧干的湿布进行擦拭。注意湿布应尽量干,避免残留水渍,擦拭完毕应该用电吹风吹干。

5)外围插头与插座清洁

对于这些外围插座,一般先用毛刷清除浮土,再用电吹风清洁。如果有油污,可用脱脂棉球沾无水酒精去除。

应注意:清洁时也可使用清洁剂,不过清洁剂需为中性,因为酸性物质会对设备有腐蚀作用,且清洁剂挥发性一定要好。

6)电源

电源是非常容易积灰的设备,而且受温度影响严重。拆解电源时一定要注意内部高压,如果没有一定专业知识,不要私自拆开。如不拆解,可以用吹风机强挡对着电源进风口吹出尘土,并用硬毛刷隔着风扇滤网清洁一下风扇叶片。

应注意：某些设备不允许用户自行拆卸，否则厂商将不予保修，拆卸前要联系设备生产商进行确认。各部件要轻拿轻放，尤其是硬盘，切不可磕碰；上螺丝时应松紧适中，在需要部位垫上绝缘片；除尘维护后重新将硬件装入机箱，接上电缆和电源，在不盖机箱的情况下先试运行一下系统，看一下各风扇运转是否正常，查看是否有插接不牢或异响。

2. 不间断电源的系统维护

(1) UPS 电源系统使用注意事项

UPS 电源系统因其智能化程度高，储能电池采用了免维护蓄电池，这虽给使用带来了许多便利，但在使用过程中还应在多方面引起注意，才能保证使用安全。

①UPS 电源主机对环境温度要求不高，5℃ ~40℃都能正常工作，但要求室内清洁，少尘，否则灰尘加上潮湿会引起主机工作紊乱。储能蓄电池则对温度要求较高，标准使用温度为25℃，平时不能超过15℃ ~ +30℃。温度太低，会使储电池容量下降，温度每下降1℃，其容量下降1%。其放电容量会随温度升高而增加，但寿命降低。如果在高温下长期使用，温度每高10℃，电池寿命约降低一半。

②主机中设置的参数在使用中不能随意改变。特别是对电池组的参数，会直接影响其使用寿命，但随着环境温度的改变，对浮充电压要做相应调整。通常以25℃为标准，环境温度每升高或降低1℃时，浮充电压应增加18mV(相对于12V 蓄电池)。

③在无外电靠 UPS 电源系统自行供电时，应避免带负载启动 UPS 电源，应先关断各负载，等 UPS 电源系统起动后再开启负载。因负载瞬间供电时会有冲击电池，多负载的冲击电流和加上所需的供电电流会造成 UPS 电源瞬间过载，严重时将损坏变换器。

④UPS 电源系统按使用要求功率余量不大，在使用中要避免随意增加大功率的额外设备，也不允许在满负载状态下长期运行。但工作性质决定了 UPS 电源系统几乎是在不间断状态下运行的，增加大功率负载，即使是在基本满载状态下工作，都会造成主机出故障，严重时将损坏变换器。

⑤由于组合电池组电压很高，存在电击危险，因此装卸导电联接条、输出线时应用安全保障，工具应采用绝缘措施，特别是输出接点应有防触摸措施。

⑥不论是在浮充工作状态还是在充电、放电检修测试状态，都要保证电压、电流符合规定要求。过高的电压或电流可能会造成电池的热失控或失水、电压、电流过小会造成电池亏电，这都会影响电池的使用寿命，前者的影响更大。

⑦在任何情况下，都应防止电池短路或深度放电，因为电池的循环寿命与放电深度有关。放电深度越深，循环寿命越短。在容量试验中或是放电检修中，通常放电达到容量的30% ~50%就可以满足要求。

(2) 日常维护与检修

①UPS 电源在正常使用情况下，主机的维护工作很少，主要是防尘和定期除尘。特别是气候干燥的地区，空气中的灰粒较多，机内的风机会将灰尘带入机内沉积，当遇空气潮湿时会引起主机控制紊乱，造成主机工作失常，并发生不准确告警，大量灰尘也会造成器件散热不好。一般每季度应彻底清洁一次。其次就是在除尘时，检查各连接件和插接件有无松动和接触不牢的情况。

②虽说储能电池组目前都采用了免维护电池，但这只是免除了以往的测比、配比、定时添加蒸馏水的工作。但外因工作状态对电池的影响并没有改变，不正常工作状态对电池造成的影响没有变，这部分的维护检修工作仍是非常重要的，UPS 电源系统的大量维修检修工作主要

在电池部分。

3. 更换保险管

关掉电源总开关，打开保险丝盒，把保险丝逐根拉出来找出熔掉的一根，并检查电线有否松脱或烧焦。给保险丝画记号以便知道哪条保险丝管哪条线路。

换上电量相同的新保险丝。先把它绕在螺丝上，旋紧螺丝；横过电桥（封闭式保险丝盒则把保险丝穿过导槽）后，顺时针方向松绕在第二颗螺丝上，不要拉紧。旋紧螺丝后，剪去多余保险丝。

根据不同的电路装上合适的保险丝，如有疑问，应向电力公司查询。

管装保险丝如坏了，不易看出来，可用电路测试器检查，或用一个金属壳手电筒测试。拧开底盖，接通开关，将保险丝管一端连接电池底部，另一端连接金属筒。手电筒灯泡不亮，即保险丝坏了，应换上合适的保险丝管。

如保险盒有跳闸开关，电路过载就自动跳闸。只须关掉一些同一电路的电器，再扳开跳闸开关（通常是按钮或扳手），便可恢复电力供应。如保险线经常熔掉，或跳闸复位后再度自动关上，就要请技师检修。

除此之外，为避免因操作不当而损坏电子仪表设备，以及扩大故障范围和造成人身伤亡事故，在检修时要注意不可随意用细铜丝或大容器保险管代替子保险管。当保险管烧断后，在未查明故障原因之前，最好不要盲目更换试机，以防烧坏其他组件。

思考题

1. 收费监控的工作职责是什么？
2. 收费站监控系统由哪些设备组成？
3. 收费监控常用记录有那些？
4. 试述高速公路交通监控工作的意义。
5. 试述接听和记录救援电话的要领。
6. 试述重大突发事件的常规处置流程。
7. 简述 CMS 信息发布的顺序。
8. 高速公路交通管制方式主要包括哪些类型？
9. 简述常见病毒的类型及查杀方法。
10. 监控设备清洁的主要内容有哪些？
11. 简述 UPS 电源系统使用注意事项。

单元四　交通量调查

学习目标

通过本单元的学习，了解交通情况调查常用术语的含义，掌握交通量的调查方法，能够识别公路交通量调查中的车辆分类和分型，能掌握常用调查仪器的使用方法并采集常规交通情况调查原始数据，对原始数据进行整理计算归档上报，能够掌握常用仪器的保养常识。

知识要求

1. 交通量调查方法；
2. 原始数据采集与整理方法；
3. 路段平均交通量的计算方法；
4. 常用调查仪器的保养常识。

技能要求

1. 能识别公路交通量调查中的车辆分类和分型；
2. 能使用交通量数据采集仪采集常规交通情况调查原始数据；
3. 能整理及计算原始记录数据，并对数据进行归档、上报和分析；
4. 能清洁保养常用调查仪器设备；
5. 能修理机械式交通量数据采集仪。

课题一　采集数据

交通量是三大基本交通参数之一，是描述交通流特性的最重要的参数之一。由于交通量既重要而调查方法又比较简单，因此交通量及其调查就成为交通工程学中的重要内容，并且越来越受到人们的重视。近20多年来，我国首先在交通系统的全国公路国道网上进行了以交通量连续式观测为主的调查，取得了较系统、全面的宝贵资料。在大、中城市也对城市道路网进行了广泛的交通量调查。通过对调查资料的整理分析，我们已初步掌握了交通量的空间分布和时间分布特性、交通量的各种变化规律和影响因素，从而为道路网规划、道路设计和建设、交通管理和控制、工程经济分析和效果对比、交通安全和道路环境等各个方面提供了可靠的依据。

国外也很重视交通量调查工作。如美国在1921年起就开始注意交通调查和研究工作；英国在1922年开始交通量调查，1933年以后每隔3年进行一次较大规模的交通量调查，1955年时已有5000个观测点，目前主要公路上平均每7km有一个观测点；意大利从1927年起开始交通量观测，以后规定每年进行一定天数的连续观测；日本从1928年起开始交通量观测，每5年一次，1962年起每3年一次；每次在春、秋季非节假日各调查2天。目前共有27000个观测点，平均不到6km有一个观测站。观测时间一般从上午7点到下午19点，连续观测12h，分12类车辆调查。

我国交通量调查只是在新中国成立以后才开始。1955 年及 1958 年，我国公路交通系统曾对公路干线进行过规模较大的调查，取得了一些资料。但以后的 20 多年，交通量调查基本上处于停滞状态，原有资料也几乎全部散失。只是在 1979 年交通工程学开始在我国受到重视以后，交通调查（包括交通量调查）才又重新较大规模地进行。交通部公路管理部门在全国各省、市、自治区首先建立了较完善的交通量观测系统，从 1979 年 10 月起开展了对国道和其他干线公路的调查。目前已建立 100 多个连续式观测站，几千个间隙式观测站，基本上掌握了全国 10×10^4km 国道和 20×10^4km 各省级干道的交通动态。培训和建立了一支专职和兼职的观测队伍，有几万人参加了这一工作，每年经费达几百万元，出版了前几年的国家干线公路交通量手册。通过 20 多年的努力，我们基本摸清了我国公路交通量的各种参数与变化的规律，掌握了较为丰富的数据。交通量调查向我国各级规划、科研、设计、养护、管理和决策部门提供了大量的基础数据。为制定全国交通运输技术政策、各地高速公路网等规划和建设发展战略等提供了重要的依据，在许多重大交通建设项目的可行性研究、方案论证和领导决策中起到了决定性的作用。同样，对于城市建设、公安交通管理部门，近 20 多年来也开展了大量的交通量调查，为城市的总体规划、交通规划、道路和交通枢纽建设、交通区域控制、交通信号设计、交通管理和交通安全等各个方面提供了可靠的资料。

模块一　公路交通情况调查常用名词术语

1. 交通量的定义和分类

交通量是指单位时间内通过道路某一断面（一般为往返两个方向，如特指时可为某一方向或某一车道）的车辆数（或行人数），又称为交通流量或流量。有以下几种分类方法。

（1）按交通性质分

①机动车交通量。国外一般指的是小汽车交通量。我国由于绝大多数道路上行驶的是混合交通，机动车交通量往往包括了汽车、拖拉机、摩托车及其他特种车辆等。其中汽车交通量，在一般公路上以卡车为主，在城市道路和高速公路上则以小汽车为主。

②非机动车交通量。这是我国混合交通流中一个重要的组成部分。城市道路上自行车交通量特别大，是我国特有的一种交通现象。农村公路上尚存在很少部分的人力车、畜力车，近郊公路上则有一定数量的自行车和人力三轮车。

③混合交通量。将各种机动车和非机动车交通量按一定折算系数换算成某种标准车型的当量交通量。通常提到的交通量往往指的是已换算的混合交通量，如系特指某种车辆交通量则应有所说明。

④行人交通量。指在人行道上或通过人行横道过街的行人交通量。

（2）按计时单位分

通常用得最多的是小时交通量（辆/h）、日交通量或称为昼夜交通量（辆/日）。其他按不同计时单位分还有：

①秒交通量（又称秒率）（辆/s）；

②1min、5min、15min 交通量（辆/min、辆/5min、辆/15min）；

③信号周期交通量（辆/周期）；

④白天 12h 交通量（7 点至 19 点）（辆/白天 12h）；

⑤白天 16h 交通量（6 点至 22 点）（辆/白天 16h）；

⑥周、月、年交通量(辆/周,辆/月,辆/年)等。

(3)按交通量特性分

由于交通量时刻在变化,为了说明代表性交通量,一般常用平均交通量、最大交通量、高峰小时交通量和从最大值算起的第 n 位小时交通量的表示方法。

1)平均交通量

取某一时段间隔内交通量的平均值(一般以辆/日为单位),作为某一期间交通量的代表。按其不同目的可分为:

①平均日交通量(ADT):任意期间的交通量累计之和除以该期间的总天数所得的交通量。

②年平均日交通量(AADT):一年内连续累计交通量之和除以该年的天数(365 或 366)所得的交通量。

③周平均日交通量(WADT):一周内交通量之和除以周日天数(7)所得的交通量。

④月平均日交通量(MART):一月内交通量之和除以该月天数(28、29、30 或 31)所得的交通量。

⑤年平均月交通量(AAMT):一年内连续累计交通量之和除以一年的月份数(12)所得的交通量。

2)最高小时交通量

这是在以 1h 为单位进行连续若干小时观测所得结果中最高的小时交通量。其单位为辆/h。既有用观测地点的整个断面的交通量来表示,也有用每一车道交通量表示。按其用途可分为:

①高峰小时交通量(PHT 或 VPH):一天 24h 内交通量最高的某一小时的交通量。一般还分为上午高峰(早高峰)和下午高峰(晚高峰)小时交通量。其时间的区划一般从 n 点到 $n+1$ 找整数区划。为研究分析目的亦可寻找连续 60min 最高交通量(非整点到非整点)。

②年最高小时交通量(MAHV):一年内 8760h(闰年为 8784h)中交通量最高的某一小时交通量。

③第 30 位年最高小时交通量(30HV):一般简称为第 30h 交通量。将一年中所有 8760h 的小时交通量按顺序由大至小排列时其第 30 位的小时交通量。

(4)有关名词术语和定义

①道路方向分布系数(K_d):用百分数表示的主要行车方向交通量占双向行车总交通量的比值。

②第 30 位交通量系数(K_{30}):第 30 位小时交通量与年平均日交通量之比,简称第 30h 系数。

③月交通量变化系数(M 或 K_M):年平均日交通量与某月的平均日交通量之比,又称月不均匀系数、月换算系数、季节不均匀系数等。

④周日交通量变化系数(D 或 K_M):年平均日交通量与全年中某周日的平均日交通量之比,又称日不均匀系数、日换算系数等。

⑤白天 16h 交通量系数(K_{16}):白天 16h 交通量与全天 24h 交通量的比值。一般应采用连续若干天的交通量的平均值。白天 16h 一般应为上午 6 点至晚 22 点。

⑥白天 12h 交通量系数(K_{12}):白天 12h(上午 7 点至下午 19 点)交通量与全天 24h 交通量的比值。一般应采用连续若干天的交通量的平均值。

⑦高峰小时流量比：高峰小时交通量与该天日交通量之比值，一般以百分比表示。

⑧高峰区间：某高峰小时内连续5min（或15nin）累计交通量最大的区间称为该高峰小时内的高峰区间。

⑨扩大高峰小时交通量：把高峰区间的累计交通量扩大推算为1h时间内的交通量即为扩大高峰小时交通量。

⑩高峰小时系数（PHF）：高峰小时实测交通量与由5min或15min高峰区间推算所得的扩大高峰小时交通量之比，称为高峰小时系数。

模块二 交通量调查方法

交通量调查是指对选定公路的某路段的交通流量及其特性的调查。通过交通量调查可掌握公路网、各条路线、各路段交通流量的大小、构成、时间分布、空间分布、道路拥挤状况等特性。

1. 公路交通量调查方法

我国自1979年10月开始进行正规的交通量调查以来，已有20多年的历史。目前，公路交通量调查的观测主要有间隙式观测和连续式观测两种。每年分小时不间断进行的交通量调查称为连续式交通量调查；按规定的时间定期进行的交通量调查称为间隙式交通量调查。

（1）间隙式观测

①观测点的设置。为了确切地掌握交通量的变化（时间、空间分布）规律，在保证取得准确数据并能代表所表示的路段的基础上，观测点设置的数量和距离，全国暂无严格规定，可由各地按实际情况自行安排；对设置不合理的，应按上述原则进行调整，并须注意分流较大的交叉口。

②观测次数及时间。原统一规定每月的5日、15日和25日各观测一次，现规定每月观测1～3次，具体日期各省（市、自治区）可根据具体情况而定，但应尽量使全年的各观测日均匀分布于一周的各个周日中。对于观测时间，凡经过长期观测、能根据实际发生的情况取得比较准确的夜间交通量系数者，夜间可不再观测，而用夜间系数推求全日交通量。白天观测时间可以为（12～16）h，选定的原则是保证观测所得的交通量能占全日交通量90%以上。每次整日观测时间为从当日上午6时至次日上午6时，昼夜连续观测，按小时间隔记数。

③观测内容。对11种车型进行观测，记录各类车辆的绝对数，不分方向，最后折算成解放牌中型载货汽车的标准车辆数。记录表中应记载道路编号或名称、观测站（点）名称、观测地名及里程桩号、年月日和天气等项目。

④填报内容。根据文件要求填报有关内容，并绘制交通量分布示意图，内容应有混合交通量、汽车交通量（绝对数）和路线技术等级允许交通量的变化图（以水平线形表示）。图上应包括下列内容：观测点编号、代表路段长度及桩号、观测地点名称、路面种类及路基、路面宽度、道路技术等级、道路通过地区地形及交叉口位置和平均车速，并注明交通量折算总数、汽车的绝对数和折算数以及各型拖拉机、人力畜力车和自行车的折算数等数值。

（2）连续式观测

①观测站的设置。其设站的目的除了为全年提供完整的交通量数据外，更主要的是为了探求交通流量的变化规律，借以逐步简化观测工作量。观测站的地点，应使所得交通量资料能充分代表一个区域的交通量的变化规律。根据近几年的资料分析，发现其变化规律与气候、地形的变化有着最直接的关系，因此在选择地点时，应综合考虑将各站设置于气候、地形不同的

地区避免集中或过分靠近大城市。

国内外公路交通量调查都十分重视观测站的选点工作。观测站要设在对拟调查的公路路段上有代表性的地点。在观测站附近没有厂矿企业、公共建筑等的大量交通出入口，没有明显的视距障碍，道路条件（宽度、路面类型及状况等）与整个路段的条件相似，没有大量人流出入的大型居民区、商场、学校和车站，以引起过分的行人干扰，并且不存在其他影响道路条件和交通条件的因素。如果选择观测站的位置有困难，可以先在 2 ~ 3 个地点进行临时性交通量调查，经过比较后再确定。当然，当调查是为了对某种因素进行对比，则应注意选择其他条件相近的观测站，以尽量减少其他因素的影响。

②观测方法。各省（市、自治区）设置不少于 2 个固定观测站。观测时间以连续一年为一期，每天昼夜连续 24h 观测，按小时交通量登记，来去车不分方向合并记数（如需要研究方向系数时，可采用典型调查方法另作观测分析），以简化手续。

③观测内容。基本与间隙式观测相同。

④填报内容。除间隙式观测所填报的内容外，还包括年平均昼夜顺序小时交通量图、汽车绝对值小时交通量统计表（每日逐时的数值）、日交通量月报表、交通量年报表等。同时计算年平均日交通量和月、周日不均匀系数等。绘制的交通量分布示意图与间隙式观测相同。

2. 车速调查方法

决定车速的两个变量是距离和时间。在实际调查中，通常将距离事先测定，成为一个常量，然后观测车辆通过该段距离所需的时间。

车速量测的方法可分为人工量测法和自动量测法。人工量测法是先选择测速地点，量取一定距离，然后用秒表测定车辆行驶于该距离内所需的时间，从而计算得到车速；自动量测法往往是同时测得距离和时间，通过仪器内部的计算，得到该路段的车速。使用的仪器有五轮仪、光感测速仪、雷达测速仪、气压管测速及各种监测器。随着调查目的的不同，测速方法也有差异。

各省、自治区、直辖市每年应进行不少于一次的国道（含国道主干线、国高网）、省道、县道、乡道和专用公路的车速调查。

车速是车辆在单位时间内驶过的距离。一般可分为地点车速、行驶车速和行程车速（区间车速）等。此处是指行程车速（区间车速）或地点车速。

各省、自治区、直辖市应在选定的路线、路段上，每年应进行不少于一次的行程车速观测，并结合连续式或间隙式交通量调查进行地点车速观测。

进行车速调查的路段应与交通量调查的路段相一致。为特定目的进行的车速调查，可视情况选定调查路段。

车速的测量方法包括：对于地点车速，可采用人工观测、仪器观测、车辆检测仪等；对于行程车速（区间车速），可采用跟车法、记车号法、浮动车观测法等。

采用跟车法调查普通公路的行程车速时可暂以东风 EQ-140 型中型载货汽车为典型车型；采用跟车法调查高速公路的行程车速时可暂以桑塔纳型小轿车为典型车型。

观测日期应选在正常气候条件下（如无雨、无雪、无雾）、日交通量相当于路段年平均日交通量的日期，要避开节假日、赶集日等。观测时间应为观测日早高峰小时至晚高峰小时时段。

3. 4 类公路交通量比重调查方法

各类道路（国道、省道、县及农村公路）交通量的比重调查，其目的是依据整个公路网的总里程和日交通量的观测资料，分析各类道路的使用功能，阐明相互之间的关系，论证已划定的国道网是否合理，研究新路建设和旧路改造的基本方针，确定投资的先后次序，制订合理的技术政策。根据有关规定，对交通量比重调查观测的要求是：

①观测对象。规定以机动车（汽车和拖拉机）为观测对象，有些省（市、自治区）可对非机动车进行观测。

②观测时间和次数。在交通量高于年平均日交通量的某月中的某一天，进行从早6时至次日晨6时连续24h的观测。所选定的日期，应与该月国道间隙式观测站的观测日期相同。一般每年进行一次，一个省（直辖市、自治区）范围内应在同一天内进行观测。由省公路管理部门统一研究部署，各地区公路总段（分局）领导和指导，县公路段（局）组织实施。

③观测方法。国道（包括设观测站的省道和县道）由固定的间隙式观测站进行；未设观测站的省道和县道由养路道班进行；无养路道班的农村道路由县公路段（站）临时组织的观测小组进行。也可在观测日专设观测点进行全面观测。农村道路未观测部分的交通量，用典型调查方法或抽样调查方法取得的资料进行推算。

各省、自治区、直辖市每年应进行一次国道（含国道主干线、国高网）、省道、县道、乡道交通量比重调查，简称4类公路比重调查。

4类公路比重调查的内容应包括调查区域内国道（含国道主干线、国高网）、省道、县道、乡道的交通量及4类公路里程，其中4类公路里程为调查当年年底的里程统计数据。

比重是指各行政等级公路上通行车辆（路线交通量）与全路网总交通量的比值。

4类公路比重调查中交通量调查的站点设置、路段选择、方法及内容，参照交通量调查的有关内容执行。

对新建、改建公路，原来未设交通量观测站的各类公路，特别是在高速公路和一级公路上，均应设站进行观测。

4类公路比重调查日宜选择运输旺季中的间隙式交通量观测日为调查日，同一地区（市）的比重调查应安排在同一日进行。

4类公路交通量比重调查观测资料整理内容及步骤为：

①整理原始观测记录表，计算每个观测点日机动车交通量和日汽车交通量（均为绝对值），编制交通量比重调查整理表。

②计算每条路线的路线交通量和日交通量，计算各类公路路线交通量和日交通量，编制4类公路交通量比重调查综合表。

③计算调查区域内各行政区的4类公路里程比重、路线交通量所占比重、日交通量及年路线总交通量，编制各行政区4类公路汽车（机动车）路线交通量及所占比重表。

④汇总各行政区交通量比重调查的计算结果，编制区域4类公路路线交通量比重调查概况总表。

模块三　车辆分类、分型及折算系数

在交通量调查中，应按不同车型进行交通量分类统计。为准确衡量道路的通行能力，还需要把不同车型的交通量换算为标准车当量交通量。

交通量调查车型，见表4-1。

交通量观测时，应采用自然车量数（自然数）计量。在统计分析中，可根据需要采用自然车辆数及换算标准车当量数（当量数）计量。自然车辆数的单位以V表示；换算标准小客车当量数的单位以 PCU 表示。

标准小客车是指桑塔纳型小轿车。各类车辆换算成当量车的换算系数见表 4-1。

交通量调查车型划分及车辆折算系数 表 4-1

车型			折算系数	荷载及功率	备　注
机动车	汽车	小型载货汽车	1.0	载质量≤2 吨	
		中型载货汽车	1.5	2 吨＜载质量≤7.0 吨	包括吊车
		大型载货汽车	2.0	7 吨＜载质量≤14 吨	
		特大型载货汽车	3.0	载质量＞14 吨	
		拖挂车	3.0		包括半挂车、平板拖车
		集装箱车	3.0		
		小型客车	1.0	额定座位≤19 座	
		大型客车	1.5	额定座位＞19 座	
	摩托车		1.0		包括轻骑、载货摩托车及载货(客)机动三轮车等
	拖拉机		4.0		
非机动车	人畜力车	畜力车	4.0		
		人力车	1.0		包括人力三轮车、手推车
	自行车		0.2		包括助动车

注:交通量换算采用小客车为标准车型。

模块四　调查地点公路路况资料

路况资料是计算公路通行能力的重要依据,需用公路路面宽度、路基宽度、技术等级、桩号和观测路段长度及起讫点名称等路况资料。

本文中的路面宽度、路基宽度和技术等级等,是指在对应观测路段的各技术等级分段中,其里程最长路段的对应路面宽度、路基宽度和技术等级。

路面、路基宽度应填报到米;桩号填报形式为××××.×××,单位为公里;技术等级按高速(8)、一级(1)、二级(2),三级(3)、四级(4)、等外(9)表示。

模块五　常用调查仪器的使用方法

交通量计数调查的测记方法通常有两种,即人工计数和机械(自动)计数。采用何种方法,主要取决于所能获得的设备、经费和技术条件、调查的目的要求以及要求提供的资料情况等。

1. 人工计数法

这是我国目前应用最广泛的一种交通量调查方法,只要有一个或几个调查人员即能在指定的路段或交叉口引道一侧进行调查,组织工作简单,调配人员和变动地点灵活,使用的工具除必备的计时器(手表或秒表)外,一般只需手动(机械或电子)计数器和其他记录用的记录板(夹)、纸和笔。

(1)调查资料

①分类车辆交通量。可以根据公路部门、城建部门、公共交通管理部门或其他需要来对车

辆分类、选择和记录。分类可以很细,调查内容甚至可区分空载或重载,车辆轴数多少,各种不同的分类车辆数,公交车辆的各种分类(如公共汽车或无轨电车,通道车或单车,载客情况,公交路线区别)等。

②车辆在某一行驶方向、某一车道(内侧或外侧,快车道或慢车道)上的交通量,以及双向总交通量。

③交叉口各入口引道上的交通量及每一入口引道各流向(左转、直行和右转)交通量,各出口引道交通量和交叉口总交通量。对于环形交叉口还可调查各交织段的交通量。

④非机动车(自行车、人力三轮车、畜力车、架子车等)交通量和行人交通量。

⑤车辆排队长度及车辆的时间和空间占有率等。

⑥车辆所属车主(单位和个人),车辆所属地区(外省、外地区、外县或本地),车辆所属部门或系统(民用车、军车、特种车、运输企业车、社会车辆等)。

⑦驾驶员和骑车人对交通管理和控制的遵守情况。

以上所述各种资料中,有不少资料目前是无法用机械计数或其他手段获得的。

(2)人工计数法的优缺点和适用范围

人工计数法适用于任何地点、任何情况的交通量调查,机动灵活,易于掌握,精度较高(调查人员经过培训,比较熟练,又具有良好的责任心时),资料整理也很方便。但是这种方法需要大量的人力,劳动强度大,冬夏季室外工作辛苦。对工作人员要事先进行业务培训,加强职业道德和组织纪律性的教育,在现场要进行预演调查和巡回指导、检查。另外,如需作长期连续的交通量调查,由于人工费用的累计数很大,因此需要较多费用。一般最适于作短期的交通量调查。

2. 流动车法

流动车观测法又称浮动车(Floating Car)法,此法是由英国交通工程专家 Wardrop 和 Charlesworth 提出的,其特点是可以同时获得某一路段的交通量、行驶时间和行驶车速,是一种较好的综合的交通调查方法。

(1)调查方法

流动车观测法需要有一辆测试车,尽量不要使用警车等有特殊标志的车,以方便工作、不引人注意、座位足够容纳调查人员为宜。

调查人员(除驾驶员外)中需要有一人记录从测试车对向驶来的车辆数;一人记录与测试车同向行驶的车辆数、被测试车超越的车辆数和超越测试车的车辆数;另一人报告和记录行驶时间及停驶时间行程距离应已知。调查过程中,测试车一般需沿调查路线往返行驶 6 ~8 个来回。浮动车法仅用于短时间测量,为了真实反映交通情况,应注意路段和行程时间不要太长,对于较长路段可进行分段,以较短的时间分别完成调查;同时还应注意,用测试车观测交通量应尽可能使测试车接近观测车流的平均速度。当交通量很小时,应接近调查路段的限制车速;对于多车道路段,最好变换车道行驶,并尽可能使超车数与被超车数大致相等,尤其在交通量小时更应如此。

(2)调查数据计算

根据所观测到的数据,一般都采用相应的算术平均值。

(3)记录表格式及实例。

表 4-2 和表 4-3 分别列出了流动车调查原始记录表和记录整理表。根据表 4-3 记录的数据,分别用于计算上行 a—b 和下行 b—a 的交通量和平均行程时间。

流动车观测法原始记录表 表4-2

路线名称及编号________________

观测时间______年______月______日______时～______时

调查区间编号________________气候情况________________

观测路段起讫桩点________________观测人员________________

测定距离(L)________________

行车方向	观测次数	逆向交会车辆数 X_a	同向超越观测车的车辆数 Y_{a-b}	同向被观测车超越的车辆数 Z_{a-b}	行程时间 T_{a-b}		
					分	秒	换算为分
$a-b$ 向	1						
	2						
	…						
	6						
	平均						
$b-a$ 向	1						
	2						
	…						
	6						
	平均						

流动车观测法记录整理表 表4-3

上行方向 $A-b$	逆向交会车数 X_a	同向超越观测车的车辆数 Y_{a-b}	同向被观测车超越的车辆数 Z_{a-b}	行程时间 T_{a-b}
1	42	1	0	2.52
2	45	2	0	2.57
3	47	2	1	2.37
4	51	2	1	3.00
5	53	0	0	2.42
6	53	0	1	2.50
合计				
平均				
下行方向 $b-a$	X_a	Y_{b-a}	Z_{b-a}	T_{b-a}
1	34	2	0	2.48
2	38	2	1	2.37
3	41	0	0	2.73
4	31	1	0	2.42
5	35	0	1	2.80
6	38	0	1	2.48
合计				
平均				

①计算观测值的平均值

由表4-3可知：$X_a=48.5$ 辆，$X_b=36.2$ 辆，$Y_{a-b}=1.17$ 辆，$Y_{b-a}=0.83$ 辆，$Z_{a-b}=0.5$ 辆，$Z_{b-a}=0.5$ 辆，$T_{a-b}=2.56\text{min}$，$T_{b-a}=2.55\text{min}$。

②计算 a—b 向的交通量和平均行程时间

$$Q_a=\frac{X_b+Y_{a-b}-Z_{a-b}}{T_{a-b}+T_{b-a}}\times 60=\frac{36.2+1.17-0.5}{2.56+2.55}\times 60=433\ \text{辆/时}$$

$$\overline{T}_{a-b}=T_{a-b}-\frac{(Y_{a-b}-Z_{a-b})}{Q_a}\times 60=2.56-\frac{1.17-0.5}{433}\times 60=2.47\text{min}$$

③计算 b—a 向的交通量和平均行程时间

$$Q_b=\frac{X_a+Y_{b-a}-Z_{b-a}}{T_{a-b}+T_{b-a}}\times 60=\frac{48.5+0.83-0.5}{2.55+2.56}\times 60=573\ \text{辆/时}$$

$$\overline{T}_{b-a}=T_{b-a}-\frac{(Y_{b-a}-Z_{b-a})}{Q_b}\times 60=2.55-\frac{0.83-0.5}{573}\times 60=2.52\text{min}$$

需要注意的是，按上述方法得到的交通量是在整个观测时段内的平均值，而由每次观测所得数据计算的交通量才是该时段的交通量。

(4)注意事项

①行程时间，在记录时以分、秒计，但在公式计算中，秒应以分的百分数计，以便于直接计算。

②浮动车法调查延续的时间较长，为了真实反映交通情况，应注意路段和行程时间不要太长，尽可能分段以较短时间完成调查。

③浮动车法观测到（经过计算获得）的交通量是一个平均值（当以平均值计算时），是表明在整个观测时段内的平均值，而由每一次观测所得数据计算的交通量才是该时段的交通量。

3. 机械计数法

目前，国外不少工业发达国家已广泛采用各种自动机械计数装置进行交通量调查。根据调查的要求，可以选择所需的装置，进行连续性调查，可以得到一天24h交通量、一月累计交通量、一年累计交通量等各种数据。这种装置可以节省大量人力，使用方便，可以同时进行范围广泛的调查，精度也较高，特别适用于长期连续性交通量调查。但是这类装置也存在着一些不足，如一次性投资大，使用率往往不太高，特别是对调查项目的适应性较差，它们大部分无法区分车辆类型、车辆分流流向，对于行人交通量和自行车（非机动车）交通量调查往往无能为力。因此，对于我国目前的交通情况适用性较差，购买和使用时要综合考虑其优缺点，发挥其长处。

自动机械计数装置一般由车辆检测器（传感器）和计数器两部分组成。自动机械计数装置可分为便携式机械计数装置和永久性（或半固定型）计数装置两种，前者适用于临时、短期的交通量调查，后者适用于固定或长期的交通量调查。像录像机这样一类较高级的机械装置，可用于记录1h或1h以内的交通量资料。如果在某特定地点，搜集资料的时间从一天到一个星期，则大多数情况下将采用自动计数装置。在这两种情况下，所用的记录设备都是便携式的。在连续式观测站做长期调查，则往往采用固定的连续记录装置。

如果调查的资料，可用机械方法得到，那么对于需要超过12h连续资料的大量长期计数，就应当考虑用自动记录。这种形式的计数在只需要车辆数量资料时（不分车辆类型、方向、交叉口或车道转向行驶以及车道使用等)具有广泛的应用。在有些情况下、再辅以人工调查抽样,则可以用机械计数法得到某一方向(来向或去向)的计数乃至车道使用的资料。

然而,大多数自动计数装置可用于:

①确定交通量的时间分布图式(特别选择高峰小时);

②确定逐日或逐月变化以及增长趋势;

③估计年交通量(如用于路面结构设计计算)。

(1)便携式机械计数装置

便携式机械计数装置一般有以下三种类型:

①初级计数器。是一种带有可见标度读数的连续型计数器,采用干电池作电源。

②专门型初级计数器。又称周期计数器,它具有一只可调时间的时钟,可按任意规定的时间来开动计数器,并且在转动一定的时间间隔后停止工作。

③高级计数器。包括一个时钟、一个可复位型(自动清零)计数器、一个打印机或穿孔机,或计数器记录笔,用一组电池(充蓄电池或干电池)供电。

由于低级的计数器没有打印或打孔机,自此在计数开始和结束时,必须由工作人员读累计读数并作记录。而高级计数器中装有累计记录器,可将脉冲信息贮存起来,并通过时钟控制,按一定时间间隔将累计脉冲打印在纸带上。典型的打印纸带记录器是每隔 15min 和每隔 1h 打印一次结果,而且在每小时打印结果之后,计数器都会自动回复到零。

常用的累计记录器有:

①圆形记录卡式记录器。这种记录器可按每 5min、10min、15min、20min、30min 和 60min 的时间隔记录 0 ~ 1 000 辆的交通量,并且可以连续 24h 或连续 7d 来作记录。工作时,交通量计数器记录笔随着车辆通过检测器(传感器)而在图上逐渐向外移动,并根据确定的预置计数周期,记录笔的臂又回复到图中心的零位。

②穿孔纸带记录器。它是与键控穿孔机连接,通过一个转换器使得能够自动处理纸带穿孔,产生电子计算机中可直接使用的穿孔纸带。工作时,输入系统从车辆检测器接收脉冲信息,并将这些信息转换,存入脉冲记忆装置编码盘中,在一定时间间隔将累计总数通过穿孔机在纸带上穿孔。

上述三种便携式计数器的车辆检测器,一般均使用临时性的气压管式车辆检测器(道路管检测器)。这种检测器使用一根单层的橡皮软管,其内径 12.7mm(1/2 英寸)、外径 25.4mm(1 英寸)使用时,将此管子固定在路面表层并与预期车辆驶过的车道成直角。管子的一端予以密封,另一端接在记录器的压力起动开关上。当车辆从管子上面通过使车辆轮胎挤压橡皮管时,管子内的空气(或液体)受到压缩,从而在压力开关上产生一个可探测到的空气压力脉冲,此脉冲使开关将电路接通并起动记录器,按计数器记录的每二次脉冲数作为一辆汽车数。

使用气压管式车辆检测器时应注意:

①使用范围有一定限制,最多可同时检测 4 条车道的交通量,车道太多其精度和灵敏度将显著降低。

②对于同时平行通过道路管的车辆或以某一交角通过的车辆,以及三轴以上车辆或拖挂王通过时,计数往往是不正确的。一般计数精度很少大于 90%。

③无法检测转向行驶的车辆和区别车辆类型,它只是检测管子受压的次数,而不论其行驶方向和车辆类型。

④应避免安装在弯道上或转弯处,也不要在路面上斜向放置,以避免车辆与其成一定角

度驶过管子而造成重复计数。一般还要求离开交叉口处约 30m 左右。另外，也不应该安置在车辆易滑溜的地方以及小半径竖曲线与加速或制动频繁的地点。选择的地点还应当在路边停车可能性最小的地方，以及避开如交叉口、铁路道口、收费站等这样一类可能堵塞的地方。

⑤不能用于碎砾石路面或松土路面上，一般应限于铺筑有中高级路面的路段；安装地点的路面应比较平整，不致因坑洞或不平造成管子被车轮撕裂与加速磨损；路面结冰、积雪及可能阻碍处，都使道路管检测器无效。

⑥冬季带防滑链的轮胎、街道清扫机、铲雪车、雪犁、车辆所装载的拖拉在路面上的长大货物（长钢筋、竹木材料、农作物等）、铁轮车、履带车以及车轮已制动而继续滑溜的车轮均极易使道路管检测器受损，要注意对这些车辆的管理。

在有些道路上，车轴数大于 2 的车辆较多，且占有相当比例，则可通过分类型计数，用修正系数进行修正。

在调查路段上进行一次人工车辆分类计数，其结果见表 4-4。

人工分类计数表　　表 4-4

车辆类型	轴　数	人工计数（辆）	轴的总数（次）
小客车	2	1 600	2 × 1 600 = 3 200
卡车	3	800	3 × 800 = 2 400
大卡车	4	700	4 × 700 = 2 800
总　计		3 100	8 400

注：①机械计数如按每 2 个轴次为 1 辆车，则总计为：8 400/2 = 4 200 辆，而实际计数为 3 100 辆；

②轴数修正系数为 3 100/4 200 = 0.738；

③据此，如果于同一路段，在交通组成相近的情况下，调查机械计数某次读数为 6 000 辆，则应该校正为 6 000 × 0.738 = 4 428 辆。

目前我国已引进并开始研制和使用这类检测器。

（2）永久性机械计数装置

永久性的或半固定型计数器，使用的检测器（传感器）有道路管（气压式或液压式）、电接触式、光电管、雷达、磁性、感应线圈、超声波、红外线和电容式等许多形式。有些永久性的计数检测站上只安装检测器作传感器，而将脉冲信号传输到记录和数据中心。以下介绍各类永久性机械计数装置。

①道路管检测器。它分气压式和液压式两种。气压式依靠车辆轮胎挤压一个软的充气或中空橡胶管，产生气压脉冲将压力起动开关开通来计数，液压式则依靠轮胎压力挤压一个灌有液体的橡胶软管，通过液体压力的传递来开启压敏开关以计数，由于道路管检测器有一定的局限性，故很少用于计数站。

②电接触检测器。它是由一块钢底板，及在板上用一块浇铸硫化橡胶垫固定的并可拆卸的悬置弹簧钢的带条所组成。在两个接触带之间开口，并用惰性气体充填成形，通过热补封闭组装元件。将这种检测器装置埋设于车道里并与路面齐平，当车辆从路面上通过时，使接触带接触而接通电路触发计数器。可以在每条车道下分别安装这种检测器，统计各条车道的车辆数。另外还有铺于路面之上的由导电橡胶为主组成的检测器，当车辆通过时使相对隔离的两

部分接触,从而接通电路触发计数器。目前我国不少单位已研制开发出这类检测器,并投入使用。但是造价比较贵,防潮防水性能有待改善,直接铺于路面上的检测器因受车轮的直接作用,寿命较短并容易损坏。我国还研制了检测自行车交通的这类检测器,它是利用导电橡胶的不同尺寸和形状的组合,从而区分汽车和自行车(或排除自行车的影响,或另外专门检测自行车)。

③光电检测器。一般可分为光束切断型和光束反射型两种。前者的原理是发出一道光束穿过车行道射到光敏管(光电管)上,当有汽车通过时就切断光束,光敏管测出后即激发计数器计数。后者的原理是一道光束从路面反射到光敏管上,汽车驶过时使光束从汽车上反射,这种特别的光反射在光敏管上被测出后即激发计数器计数。光电检测器对于预期每小时交通量超过1 000辆的双车道或多车道道路是不太适用的,它也无法区别同时通过光束的两辆车,使得计数有误差。另外,由于车辆本身设计尺寸的变化很大,要确定光束通过的合适高度较困难。虽然这是一种简单可靠的计数系统,但由于精确度的问题,仅限于交通量不大的道路使用,也不适用于有自行车混合交通的道路。

④雷达检测器。一般分为连续波雷达检测器和导向型雷达检测器两种。前者的原理是利用悬挂在车道上方一定距离的检测器向下方车道发射已知频率的无线电波并接收反射波，通过反射波和接收波频率差异来检测通过的车辆。后者的原理是把无线电波以一定频率输送到埋置在车道下的传送线里，由于上面汽车的通行，而使检测器测出其变化并计数。这两种检测器都很精确可靠，并且不受行车作用而磨耗损坏。目前国内已较多地引进、研制和使用，效果甚好。但它们初始费用较昂贵，并需要专门人员维修保养，因此限制了它们的广泛使用。

⑤磁性检测器。这种检测器的原理是在其周围形成一种磁场(可由人工形成,也可利用天然的地球磁场),当具有金属体的车辆通过时,引起原来磁场的变化,由此即可通过变换器产生信号或脉冲。它可安设在车道表面上或埋在车道下,其优点是不受车轮的直接磨耗影响,也不受冰雪影响。但当附近有大型电气设备、电缆等产生强磁场时,它就会受到干扰,使用经常困难。目前我国已有引进和研制使用的。

⑥感应线圈检测器。这种装置是磁性检测器的一种变形。它是依靠埋入路面面层内的一个或一组感应线圈产生的电感应变化,来检测所通过的车辆。可以在每条车道下分别设置感应线圈以检测每条车道上的车辆通过数。目前这种检测器应用广泛,我国也已引进并制造了多种类型的感应线圈检测器,且已获得广泛应用。它特别适用于交通量较大的道路上。但对于其埋设的手段和方法、线圈本身的性能和寿命、线圈与导线接头的可靠性和防潮绝缘性能等,均有待进一步完善和改进。

感应线圈检测器的种类很多,其彼此不同点在于:

a. 线圈外形不同,即检测器的尺寸和形状根据其不同用途而有所区别。

b. 检测车辆的通过或存在产生的功能不同。

c. 电缆的种类不同,可分1芯、2芯或3芯标准以及特殊电缆。对于2芯或3芯的电缆,又有全连通或非全连通之分。

d. 根据检测器的灵敏度,电缆在路面内的埋置深度不同。

e. 重新平衡的时间不同,一般从几秒到几十分钟。

f. 探头到控制器的最大作用距离不同,目前已能达300m。

g. 由一个电源供应的传感器的数目不同,目前欧洲使用的电源一般是220V、50Hz交流电。

h. 传感器的工作原理不同,主要有以下两类:

I. 谐振电路感应线圈。大多数感应线圈属于这一类,由一个感应线圈和一个振荡电路里约可变电容器组成。电路的频率调节使电路与固定频率的振荡器产生共振。汽车驶过感应线圈会改变其电感,从而引起振荡电路频率的变化。定值振荡器和电路之间的频率差驱动另一个电路。使其闭合成为一个继电器。最后产生信号或脉冲就可进行计数。

II. 相移式感应线圈检测器。由车辆引起感应线圈的电感变化,可由测定一个电阻(感应线圈也就是这个电阻的组成部分之一)的电压和电流之间的相位移办法来确定,从而达到检测的目的。

⑦超声波检测器。这类检测器有脉冲波、谐振波和连续波三种类型。

a. 脉冲波型检测器。悬挂在车道上方,向车道下方发射超声波能的脉冲,并接收回波。当有车辆通过下方时,从车顶反射回波而不是从路面反射回波,缩短了回波路程,使接收回波的时间也同时缩短,从而检测车辆的到达。

b. 谐振波型检测器。在车道两边分别安装相向对立的发射器和接收器,从发射器发射谐振型超声波横越车道被对面的接收器接收,当车辆通过超声波束时就截断了波束,从而检测出车辆。

c. 连续波型超声检测器。其原理与连续波型雷达检测器的原理相同,当其发射一个连续的超声波能的波束射向驶近的车辆时,由于多普勒效应引起来车反射能频率的变化,于是就能检测出车辆的存在。

这几种检测器精确可靠,不受大气影响,目前国内已开始大量引进、研制和使用,取得很好效果,但初始费用较大。

⑧红外线检测器。这类检测器一般可分为主动式和被动式两种。

a. 主动式红外线检测器。它与光电检测器的原理相似,不过它使用半导体红外线发生器作为传感器。

b. 被动式红外线检测器。其原理是利用无车辆时路面的红外线能辐射强度与路上有汽车通过时的红外线能辐射强度的变化,由红外线接收器检测出来。

⑨电容式检测器。这类检测器一般可分为机械性电容式和非机械性电容式两种。

a. 机械性电容式检测器。其原理是车辆通过时车轮的压力改变了两个重叠起来的柔性金属面的间隔,从而引起它们之间的静电耦合变化,最终电容的变化即被适当地检测出来。

b. 非机械性电容式检测器。其原理是两个电极之间的电容由于车辆金属物的干扰(或是一个电极和车辆车身组成的电容)而发生了变化,这一变化同样可用前一种方法检测出来。

⑩其他类型检测器。除了以上所介绍的各类检测器外,还有一些检测器目前也已应用,主要有:

a. 压电式检测器。利用车轮产生的压力,通过适当的机械连接,使压电部件受力而输出电压,从而计数。

b. 摩擦电式检测器。其原理为车轮的压力使两个不同的材料产生摩擦,这一摩擦引起电子迁移,从而转变成可测出的电压进行计数。

c. 地震式检测器。当车辆通过时使埋置的钢条内产生振动,被一加速器测出而做出计数。

以上所介绍的各种类型的检测器,除了可供交通量调查之外,在交通控制和交通管理中也得到了广泛应用。同时,还可供车速检测或其他交通参数的检测。当作车速检测器使用时,需用两个前后排列有适当距离的通行检测器组成,根据车辆通过前后两个通行检测器已知距离的时间差,即可换算成车速。也可采用前述的多普勒速度传感器(如雷达检测器)来测定车速。还可用两个或多个检测器来测定其他交通参数,例如利用通行检测器加上速度检测器即可测出车辆密度。

与上述永久性检测器配套使用的计数器,基本上与便携式机械计数装置中使用的计数器相类似,这里不再重复介绍。目前随着电子计算机使用的普及,已开始使用电算式计数器。在这种计数器内装有小型电子计算机,能自动处理数据并自动输出以表格形式表示的资料,也可以由其附带的度盘上直接读数。通常用一台微处理机可同时记录几个观测站的数据,精度高,速度快,性能也十分可靠。

选用哪一种类型的检测器以及配接何种类型的计数器,要根据各地、各部门交通调查的目的、检测车辆种类、设备的性能、国内目前所能购置的情况以及经费的多少等条件决定。目前,我国交通、公安、电子机械等部门已研制和引进了不少类型的检测器和计数器,如超声波式、导电橡胶式、地磁式、雷达式和电磁式等检测器和一些自动记录仪。选用时要认真阅读熟悉使用说明书,注意掌握其特性和适用条件。常用车辆传感器的性能特点见表4-5。

常用车辆传感器的性能特点 表4-5

传感器名称	检测原理	检测方式		检测范围	信号处理难易	路面开挖量	抗干扰性能	设置方式	使用寿命	成本
		存在	通过							
道路管	气压开关		*	线	易	无	差	移动	短	低
光电	车体遮光	*	*	线	易	无	差	移动	短	中
超声波	反射	*	*	点	难	无	中	固定	长	高
电磁	剩磁	*	*	点	中	小	中	固定	—	低
地磁	地磁		*	点	易	中	好	固定	中	中
环形有源	电感	*	*	面	中	大	中	固定	短	中
环形无源	地磁		*	面	易	大	好	固定	短	低
导电橡胶	模拟开关		*	线	易	无	差	移动	短	中
雷达	多普勒效应		*	点	难	无	差	移动	中	高
振动共轴	电容式		*	线	中	小	—	固定	长	—
棒式磁	车体剩磁		*	线点	易	小	好	固定	长	低

使用各类车辆检测器,要注意保持其精确性和可靠性。由于道路处于露天野外,受多种因素影响,检测器的工作条件较差,很容易失灵和损坏,因此需要配备技术熟练的技师来调整和修理不精确的或已损坏的检测器。另外也需要准备有一定数量的备用器材,以便随时更换替

用。还要注意设置检测器的位置,使它能正常工作,检测准确。

4. 录像法

目前常利用录像机(摄像机、电影摄影机或照相机)作为高级的便携式记录设备。可以通过一定时间的连续图像给出定时间间隔的或实际上连续的交通流详细资料。在工作时要求专门设备,并升高到工作位置(或合适的建筑物)以便能观测到所需的范围。将摄制到的录像(影片或相片),重新放映或显示出来,按照一定的时间间隔以人工来统计交通量。这种方法搜集交通量或其他资料数据的优点是现场人员较少,资料可长期反复应用,也比较直观。其缺点是费用比较高,整理资料花费人工多。因此,一般目前多用于研究工作的调查中。

对于交叉口交通状况的调查,往往可采用录像法(或摄像法)。通常将摄像机(或摄影机或时距照相机)安装在交叉口附近的某制高点上,镜头对准交叉口,按一定的时间间隔(如30s、45s或60s)自动拍摄一次或连续摄像(摄影)。根据不同时间间隔情况下每一辆车在交叉口内其位置的变化情况,数点出不同流向的交通量。这种方法的优点是能够获取一组连续时间序列的画面,只要适当选择摄影的间隔时间,就可以得到最完全的交通资料,对于如自行车、行人交通量、分车种分流向的机动车交通量、车辆通过交叉口的速度及延误时间损失、车头时距、信号配时、交通堵塞原因、各种行人与车辆冲突情况等,均能提出令人信服的证据,并且资料可以长期保存。其缺点是费用大,内业整理工作量大,需要做大量图(像)上的量距和计算。并且在有繁密树木或其他遮挡物时,调查比较困难或引起较大误差。

5. GPS法

人工计数法和浮动车法运用较灵活,资料整理方便,易于掌握,但需占用大量人力,劳动强度大,培训等费用较高。摄像法的特点是资料直观,可反复使用,但是费用高,整理资料花费人工多,更重要的是,它们都无法实现交通状况的实时采集。机械计数法中需固定安装各计数装置,一是硬件投资大且易损坏,不易修理,更重要的是受安装空间的限制或覆盖范围的限制,无法实现任意路段的数据采集。利用GPS(Global Positioning System)技术可以经济而有效地解决这一问题。

GPS是一种全球性、全天候、连续的卫星无线电定位系统,可提供实时的三维坐标的位置、速度等空间信息和高精度的时间信息。因其具有定位精度高,速度快,不受云雾、森林等环境遮挡的特点,已被广泛应用于军事测绘、精密测量、导航定位、交通管理、地球科学研究等国民经济各个领域,成为当今应用最为广泛的卫星定位系统。将GPS技术与城市交通管理系统相结合,得到交通状况信息具有重要意义,可实现交通状况的实时检测。

利用GPS实时监测实验车,无法直接得到路段的交通量,我们可以根据所测得的路段区间平均车速来反推路段交通流量,我们知道交通流量与平均车速、车流密度统称为交通流三要素,其关系式为:

$$Q = v_s K \tag{4-1}$$

式中:Q——交通流量;

v_s——区间平均速度;

K——车流密度。

6. 航摄法

目前还可以利用航摄技术来进行交通量调查,航摄法的观测点是一个空间连续的移动断面,因此航摄法车流量的计算公式为:

$$Q_{航} = K v_s \tag{4-2}$$

$$Q = Q_1 + Q_2 \tag{4-3}$$

式中：Q——顺向、逆向双向车流量；

Q_1、Q_2——顺向、逆向车流量。

通过航摄法在公路交通调查中的应用表明，利用此法进行车速和交通量调查较传统的交通量调查具有明显的优点。这些优点主要表现在：

①航摄法调查，可不受天气、地点、时间的影响，便可开展交通调查，可大大减少实地交通量调查的工作量，具有很好的现实性和实用性。

②能在空中动态地监测道路运行状况，特别是在监测城市汽车行驶路线、沿线车辆停放及交叉路口交通状况等方面也是一种有效的手段。

③航摄法进行公路交通状况调查，具有灵活的特点，其不足之处在于因影像较小而对车型判读较困难。

模块六 采集数据及现场操作安全常识

采集数据现场操作安全常识主要包括人员的安全和设备的安全。人员安全主要指交通量调查人员在采集交通数据过程中注意交通安全，防止在交通量调查过程中交通量调查员出现交通事故；电气设备使用过程中的要正确使用，防止对交通量调查人员的伤害以及对设备的损坏；在安装设备时的注意人员的人身安全问题。

交通量调查人员在进行人工调查时需要在道路上对车辆进行计数，这需要非常注意交通安全，横过马路时要走人行横道、过街天桥或地下通道，切忌横穿马路。交通量调查员在进行调查工作过程中，所有调查人员必须身穿黄色反光安全警示背心，不要跨越或倚坐道路隔离设施。

课题二 整理数据

模块一 原始数据整理方法

我国道路中除了高速公路、一级公路和原修建的二级汽车专用路是汽车专用的道路外，其余大部分道路都是汽车与其他各种车辆混合行驶。因此就存在一个以什么车辆为标准和各种车辆如何换算成标准车的问题。根据各种不同车辆在行驶时占用道路净空的程度，可以分别确定它们对标准车的换算系数。为此，进行交通量观测时须根据调查的目的和用途，区分不同车种，分别记录，以便利用换算系数换算成统一的标准车。由于对车辆在行驶中状态和彼此干扰的研究尚很不够，目前换算系数还不太完善，需要进一步的改进。

根据交通部的统一规定，目前我国在进行公路交通量调查时常将车辆划分为11种类型，具体分类和标准及折算系数，各省、市、自治区之间可能略有不同。

具体折算公式为：

$$Q = \sum_{i=1}^{11} Q_i \times L_i \tag{4-4}$$

式中：Q——所调查路段交通量；

Q_i——所调查路段第 i 型车的交通量；

L_i——i 型车的折算系数。

1. 连续式观测数据统计与分析

(1)月汽车小时交通量统计

每个日历月结束后,应及时根据每日的观测记录,按照交调交 6 表《连续式观测站汽车小时交通量(自然车)年统计报表》及交调交 7 表《连续式观测站混合交通量(当量数)年统计报表》,对全月汽车交通量及混合交通量的小时交通量变化情况进行统计。并按交调交 4 表的要求,填报《连续式观测站日交通量月统计报表》。

(2)年交通量的统计分析

在月交通量统计的基础上,应对全年各类车型的交通量自然车累计数及标准车当量累计数进行统计,分别计算各类车型自然车及标准车当量的年平均日交通量(AADT),并按交调交 5 表的要求填报《连续式观测站交通量年统计报表》。

(3)交通流特征分析

在交通量观测、统计的基础上,应按以下要求,对各交通量观测路段的交通流特性进行分析、计算。

1)交通量构成

每月及每年应对各交通量观测路段的交通量构成进行分析。各路段的交通量构成可以用每月及每年各类车辆累计数占全部车辆累计数的百分比表示,也可用各类车辆月平均日交通量及年平均日交通量占全部车辆合计的月平均日交通量及年平均日交通量的百分比表示。

混合交通量的构成以各类车辆标准车当量数占混合交通量合计标准车当量数的百分比表示。汽车交通量的构成以各类车辆自然车辆数占汽车交通量自然车辆合计数的百分比表示。

2)交通量昼夜系数

各观测站应对每月及每年相应的观测路段的昼间混合交通量及汽车交通量占昼夜混合交通量及汽车交通量的比例进行分析计算。昼间交通量是指 7:00 时至 19:00 时的 12 小时交通量。年平均或月平均日交通量昼夜系数可按混合交通量或汽车交通量分别计算。

3)交通量周日、月不均匀系数

对于每一个连续式交通量观测路段,应分析混合交通量及汽车交通量的周日、月不均匀系数。

①交通量周日不均匀系数

$$A_{wi} = \frac{1}{7}\sum_{i=1}^{7} \mathrm{ADT}_i / \mathrm{ADT}_i \tag{4-5}$$

式中:A_{wi}——星期 i 的交通量周日不均匀系数;

ADT_i——星期 i 的年平均或月平均日交通量;

i——星期一至星期日。

②交通量月不均匀系数

$$A_j = \mathrm{AADT} / \mathrm{MADT}_j \tag{4-6}$$

式中:A_j——每年第 j 个月的交通量月不均匀系数;

AADT——年平均日交通量;

MADT_j——第 j 月的月平均日交通量。

2. 间隙式观测资料分析

①每小时交通量及日交通量按交调交 8 表《小时交通量记录及日交通量统计报表》,分车

型、分小时进行记录、统计。对于 12h 观测资料，应按下式将 12h 交通量换算为 24h 交通量，即：

$$DT_{24} = DT_{12} \cdot R_d \tag{4-7}$$

式中：DT_{24}——24h 交通量；

DT_{12}——12h 交通量；

R_d——日交通量换算系数，即昼夜交通量与夜间 12h 交通量之比。

②每个观测月结束后，按交调交 3 表《间隙式观测站交通量月统计报表》的要求，对各观测站的月交通量进行整理、统计。每年的交通量观测结束后，应按交调交 4 表《间隙式观测站交通量年统计表》、交调交 1 表《路段年平均日交通量年报表》的要求，对各观测站的年交通量进行整理、统计。

模块二 路段平均交通量的计算方法

在进行了大量的交通量观测之后，对于花费了许多时间、人力、财力等所获得的所有资料，应该十分珍惜，认真整理和分析，以便让这些资料发挥应有的作用。

交通量调查中，在搜集了必要的数据之后，需要将数据进行整理分析，或列成表格，或绘成图式，然后用适当的统计方法来帮助正确地评价所得的调查结果。为了能真正了解交通量实况，必须正确地进行现场调查和统计分析。如果数据不是以正确的方式搜集，或是计算、分析的方法不正确，则可能会得出不正确的结论。

交通量资料的整理、计算和分析，通常可分为对连续观测和非连续观测资料的分析两种。对连续一年的交通量资料可求算年平均日交通量，月、周日交通量变化系数，第 30 位年最高小时交通量及第 30h 系数等参数，从而为路网规划、设计提供必要依据。对连续一天 24h 交通量调查，可利用此资料绘制交通量的小时变化柱状图或曲线图，以分析交通量的昼夜和小时变化，也可用以计算对非连续 24h 的高峰小时流量比。高峰小时交通量调查的资料，可用以计算高峰小时系数，扩大的高峰小时交通量，以分析高峰小时交通的特点。对于交叉口的交通量调查，其数据可分析高峰小时交通特点，各向流量的大小，并绘制交叉口流向流量图等。

利用上述交通量资料还可分析交通量的方向分布。交通量资料的分析，比之车速资料分析要简单一些，主要是进行时间序列分布、方向分布和地点（路段）分布等分析，但要注意平均值的计算、交通量的扩算以及有效数字和精度等问题。

根据观测手段或计数的方法不同，交通量资料的整理与分析方法大体可分为两大类：

①对于由机械计数自动记录的资料，一般不用专门进行人工整理，可直接由计数器打印输出，并利用电子计算机进行图表的绘制和一些系数的直接计算。目前国内已开发了这方面的软件，利用电子计算机对连续式交通量调查一年的资料进行整理分析，计算各参数和系数，打印有关文件、图表，取得了可喜的成果。这样可大大节省人力，使资料的整理时间大大缩短，提高了效率。

②对于大量广泛的人工计数资料，一般都是间断调查的，延续的时间较短，但涉及的范围很广，种类很多。对于这些资料一般都由人工整理、分析。另外，我国目前大部分的连续观测资料也主要由人工整理。因此本教材主要介绍目前常用的一些资料的人工整理、计算方法。

1. 计算月平均日交通量(MADT)

先分别求出该年各月交通量的和,再除以各月的实际天数,就可得出各月的 MADT 值,计算公式如下:

$$\mathrm{MADT}=\frac{1}{K_{\mathrm{m}}}\sum_{i=1}^{K_{\mathrm{m}}}n_{\mathrm{i}} \tag{4-8}$$

式中:K_{m}——各月的实际天数(日);

n_{i}——每日交通量(辆)。

2. 计算年平均日交通量(AADT)

现求出一年 12 个月内 365 天(闰年 366 天)交通量的总和,然后再除以一年的总天数,即可得到 AADT,计算公式如下:

$$\mathrm{AADT}=\frac{1}{365}\sum_{i=1}^{365}n_{\mathrm{i}} \tag{4-9}$$

3. 计算各周日的平均日交通量(ADT)

按全年所有各周日(星期一、星期二、…、星期日)的交通量分别相加,然后各除以这一年的各个周日的总天数(一般为 52 天)计算出全年各周日的平均日交通量 ADT,计算公式如下:

$$\mathrm{ADT}=\frac{1}{K_{\mathrm{D}}}\sum_{i=1}^{K_{\mathrm{D}}}n_{\mathrm{i}} \tag{4-10}$$

式中:K_{D}——年中周日的总天数。

4. 计算月交通量变化系数(M)

用年平均日交通量 AADT 分别除以每个月的月平均日交通量 MADT,即可得到月交通量变化系数 M,计算公式如下:

$$M=\frac{\mathrm{AADT}}{\mathrm{MADT}}=\frac{\frac{1}{365}\sum_{i=1}^{365}n_{\mathrm{i}}}{\frac{1}{K_{\mathrm{m}}}\sum_{i=1}^{K_{\mathrm{m}}}n_{\mathrm{i}}} \tag{4-11}$$

5. 计算周日交通量变化系数(D)

以年平均日交通量分别除以各周日的平均日交通量,即可得周日交通量变化系数 D,计算公式如下:

$$D=\frac{\mathrm{AADT}}{\mathrm{ADT}}=\frac{\frac{1}{365}\sum_{i=1}^{365}n_{\mathrm{i}}}{\frac{1}{K_{\mathrm{D}}}\sum_{i=1}^{K_{\mathrm{D}}}n_{\mathrm{i}}} \tag{4-12}$$

6. 推算年平均日交通量(AADT′)

利用上式公式计算求得的 M、D 系数,根据一年中某一天的实际观测值,即可推算该年的年平均日交通量 $AADT'$,计算公式如下:

$$\mathrm{AADT}' = \mathrm{DT}\times M\times D \tag{4-13}$$

式中:DT——实测某天的日交通量(辆/日);

M——观测日所在月份的月交通量变化系数;

D——观测日的周日交通量变化系数。

利用式(4-13)计算 AADT′,必须有根据积累多年交通量资料后所得的 M 值及 D 值。其结果只能是近似的。因为日交通量是一个随机的变量。但是,利用此公式可以节省一定人力和时间,在缺乏资料、时间匆促或作预估时,还有一定用处。

模块三 资料报送要求

(1)报送资料中,国道(含国道主干线、国高网)、省道和各行政等级的高速公路要上报交通量明细资料,县道、乡道和专用公路只上报交通量汇总资料。

(2)按规定的表式、计算方法、计量单位填报报表。

(3)各省(自治区、直辖市)报部资料目前暂按年报方式上报,每年2月15日前报部。

(4)各省(自治区、直辖市)交通主管部门再上报资料时,必须包含计划单列市的相应资料。新疆维吾尔族自治区的上报资料中须包括新疆生产建设兵团数据。

(5)资料要以打印报表和电子数据文件两种形式上报(特殊规定的除外),电子数据文件及格式按照"公路交通情况调查统计分析系统"(省级子系统)上报数据文件及格式的要求进行上报,路段年平均日交通量统计报表、小时交通量记录及日交通量统计报表仅上报电子数据文件。

(6)各省(自治区、直辖市)在每年7月15日前上报辖区内的公路交通情况资料汇编及辖区内路网交通情况分析。

上报交通部报表目录见表4-6。

交通部报表目录 表4-6

表号	表名	报告期别	填报范围	报送单位	报出日期及方式
交调统1表	公路交通情况汇总表	年报	基本情况	各省(自治区、直辖市)	2月15日
交调统2表	国道交通量年报表	年报	交通量	各省(自治区、直辖市)	2月15日
交调统3表	国道主干线交通量年报表	年报	交通量	各省(自治区、直辖市)	2月15日
交调统4表	省道交通量年报表	年报	交通量	各省(自治区、直辖市)	2月15日
交调统5表	高速公路交通量年报表	年报	交通量	各省(自治区、直辖市)	2月15日
交调交1表	路段年平均日交通量统计报表	年报	交通量	各省(自治区、直辖市)	2月15日
交调交2表	小时交通量记录及日交通量统计报表	年报	交通量	各省(自治区、直辖市)	2月15日
交调速1表	汽车平均行驶速度年综合报表	年报	车速	各省(自治区、直辖市)	2月15日
交调重1表	四类公路汽车交通量比重综合报表	年报	比重	各省(自治区、直辖市)	2月15日
交调重2表	四类公路机动车交通量比重综合报表	年报	比重	各省(自治区、直辖市)	2月15日

1. 公路交通量调查情况汇总表(表4-7)

公路交通量调查情况汇总表

表4-7

表　　号:交调统1表
制表机关:交通部
备案机关:国家统计局
备案文号:国统办函[2005]38号
有效期限:2008年4月

填报单位:

地区	代码	调查管理机构数量(个)				观测站点数量(个)																观测人员数量(人)	观测记录设备数量(台/套)	年经费投入金额(万元)
		合计	省级	地(市)级	县乡级	合计				连续式				间隙式				其他类型观测站						
							国道	省道	其他	小计	国道	省道	其他	小计	国道	省道	其他	小计	国道	省道	其他			
甲	乙	1	2	3	4	5	6	7	8	9	10	11	12	13	14	15	16	17	18	19	20	21	22	23
全省合计 ××市 ××地区 ⋮ ⋮ ××市 省直属																								

单位负责人:　　　　填表人:　　　　报出日期:200　年　月　日

公路交通量调查情况汇总表(交调统1表)报表说明如下:

①统计范围是辖区内所有交通量调查机构、观测站点、观测人员、观测记录设备数量和年经费实际投入金额。

②"连续式"、"间隙式"观测站点是指为进行交通量观测而设置的观测站。

③"其他类型观测站"是指为进行车速调查、比重调查等常规调查,或为进行轴重调查、起讫点调查、出入界交通量调查等非常规调查(或专项调查),并由公路交通管理部门设置的观测站点。不得与交通量观测站点重复统计。

④"其他"类是指县道、乡道和专用公路上的观测站点。

⑤"观测人员"是指直接从事公路交通情况调查的工作人员,不包括管理人员和非常规调查的工作人员。

⑥"年经费投入金额"是指公路交通情况调查中投入的管理费、交调人员的工资、设备软件购置费、观测站房建设费、培训费等直接费和间接费。

⑦本表逻辑关系:1 = 2 + 3 + 4; 5 = 9 + 13 + 17; 6 = 10 + 14 + 18; 7 = 11 + 15 + 19; 8 = 12 + 16 + 20。

2. 国道交通量年报表(表 4-8)

国道交通量年报表

表 4-8

表　　号:交调统 2 表

制表机关:交通部

备案机关:国家统计局

备案文号:国统办函[2005]38 号

有效期限:2008 年 4 月

填报单位:

路线编号	路线名称	观测里程(公里)	年平均日交通量(辆/日)																行驶量(万车公里/日)	适应交通量(辆/日)	交通拥挤度
			混合当量合计	机动车当量计	汽车										摩托车	拖拉机		非机动当量计			
					当量数合计	自然数合计	小型货车	中型货车	大型货车	特大货车	拖挂货车	集装箱车	小型客车	大型客车		当量数合计	自然数合计				
甲	乙	1	2	3	4	5	6	7	8	9	10	11	12	13	14	15	16	17	18	19	20
全省合计																					
G010																					
⋮																					
⋮																					
G330																					

单位负责人:　　　　填表人:　　　　报出日期:200　年　月　日

国道交通量年报表(交调统 2 表)报表说明如下:

①统计范围是辖区内所有国道(含国道主干线、国高网)的交通情况。

②表中未注明的交通量均为自然车辆数。当量数合计是指将各类型自然车辆数按车辆换算系数换算成标准当量小客车的交通量。

③表中各路线交通量为该路线上各调查路段交通量与观测里程的加权平均值。全省合计交通量为各路线年平均日交通量与观测里程的加权平均值。

④“行驶量” = 各线路“混合当量数合计” × 辖区内对应线路总里程。“全省合计行驶量” = 全省国道“混合当量数” × 全省国道总里程。

⑤适应交通量是指道路所能适应的标准当量小客车的交通量,表中路线“适应交通量”等于各调查路段适应交通量与观测里程的加权平均值。

⑥本表逻辑关系:2 = 3 + 17; 3 = 4 + 14 + 15; 5 = 6 + 7 + 8 + 9 + 10 + 11 + 12 + 13; 20 = 2/19。

3. 国道主干线交通量年报表(表 4-9)

国道主干线交通量年报表

表 4-9

表　　号:交调统 3 表
制表机关:交通部
备案机关:国家统计局
备案文号:国统办函[2005]38 号
有效期限:2008 年 4 月

填报单位:

路线编号	路线名称	观测里程(公里)	年平均日交通量(辆/日)															行驶量(万车公里/日)	适应交通量(辆/日)	交通拥挤度
			混合当量合计	机动车当量计	汽车										摩托车	拖拉机		非机动当量计			
					当量数合计	自然数合计	小型货车	中型货车	大型货车	特大货车	拖挂货车	集装箱车	小型客车	大型客车		当量数合计	自然数合计				
甲	乙	1	2	3	4	5	6	7	8	9	10	11	12	13	14	15	16	17	18	19	20
全省合计																					
G010																					
⋮																					
⋮																					
G075A																					

单位负责人:　　　　填表人:　　　　报出日期:200　年　月　日

国道主干线交通量年报表(交调统 3 表)报表说明如下:

①统计范围是辖区内所有国道主干线的交通情况。

②表中未注明的交通量均为自然车辆数。当量数合计是指将各类型自然车辆数按车辆换算系数换算成标准当量小客车的交通量。

③表中各路线交通量为该路线上各调查路段交通量与观测里程的加权平均值。全省合计交通量为各路线年平均日交通量与观测里程的加权平均值。

④“行驶量”=各线路“混合当量数合计”×辖区内对应线路总里程。“全省合计行驶量”=全省国道主干线“混合当量数”×全省国道主干线总里程。

⑤适应交通量是指道路所能适应的标准当量小客车的交通量,表中路线“适应交通量”等于各调查路段适应交通量与观测里程的加权平均值。

⑥本表逻辑关系:2 = 3 + 17; 3 = 4 + 14 + 15; 5 = 6 + 7 + 8 + 9 + 10 + 11 + 12 + 13; 20 = 2/19。

4. 省道交通量年报表(表 4-10)

省道交通量年报表

表 4-10

表　　号:交调统 4 表

制表机关:交通部

备案机关:国家统计局

备案文号:国统办函[2005]38 号

有效期限:2008 年 4 月

填报单位:

路线编号	路线名称	观测里程(公里)	年平均日交通量(辆/日)																行驶量(万车公里/日)	适应交通量(辆/日)	交通拥挤度
			混合当量合计	机动车当量计	汽车										摩托车	拖拉机		非机动当量计			
					当量数合计	自然数合计	小型货车	中型货车	大型货车	特大货车	拖挂货车	集装箱车	小型客车	大型客车		当量数合计	自然数合计				
甲	乙	1	2	3	4	5	6	7	8	9	10	11	12	13	14	15	16	17	18	19	20
全省合计																					
S101																					
⋮																					
⋮																					
S311																					

单位负责人:　　　　填表人:　　　　报出日期:200　年　月　日

省道交通量年报表(交调统 4 表)报表说明如下:

①统计范围是辖区内所有省道的交通情况。

②表中未注明的交通量均为自然车辆数。当量数合计是指将各类型自然车辆数按车辆换算系数换算成标准当量小客车的交通量。

③表中各路线交通量为该路线上各调查路段交通量与观测里程的加权平均值。全省合计交通量为各路线年平均日交通量与观测里程的加权平均值。

④“行驶量”=各线路“混合当量数合计”×辖区内对应线路总里程。“全省合计行驶量”=全省省道“混合当量数”×全省省道总里程。

⑤适应交通量是指道路所能适应的标准当量小客车的交通量,表中路线“适应交通量”等于各调查路段适应交通量与观测里程的加权平均值。

⑥本表逻辑关系:2 = 3 + 17; 3 = 4 + 14 + 15; 5 = 6 + 7 + 8 + 9 + 10 + 11 + 12 + 13; 20 = 2/19。

5. 高速公路交通量年报表(表 4-11)

高速公路交通量年报表

表 4-11

表　　号:交调统 5 表

制表机关:交通部

备案机关:国家统计局

备案文号:国统办函[2005]38 号

有效期限:2008 年 4 月

填报单位:

路线编号	路线名称	观测里程(公里)	年平均日交通量(辆/日)										行驶量(万车公里/日)	适应交通量(辆/日)	交通拥挤度
			当量数合计	自然数合计	小货	中货	大货	特货	拖货	集箱	小型客车	大型客车			
甲	乙	1	2	3	4	5	6	7	8	9	10	11	12	13	14
全省合计															
G010															
⋮															
⋮															
Z005															

单位负责人:　　　　填表人:　　　　报出日期:200　年　月　日

高速公路交通量年报表(交调统 5 表)报表说明如下:

①统计范围是辖区内所有高速公路的交通情况。

②表中未注明的交通量均为自然车辆数。当量数合计是指将各类型自然车辆数按车辆换算系数换算成标准当量小客车的交通量。

③表中各路线交通量为该路线上各调查路段交通量与观测里程的加权平均值。全省合计交通量为各路线年平均日交通量与观测里程的加权平均值。

④“行驶量”=各线路“当量数合计”×辖区内对应线路总里程。“全省合计行驶量”=全省高速公路“当量数”×全省高速公路总里程。

⑤适应交通量是指道路所能适应的标准当量小客车的交通量,表中路线“适应交通量”等于各调查路段适应交通量与观测里程的加权平均值。

⑥本表逻辑关系:3 = 4 + 5 + 6 + 7 + 8 + 9 + 10 + 11; 14 = 2/13。

6. 路段年平均日交通量统计报表(表 4-12)

路段年平均日交通量统计报表

表 4-12

表　　号:交调交 1 表

制表机关:交通部

备案机关:国家统计局

备案文号:国统办函[2005]38 号

有效期限:2008 年 4 月

填报单位:

路线编号:　　　　路线名称:

观测站名称	观测站编号	观测里程(km)	技术等级	路基宽度(m)	路面宽度(m)	机动车(辆/日)															人、畜力车(辆/日)				自行车(辆/日)		混合车辆合计(辆/日)
						汽车										摩托车	拖拉机小计		机动车小计		人力车	畜力车	小计				
						小货车	中货车	大货车	特大货车	拖挂车	集装箱	小客车	大客车	汽车小计													
														自然数	当量数		自然数	当量数	自然数	当量数			自然数	当量数	自然数	当量数	当量数
甲	乙	1	2	3	4	5	6	7	8	9	10	11	12	13	14	15	16	17	18	19	20	21	22	23	24	25	26
(站名)																											
⋮																											
⋮																											
(站名)																											
本段(全线)平均																											

单位负责人:　　　　填表人:　　　　报出日期:200　年　月　日

路段年平均日交通量统计报表(交调交 1 表)报表说明如下:

①统计范围是辖区内所有国道(含国道主干线、国高网)交通量情况、省道交通量情况及其他行政等级高速公路交通量情况。

②本表只要求以电子数据文件上报。

③除特殊注明外,本表的交通量为自然车辆数。"当量数"是指将各类型自然车辆数按对应的车辆换算系数换算成标准当量小客车的交通量。

④本表逻辑关系如下:13 = 5 + 6 + 7 + 8 + 9 + 10 + 11 + 12;14 = (各类型汽车自然数 × 折算系数)之和; 18 = 13 + 15 + 16;19 = 14 + 15 + 17;22 = 20 + 21;23 = (各类型人力畜力车自然数 × 折算系数)之和;25 = 24 × 折算系数;26 = 19 + 23 + 25。

7. 小时交通量记录及日交通量统计报表(表 4-13)

表 4-13

小时交通量记录及日交通量统计报表

200　年　月　日

表　　号:交调交 2 表
制表机关:交通部
备案机关:国家统计局
备案文号:国统办函[2005]38 号
有效期限:2008 年 4 月

填报单位:
路线编号:　　　　观测站名称:　　　桩号:
路线名称:　　　　观测站编号:
观测站观测里程:　　　(公里)　　技术等级:　　　路面宽度:　　　(米)　路基宽度:　　　(米)　车道数:

时序(时)	汽车									摩托车	拖拉机	人力、畜力车		自行车	合计
	小货	中货	大货	特大货	拖挂	集装箱	小客	大客	汽车小计			人力车	畜力车		
甲	1	2	3	4	5	6	7	8	9	10	11	12	13	14	15
0 - 1															
1 - 2															
⋮															
⋮															
⋮															
⋮															
⋮															
22 - 23															
23 - 24															
自然数合计															
当量数合计															

单位负责人:　　　　　　填表人:　　　　　　报出日期:200　年　月　日

小时交通量记录及日交通量统计报表(交调交 2 表)报表说明如下:

①统计范围是辖区内所有国道(含国道主干线、国高网)连续式观测站点日交通量情况、省道连续式观测站点日交通量情况及其他行政等级高速公路连续式观测站点日交通量情况。

②本表只要求以电子数据文件上报。

③除特殊注明外,本表的交通量单位为自然车辆数(辆)。“当量数”是指将各类型车辆自然数按对应的车辆换算系数换算成标准当量小客车的交通量(辆)。

④本表也可以作为连续式或间隙式交通量调查的基层报表。

8. 汽车平均行驶速度年综合报表(表4-14)

汽车平均行驶速度年综合报表

200　年　月　日

表4-14

填报单位：

公路类别：

表　　号：交调速1表
制表机关：交通部
备案机关：国家统计局
备案文号：国统办函[2005]38号
有效期限：2008年4月

路线编号	路线名称	观测里程（公里）	实际里程（公里）	交通量（当量数）	平均行驶速度（公里/小时）
甲	乙	1	2	3	4
G101					
⋮					
⋮					
G109					
平均	—	—	—		

单位负责人：　　　　填表人：　　　　报出日期：200　年　月　日

汽车平均行驶速度年综合报表(交调速1表)报表说明如下：

①本表用于观测辖区内所有国道(含国道主干线、国高网)汽车平均行驶速度、省道汽车平均行驶速度及其他行政等级高速公路汽车平均行驶速度。

②公路类别上报时应按国道(含国道主干线、国高网)、国道主干线、省道、高速公路分别填报。

③当量数是指对应路线的年平均日交通量(辆/日),标准当量小客车为交通量单位。

④"实际里程"是指进行车速调查当年年底的路线实际里程统计数据。

⑤"平均"栏为以各路线观测里程为权数的加权平均值。

9. 4类公路汽车交通量比重综合报表(表4-15)

4类公路汽车交通量比重综合报表

表4-15

填报单位：

200　年　月　日

表　　号：交调重1表
制表机关：交通部
备案机关：国家统计局
备案文号：国统办函[2005]38号
有效期限：2008年4月

地区	观测里程所占比重（%）					汽车交通量（辆/日）					汽车路线行驶量（万车·公里/日）及所占比重（%）								
											国道		省道		县道		乡道		全路网行驶量合计
	国道	省道	县道	乡道	合计	国道	省道	县道	乡道	全路网合计	行驶量	比重（%）	行驶量	比重（%）	行驶量	比重（%）	行驶量	比重（%）	
甲	1	2	3	4	5	6	7	8	9	10	11	12	13	14	15	16	17	18	19
××市																			
全省合计																			

单位负责人：　　　　填表人：　　　　报出日期：200　年　月　日

4类公路汽车交通量比重综合报表（交调重1表）报表说明如下：

①本表用于国、省、县、乡四类公路交通量比重调查的汽车交通量及所占比重综合报表。

②除特殊注明外，本表的交通量为标准当量小客车（辆/日）。

③"观测里程所占比重"为辖区内各行政等级进行比重调查的观测总里程除以该行政等级路网总里程，其"合计"数为辖区内四类公路观测总里程除以四类公路路网总里程。

④"汽车交通量"为辖区内对应行政等级各观测路线、路段汽车交通量的观测里程加权平均值，其"全路网合计"数为辖区内各行政等级公路汽车交通量的对应路网里程加权平均值。

⑤汽车路线"行驶量"为对应行政等级路网里程与其"汽车交通量"之乘积；汽车路线行驶量"比重"为对应行政等级路网行驶量除以四类公路全路网汽车行驶量。

10. 4类公路机动车交通量比重综合报表(表4-16)

4类公路机动车交通量比重综合报表

表4-16

填报单位：　　　200　年　月　日

表　　号:交调重2表
制表机关:交通部
备案机关:国家统计局
备案文号:国统办函[2005]38号
有效期限:2008年4月

地区	观测里程所占比重(%)					汽车交通量(辆/日)					机动车路线行驶量(万车·公里/日)及所占比重(%)								
											国道		省道		县道		乡道		全路网行驶量合计
	国道	省道	县道	乡道	合计	国道	省道	县道	乡道	全路网合计	行驶量	比重(%)	行驶量	比重(%)	行驶量	比重(%)	行驶量	比重(%)	
甲	1	2	3	4	5	6	7	8	9	10	11	12	13	14	15	16	17	18	19
××市																			
全省合计																			

单位负责人：　　　填表人：　　　报出日期:200　年　月　日

4类公路机动车交通量比重综合报表(交调重2表)报表说明如下：

①本表用于国、省、县、乡4类公路交通量比重调查的机动车交通量及所占比重综合报表。

②除特殊注明外,本表的交通量为标准当量小客车(辆/日)。

③"观测里程所占比重"为辖区内各行政等级进行比重调查的观测总里程除以该行政等级路网总里程,其"合计"数为辖区内4类公路观测总里程除以4类公路路网总里程。

④"机动车交通量"为辖区内对应行政等级各观测路线、路段机动车交通量的观测里程加权平均值,其"全路网合计"数为辖区内各行政等级公路机动车交通量的对应路网里程加权平均值。

⑤机动车路线"行驶量"为对应行政等级路网里程与其"机动车交通量"之乘积;机动车路线行驶量"比重"为对应行政等级路网行驶量除以4类公路全路网机动车行驶量。

课题三　维护保养设备

模块一　常用仪器的保养常识

自动机械计数装置一般由车辆检测器(传感器)和计数器两部分组成。自动机械计数装置可分为便携式机械计数装置和永久性(或半固定型)计数装置两种,前者适用于临时、短期的交通量调查,后者适用于固定或长期的交通量调查。

对于便携式的检测设备要在进行交通量调查前做好检测工作,确保设备的正常使用。对于固定的检测设备,要进行长期的交通量调查工作,需要交通量调查人员定期检查设备,遇到问题早发现早解决。

模块二　机械式交通量数据采集仪的修理方法

机械式交通量数据采集仪车辆检测器(主要针对环形线圈检测器)常见故障及解决办法见表4-17。

车辆检测器常见故障解决办法　　表4-17

故障表现	故障原因	故障解决
车辆检测器不工作	检测器的工作电压不正常	检查输入的工作电压是否有220V;如没有达到,检查为设备供电的配电柜中对应的开关是否闭合,且有220V输出;如果有输出,则是供电电缆故障,断开测量电缆中每根芯的通断情况,找到故障点,修复故障点
	检测器的电源模块损坏	更换电源模块
车辆检测器无法检测出测量,线圈检测的指示灯不亮	线圈损坏,不能检测	有电阻和电感表分别测量线圈的阻值及电感值,如有异常需要重新埋设线圈
	检测板损坏,导致不能检测	更换检测板
检测数据不能上传	数据线接口接触问题	紧固数据线或更换接头
	处理板损坏	更换处理板
	调制解调器损坏	更换调制解调器
	数据传输通道故障	检修通信系统提供的通道(线路)

思考题

1. 简述交通量的定义及分类方法。
2. 交通量调查方法有哪些?
3. 简述4类公路交通量比重调查法的定义及内容。
4. 简述永久性机械计数装置的种类。
5. 高处作业的一般施工安全规定和技术措施有哪些?
6. 简述车型换算的折算方法。